2024 长三角绿色包装产业发展报告

主编　杨爱玲

DEVELOPMENT REPORT
ON GREEN PACKAGING INDUSTRY
IN YANGTZE RIVER DELTA (2024)

文化发展出版社
Cultural Development Press
· 北京 ·

图书在版编目（CIP）数据

2024 长三角绿色包装产业发展报告 / 杨爱玲主编
.—北京 ：文化发展出版社，2024. 10. —— ISBN 978-7
-5142-4431-1

Ⅰ. F426.84

中国国家版本馆 CIP 数据核字第 2024SB0734 号

2024 长三角绿色包装产业发展报告

主　　编：杨爱玲

出 版 人：宋　娜
责任编辑：杨　琪　李　毅　　　　责任校对：岳智勇
责任印制：杨　骏　　　　　　　　封面设计：魏　来
出版发行：文化发展出版社（北京市翠微路 2 号 邮编：100036）
发行电话：010-88275993 010-88275711
网　　址：www.wenhuafazhan.com
经　　销：全国新华书店
印　　刷：固安兰星球彩色印刷有限公司

开　　本：710mm × 1000mm 1/16
字　　数：257 千字
印　　张：17.25
版　　次：2024 年 10 月第 1 版
印　　次：2024 年 10 月第 1 次印刷

定　　价：178.00 元
I S B N：978-7-5142-4431-1

编委会

编撰指导委员会主任

李　华

编撰指导委员会

王跃中　庄英杰　张耀权　钱祁锡
金　喆　徐龙平　朱坚民　栗建华

主　编

杨爱玲

副主编

宗利永　崔庆斌

成　员

宋文仙　路冰琳　杜欢政　高汝楠　李　立　黄俊彦　田社荣
王中燕　吴朝武　李勇锋　舒仁厚　任　恺　张　波　乔俊伟

主　审

钱祁锡

完成单位

上海市包装技术协会
浙江省包装联合会
安徽省包装技术协会
上海出版印刷高等专科学校

指导委员会

编撰委员会

序

包装产业的绿色化转型发展不仅是对环境的友好之举，更是顺应全球经济绿色转型的重要战略选择。长三角地区，作为中国改革开放和现代化建设的重要引擎之一，不仅在经济发展和科技创新上屡屡创造奇迹，更在绿色包装产业的发展道路上展现出无限的潜力和活力。长三角地区以其独特的地理优势、经济基础和创新能力，成为我国绿色包装产业发展的重要引擎。

随着全球环境问题的日益突出，绿色包装产业作为可持续发展的重要组成部分，正逐步成为全球经济转型的关键节点。我们身处的这个时代，不仅要面对资源环境压力的挑战，更要在技术创新和产业升级的浪潮中，引领绿色包装产业迈向高质量发展。在上海、江苏、浙江和安徽四省市的共同努力下，绿色包装产业链条日益完善，从绿色材料的研发、生产制造到市场应用和废弃物回收利用，已经形成具有一定规模的产业链的支撑体系。

在中国包装联合会的指导下，《2024 长三角绿色包装产业发展报告》由上海出版印刷高等专科学校和上海市包装技术协会、浙江省包装联合会、安徽省包装技术协会等地方协会策划并牵头撰写，组织相关领域的专家和学者，撰写专题研究报告，解读相关行业政策及技术标准、探讨前沿技术、梳理典型实践案例。通过对政策环境的解读、典型案例的剖析以及行业痛点的探讨，本书力求为政府部门、企业决策者、科研机构提供系统而深入的参考意见。

本报告的行业发展趋势分析对包装产业循环经济发展路径进行专题探讨。推动包装产业循环经济发展路径可以从多个角度展开，尤其需要重视以下几个方面。一是深入探讨包装废弃物的资源化利用路径，通过制定和完善相关的回收利用机制，建立健全的废弃物资源化标准和责任制度来推动行业的可持续发展。二是关注我国快递包装的绿色转型，特别是加强快递包装材料的环保性能提升和建立回收利用体系。三是在循环经济背景下，研究包装的高效回收利用的创新工艺及关键技术，通过优化策略减少各类包装在生产制造及消费流通环节对环境造成的负面影响。通过以上措施，可以为推动长三角绿色包装产业健康发展提供多条路径和有效策略，确保包装行业在可持续发展的道路上不断迈进。

绿色包装产业发展新质生产力，需要在技术创新、系统设计、消费者需求等方面下功夫，实现全产业链的绿色转型。长三角地区的包装产业新质生产力发展不仅停留在研究层面，更体现在实际技术应用和产业转化上。长三角地区的包装行业协会及其成员单位，一直致力于推动绿色包装技术的前沿研究和成果转化。在本年度的蓝皮书中收录了多家长三角地区的包装行业企业开展绿色化转型发展的典型案例，企业积极响应国家“十四五”规划，面向新质生产力发展，推动绿色包装技术创新。

我们也清醒地意识到，长三角地区绿色包装产业在发展过程中仍面临着诸多挑战。从绿色材料的成本控制到技术应用的普及，从市场认可的提升到政策环境的优化，都需要我们共同努力、攻坚克难。未来，我们将继续强化产业链协同，加大政策支持力度，促进绿色包装技术的标准化和产业化，不断提升长三角地区绿色包装产业的核心竞争力和国际影响力。

在新时代的征程上，长三角地区的绿色包装产业将继续发挥其引领作用，为全球绿色经济的可持续发展贡献中国智慧和长三角力量。我们深信，在各级政府的支持下，依托企业的创新力量，借助科研机构的技术支持，以及广大市场消费者的积极参与，我国绿色包装产业必将迎来更加辉煌的明天！

上海市包装技术协会会长　钱祁锡

— 目录 —

第一章
行业发展报告

2023 年度长三角包装制品企业绿色发展问卷调查研究

上海市包装技术协会
浙江省包装联合会
安徽省包装技术协会
上海市绿色包装工艺与装备专业技术服务平台

在经济全球化与生态环境保护日益受到重视的当下，绿色发展已成为产业转型升级的必然趋势。包装制品行业作为连接上游原材料供应和下游消费市场的关键领域，在推动可持续发展方面扮演着至关重要的角色。长三角的包装工业在中国包装行业中具有举足轻重的地位，各地区的包装产业发展有着互补性、交叉性和融合性的特点，在产业体量、创新能力、服务水平等方面拥有显著的区位优势，长三角地区包装企业的产业实践对全国的包装企业都有着重要的引领和示范作用。

本报告通过对长三角区域内不同规模、性质及营收水平企业进行广泛的问卷调查，旨在深入了解该地区包装制品企业在实施绿色战略过程中所面临的挑战与机遇，以及企业的绿色转型发展现状，并探究相关企业对于未来行业发展趋势和技术革新的认知与接纳程度。

一、长三角包装制品企业绿色发展状况

（一）调查内容与样本概况

本次调查由上海出版印刷高等专科学校“上海市绿色包装工艺与装备专业技术服务平台”牵头，得到了广大企业的大力支持和积极参与。调查问卷采用网络问卷发放形式，共回收229份有效问卷。为确保数据有效性和可操作性，在题项结构上采取单选题、多选题和排序题相结合方式进行设计，通过SPSS、FineBi、Excel软件对问卷数据进行样本频率分析、多重响应分析、绘制统计图。

本问卷的设计旨在深入剖析长三角地区包装制品企业在绿色发展方面的具体实践、认知态度以及所遇到的挑战。为确保调查结果能够全面反映行业现状并提供有力数据支持，问卷内容规划为三大部分。第一部分聚焦于收集企业基础信息，这包括企业所处地理位置、性质类型、员工规模和年营收情况等关键指标。此外，还涉及了企业经营模式的类别识别，从零售型到生产制造型等多样化形态。通过这些问题可以描绘出参与调查企业群体的基本轮廓。在第二部分中，问卷转向探讨长三角地区包装制品企业在绿色包装技术、策略制定与实施方面的现状，关注企业的技术选择、政策支持、内部组织结构调整等关键要素，询问企业在绿色包装过程中遇到的挑战和困难，以揭示行业内的普遍问题和需要克服的障碍。第三部分专注于企业在绿色包装市场中的表现以及对未来前景的展望。

参与调查的包装制品企业均在长三角地区，企业变量分布的具体情况如表1-1所示。调查结果显示，参与调查的上海企业共有170家，占比达74.24%。其次，江苏、浙江和安徽的企业数量也占有一定的比例，分别为11.79%、7.86%和6.11%。在长三角包装制品企业中，民营企业的数量最多，共有170家，占比达到74.24%。国有企业、上市公司、中外合资企业以及港、澳、台资企业和外商独资企业的数量相对较少。从规模上看，1～50人的小型企业占比最大，为44.54%。同时，500人以上的大型企业也占有一定比例，占19.65%。在营收规模方面，营收小于1000万元人民币和1000万～5000万元人民币的企业数量最多，均占 26.20%。同时，营收在 5 亿元人民币以上的企业也占有一定比例，为 18.78%。从经营性质上看，生产制造型企业数量最多，占比达到 54.59%。同时，各类形态兼有的企业也占有一定比例，占 24.02%，显示出行业中企业的经营方式较为多样化。B-C 零售型和 B-B 贸易型企业的数量相对较少，但也在行业中发挥着重要作用。

表 1-1　长三角包装制品企业变量分布

长三角包装制品企业变量	选项	频率	百分比 /%
企业所在地	浙江	18	7.86
	江苏	27	11.79
	安徽	14	6.11
	上海	170	74.24
企业性质	民营企业	170	74.24
	国有企业	10	4.37
	上市公司	19	8.30
	中外合资企业	7	3.06
	港、澳、台资企业	5	2.17
	外商独资企业	18	7.86
企业规模	1 ～ 50 人	102	44.54
	51 ～ 100 人	40	17.47
	101 ～ 200 人	17	7.42
	200 ～ 500 人	25	10.92
	500 人以上	45	19.65
企业营收规模	＜ 1000 万元人民币	60	26.20
	1000 万～ 5000 万元人民币	60	26.20
	5000 万～ 1 亿元人民币	33	14.41
	1 亿～ 5 亿元人民币	33	14.41
	5 亿元人民币以上	43	18.78
企业经营性质	B-C 零售型	16	6.98
	B-B 贸易型	33	14.41
	生产制造型	125	54.59
	各类形态兼有	55	24.02

（二）长三角包装制品企业绿色包装策略与实施

长三角包装制品企业涉及的业务按业务量大小进行排序的调查结果如图 1-1 所示。关于业务规模的排序采用的是权重平均值的计算方法，即根据各选项被选中的频率和重要性赋予相应的权重，进而得出各业务类型的平均权重值，并按照此值进行排序。图 1-1 为排序结果，权重值越大，该选项的排序就越靠前。从图中可以看出，参与本次调研的长三角包装制品企业中，纸包装业务在业务规模上占据绝对优势，位列第一。这可能与纸包装材料的广泛应用、成本相对较低以及环保性能优越等因素有关。塑料包装业务紧随其后，位列第二，这可能与塑料包装在食品、医药等领域的广泛应用有关。在其他业务类型中，其他类型材质包装（如复合材料、生物降解材料等）排名第三，显示出一定的市场潜力。金属包装和木包装业务分别位列第四和第五，尽管市场份额相对较小，但在特定领域（如高端酒类、化妆品等）仍具有不可替代性。玻璃包装业务排名最末，可能与其成本较高、易碎等特性有关。

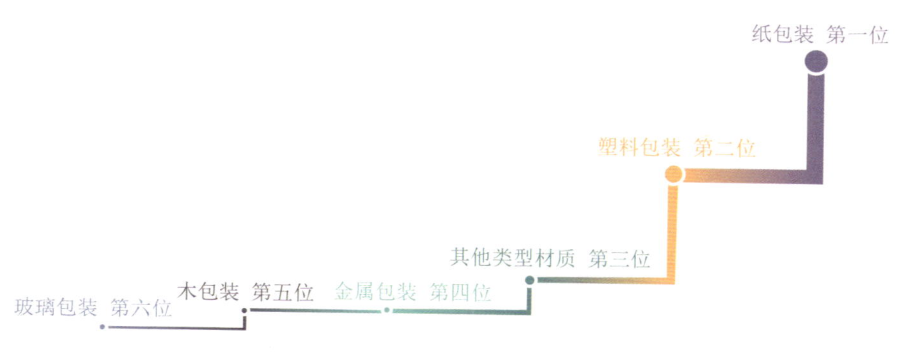

图 1-1 长三角包装制品企业业务规模排序

图 1-2 展示了长三角地区包装制品企业对于目前哪一项绿色包装技术最具潜力的认知分布。从图中可以看出，循环再用材料技术以 35% 的占比位居榜首，显示出长三角地区包装制品企业对于循环再用技术的广泛认可和高度期待。这可能是因为循环再用技术能够有效减少资源浪费，降低生产成本，并且符合当前环保和可持续发展的趋势。紧随其后的是生物降解材料技术，获得了 34% 的占

比。生物降解材料能够在自然环境中被微生物分解，最终转化为水和二氧化碳等无害物质，对环境友好，因此受到了企业的青睐。轻量化包装技术和可持续来源材料技术分别以 14% 和 13% 的占比位列第三和第四。轻量化包装技术通过减少包装材料的使用量来降低对环境的影响，而可持续来源材料技术则强调使用可再生、可循环的原材料进行包装生产。最后，其他技术占据了 4% 的占比。从整个分布图来看，长三角地区包装制品企业对于绿色包装技术的认知较为广泛，且对于循环再用和生物降解等环保性较强的技术给予了高度关注。

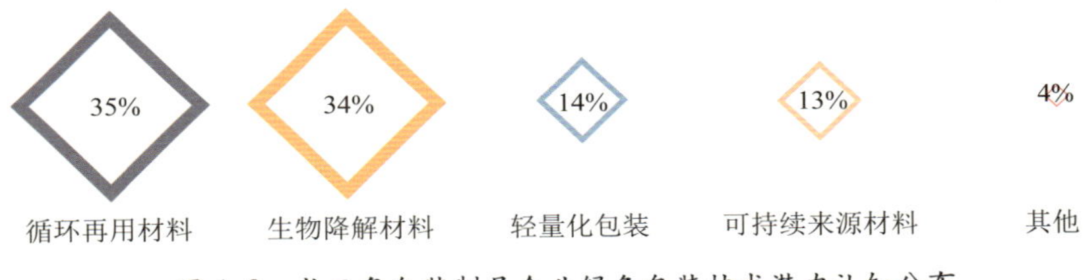

图 1-2 长三角包装制品企业绿色包装技术潜力认知分布

图 1-3 反映了长三角地区包装制品企业在设定企业生产绿色化或全面采购绿色包装产品时限方面的分布情况。首先，58% 的企业表示已经设定了相关的绿色化生产或绿色包装产品采购时限，表明大部分企业对于绿色化转型和环保采购有着明确的规划和行动。这些企业可能已经意识到了绿色化对于企业发展的重要性，并致力于通过绿色化转型来增强企业竞争力，满足市场需求。其次，27% 的企业表示已经考虑绿色化转型和环保采购，但尚未正式实施。最后，有 15% 的企业表示尚未设定相关时限，这可能意味着这些企业在绿色化转型和环保采购方面尚未形成明确的规划和目标。这些企业可能需要进一步了解绿色化转型的重要性，并制订相应的战略和计划。从整个分布来看，长三角地区包装制品企业在绿色化转型和环保采购方面表现出了积极的态度，大多数企业已经设定了相关时限或正在考虑实施。这预示着未来长三角地区的包装制品行业将更加注重环保和可持续发展，推动行业的绿色化转型。

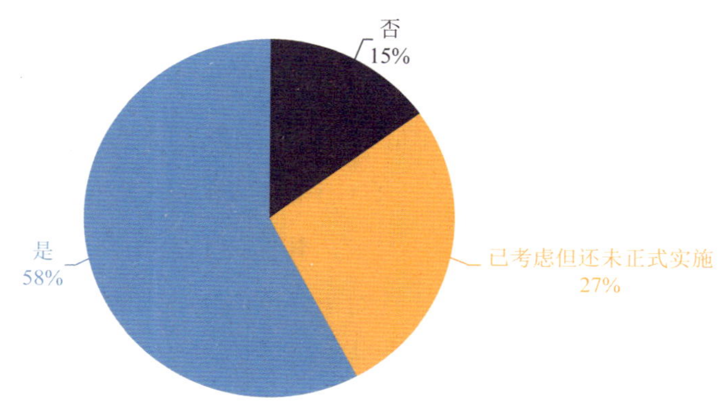

图 1-3 长三角包装制品企业绿色化生产及采购时限设置情况分布

图 1-4 综合展示了长三角地区包装制品企业在绿色减排、绿色包装生产等相关政府补助的参与情况，以及企业是否成立碳减排、绿色生产等相关的部门或责任小组的情况。

首先，观察图 1-4a 的“绿色减排、绿色包装生产等相关政府补助参与情况”部分，可以看到有 26% 的企业已经参与了国家补助的绿色减排、绿色包装生产等项目，表明这些企业积极响应国家政策号召，主动寻求绿色转型。而 48% 的企业尚未参与此类补助项目，这可能意味着这些企业在绿色减排、绿色包装生产方面尚未形成明确的规划和目标，或者对于相关补助政策的了解不足。另外 26% 的企业表示已经考虑了参与，但尚未正式实施。以上数据显示了这些企业对于绿色减排、绿色包装生产的关注度和兴趣。

接下来，观察图 1-4b 的“碳减排、绿色生产等相关的部门或责任小组设立情况”部分，可以看到有 45% 的企业已经成立了碳减排、绿色生产等相关的部门或责任小组，这显示了这些企业在绿色转型方面的积极态度和决心。而 18% 的企业尚未设立此类部门或小组，可能意味着这些企业在绿色转型方面尚未形成完善的组织架构和责任体系。另外，37% 的企业表示已经考虑了设立，但尚未正式实施，这显示了这些企业对于绿色转型的关注和准备。

通过对比两部分数据，可以发现长三角地区包装制品企业在绿色转型方面存在较大的差异。一部分企业已经积极参与政府补助项目并设立相关部门或小组，而另一部分企业则尚未形成明确的规划和目标。这表明未来在推动长三角地区包装制品行业绿色转型的过程中，需要更加注重政策引导和企业培训，提高企业对绿色转型的认识和参与度。

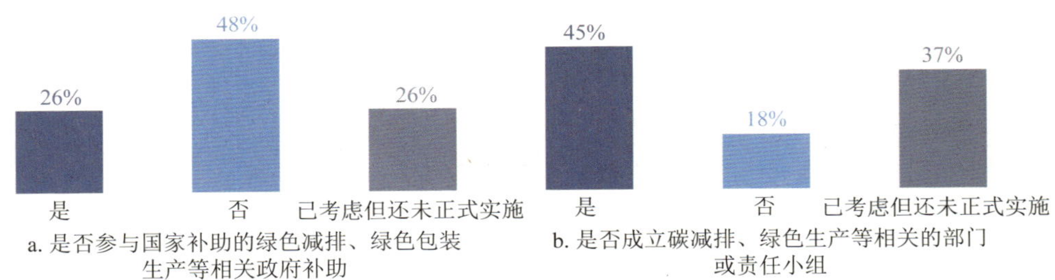

图 1-4　长三角包装制品企业绿色减排与补助参与及部门设立情况

图 1-5 展示了长三角地区包装制品企业对于短期内实施绿色包装相关战略是否会导致企业生产成本上升的认知情况。从图中可以看出，不同企业对绿色包装战略成本影响的看法呈现出一定的分布特征。有 43% 的企业认为短期内实施绿色包装战略会对企业生产成本产生较为显著的影响。这些企业可能认为，采用绿色包装材料、改进生产工艺等绿色转型措施需要投入较大的资金和技术支持，从而增加企业的生产成本。48% 的企业认为短期内实施绿色包装战略会对企业生产成本产生略微影响。这些企业可能认为，虽然绿色转型需要一定的投入，但影响程度相对较小，可以通过提高生产效率、优化产品设计等方式来降低生产成本。仅有 9% 的企业认为短期内实施绿色包装战略对企业生产成本几乎没有影响。这些企业可能已经在绿色转型方面取得了显著的进展，或者采用了先进的绿色包装技术及对应管理模式，使绿色转型的成本影响得到了有效控制。从整个分布图来看，大多数企业（超过 90%）都认识到了短期内实施绿色包装战略会对企业生产成本产生一定的影响，但影响程度存在差异。这反映了长三角地区包装制品企业在绿色转型方面的普遍关注和担忧，也提示在推动绿色转型的过程中需要充分考虑企业的实际情况和成本承受能力，采取科学合理的政策和措施来降低企业的转型成本。

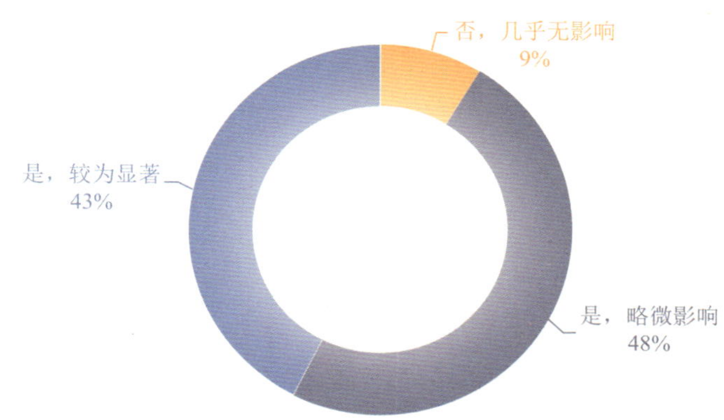

图 1-5　长三角包装制品企业对短期绿色包装战略成本影响的认知分布

图 1-6 展示了长三角地区包装制品企业在绿色包装相关研发方面的参与情况和意愿。从图中可以看出，不同企业在绿色包装研发方面的态度和行动呈现出明显的差异。38% 的企业表示已经涉及绿色包装的自主研发，这表明这些企业对于绿色包装技术的研发和创新具有较高的自主性和积极性。27% 的企业表示已经涉及绿色包装的合作研发，这表明这些企业虽然没有完全依靠自身力量进行研发，但也通过与其他企业、研究机构或高校的合作，共同开展绿色包装技术的研发工作。还有 27% 的企业表示尚未开始绿色包装的研发，但有意向开展相关工作。最后，仅有 8% 的企业表示对绿色包装的研发无相关意向。这些企业可能对于绿色包装技术的认知度不高，或者认为研发绿色包装技术对于企业的帮助意义不大。从整个分布来看，大多数企业都对绿色包装的研发持有积极的态度或意愿，这反映了长三角地区包装制品企业对于绿色转型和可持续发展的重视。同时，也显示出企业在绿色包装研发方面的多元化选择和合作趋势。

从图 1-7 可以清晰地看到长三角地区包装制品企业对于绿色生产、绿色包装制造相关人才需求的认知分布。首先，大部分企业（占比 75%）认为绿色生产、绿色包装制造相关人才目前较为缺乏。这表明随着绿色转型的推进，企业对于具备绿色生产、绿色包装制造知识和技能的人才的需求日益迫切。这种需求可能源于绿色包装技术的不断更新迭代，需要专业人才来支持企业的转型升级。其次，

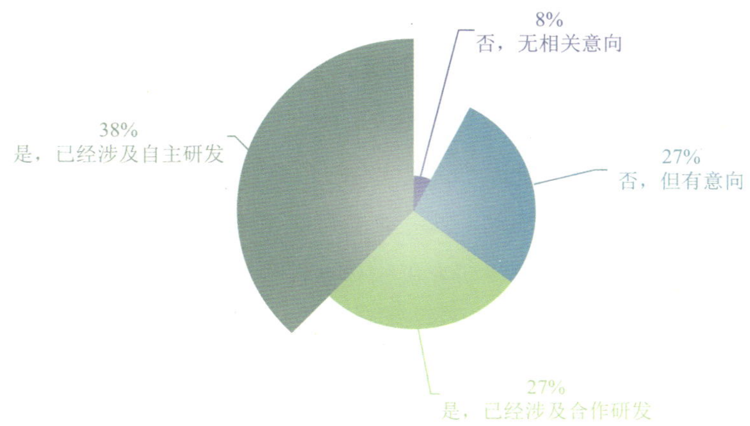

图 1-6　长三角包装制品企业绿色包装研发情况分布

仅有 15% 的企业认为目前并不缺乏绿色生产、绿色包装制造相关人才。这些企业可能已经在绿色转型方面取得了显著的进展，拥有足够的绿色生产、绿色包装制造人才储备。最后，还有 10% 的企业对于绿色生产、绿色包装制造人才需求情况表示不清楚。总体来看，长三角地区包装制品企业在绿色生产、绿色包装制造人才需求方面普遍持有较为缺乏的认知。这表明在推动绿色转型的过程中，需要更加注重绿色人才的培养和引进，以满足企业的实际需求。

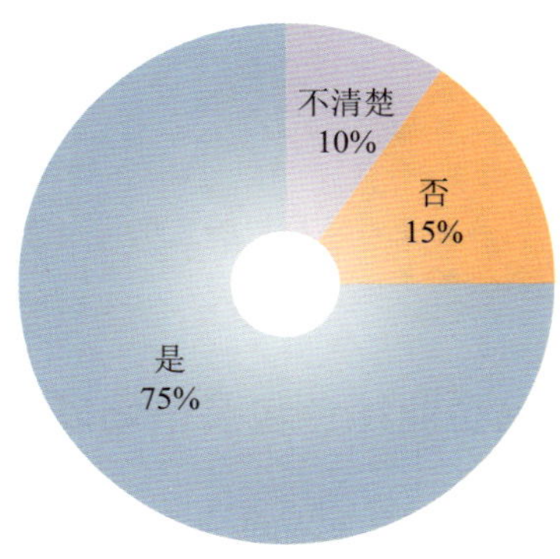

图 1-7　长三角包装制品企业对绿色生产、绿色包装制造人才需求认知分布

图 1-8 展示了长三角地区包装制品企业在与高校、研究机构合作研发绿色包装方面的现状。有 45% 的企业已经与相关高校、研究机构共同制定了相关的

技术标准，并开展了绿色包装的研发活动。这些企业意识到了产学研合作的重要性，通过与合作方共享资源、知识和技术，共同推动绿色包装技术的创新与发展。32% 的企业表示虽然暂时没有与相关高校、研究机构合作研发绿色包装的活动，但已经产生了初步的意向。还有 23% 的企业目前尚未与相关高校、研究机构开展合作研发绿色包装的活动。这些企业可能由于种种原因，如资源限制、技术需求不明确等，尚未与高校、研究机构建立合作关系。总体来看，长三角地区包装制品企业在与高校、研究机构合作研发绿色包装方面展现出了一定的积极性和意愿。这种合作模式有助于企业获取新技术、提高研发效率，并推动整个行业的绿色转型。

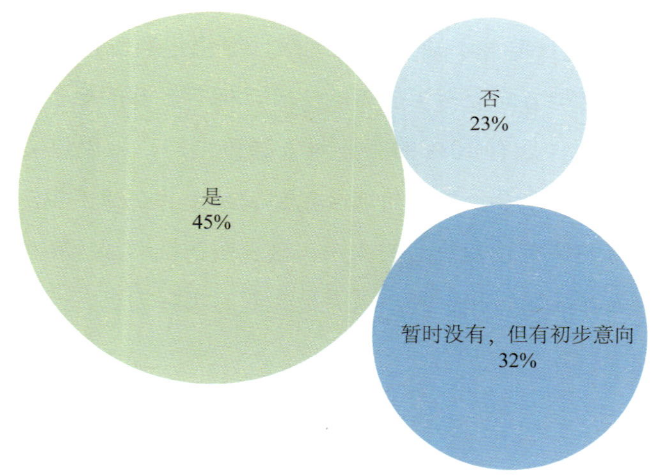

图 1-8　长三角包装制品企业与高校、研究机构合作研发绿色包装情况

（三）长三角包装制品企业绿色包装市场表现与前景展望

图 1-9 直观地展示了长三角包装制品企业包装业务下游主要面向的产品领域分布情况。从图中可以看出，不同产品领域在包装业务中的占比各有差异，体现了长三角包装制品企业包装业务的多样性和灵活性。食品与饮料业占据了长三角包装制品企业包装业务的最大份额，达到了 22%。这表明长三角包装制品企业在

食品与饮料包装领域具有较强的市场影响力和技术实力，能够满足该行业对包装产品的多样化需求。工业设备与工业用品接近前列，约占 19%。化妆品与个人护理品业紧随其后，占 17%，此数据表明化妆品及个人护理产品对优质、创新包装设计有很高要求。家电与消费类电子产品所占比例为 16%，略低于化妆品与个人护理品业，在整体分布中居第四位。医药业与其他行业占比最低，均为 13%。总体而言，长三角包装制品企业包装业务的下游产品领域分布广泛，涵盖了食品与饮料业、化妆品与个人护理品业、家电与消费类电子产品、医药业以及工业设备与工业用品等多个领域。

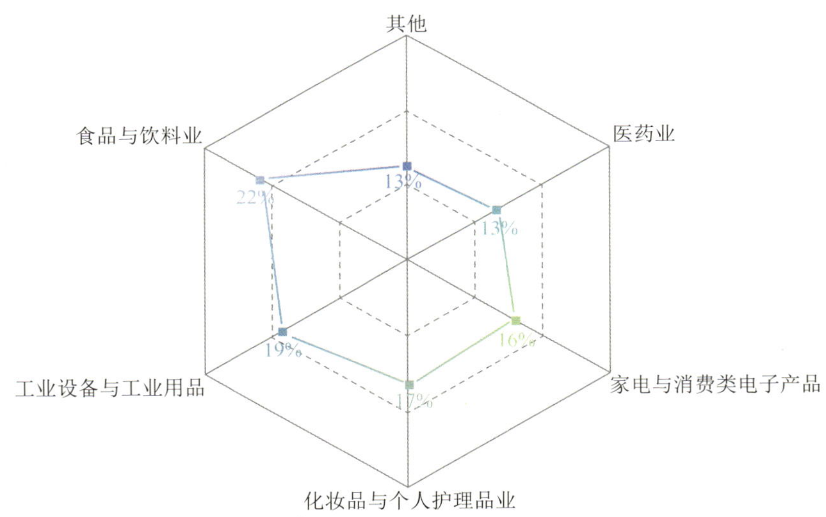

图 1-9 长三角包装制品企业包装业务下游主要面向的产品领域分布图

图 1-10 展示了长三角包装制品企业绿色包装产品销售增长情况的数据分布。从图中可以看到，不同的增长情况在数据上形成了明显的分布趋势，体现了长三角包装制品企业绿色包装产品在市场上的表现。首先，有所增长的情况占据了最大的比例，达到了 34%。这表明大部分绿色包装产品的销售都呈现出了一定的增长趋势，反映了绿色包装产品在市场上的受欢迎程度，以及客户对于环保、可持续发展理念的认可。其次，保持稳定的情况占据了 31%。这意味着有一部分绿色包装产品的销售在近年来没有发生明显的变化，保持了稳定的态势。再次，

显著增长的情况占据了 24% 的比例。这表明有一部分绿色包装产品的销售在近年来实现了显著的增长。最后，有所下降的情况占据了 11%。这表明有少数绿色包装产品的销售在近年来出现了下滑的趋势。这可能是由于市场需求的变化、竞争对手的强劲表现或其他因素所致。整体而言，绿色包装产品的销售增长情况呈现出积极的态势。

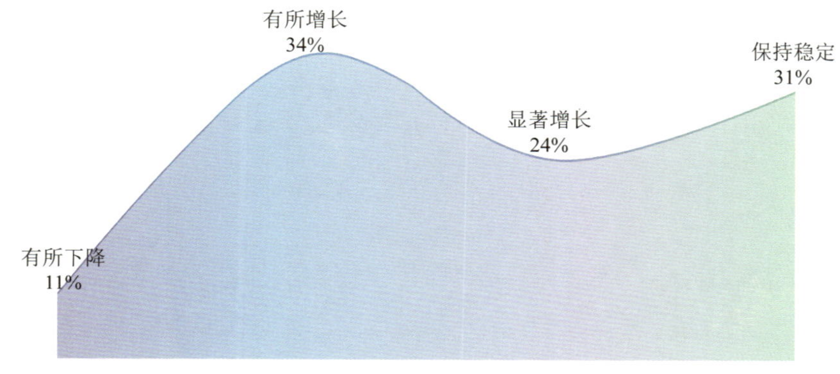

图 1-10　长三角包装制品企业绿色包装产品销售增长情况分布

图 1-11 展示了长三角包装制品企业绿色包装相关产品在整体产品体系中的销售占比情况。从图中可以看出，占比最大的区间是 10% ～ 30%，高达 34%，这意味着长三角包装制品企业的绿色包装产品已经占据了一定的市场份额，并在产品体系中占据了一定的地位。这显示了长三角包装制品企业对绿色包装产品的重视以及其在市场上的竞争力。占比次高的区间是 10% 以下，为 32%。这说明尽管绿色包装产品在长三角包装制品企业产品体系中尚未成为主导，但已有相当一部分的销售贡献。这可能表明绿色包装产品在市场上的接受度正在逐步提高，或者在特定市场或客户群体中具有一定的吸引力。销售占比在 30% ～ 50% 的区间占据了 19%。这表明绿色包装产品在长三角包装制品企业产品体系中占据了一定的比例，且可能在一些特定领域或产品线中表现突出。而销售占比在 50% 以上的区间则相对较小，其中 80% 以上的占比为 11%，50% ～ 80% 的占比为 4%。这表明绿色包装产品在长三角包装制品企业产品体系中的占比尚未达到主导地位。

图 1-11　长三角包装制品企业绿色包装产品销售占比分布

表 1-2 揭示了当前实施绿色包装改革所面临的主要难点及其占比情况。从表中可以看出，“市场缺乏全生命周期量化评价绿色包装的理念”也占据了最大的比例，为 27%。这一难点反映了当前绿色包装市场缺乏科学、系统的评价体系，导致绿色包装产品的优势无法被充分认知和接受。“绿色包装成本远高于现有包装，消费端无法接受”这一难点占据了 25%。这表明，成本问题是绿色包装改革面临的较大挑战之一。“生产工艺改进对于企业运营成本增加影响太大”占据了 20% 的比例。这显示了企业在实施绿色包装改革时，需要投入大量资金进行生产工艺的改进和升级，从而增加了企业的运营成本。这对于一些规模较小、资金有限的企业来说，无疑是一个巨大的挑战。“基础材料短期内无法绿色化”和“工厂现有条件无法实施绿色生产”也分别占据了 17% 和 6% 的比例。这些难点表明，绿色包装改革不仅需要关注产品本身的设计和生产，还需要考虑基础材料和工厂条件等因素。在短期内，要实现基础材料的绿色化和工厂条件的改造，可能会面临一定的困难。“其他”因素占据了 5% 的比例，这可能包括政策、法规、市场需求等多方面的因素。这些因素虽然比例较小，但也可能对绿色包装改革的实施产生一定的影响。综上分析，市场评价体系的缺失、成本问题、生产工艺改进的影响、基础材料和工厂条件的限制等因素都是绿色包装改革需要重点关注和解决的问题。只有通过综合施策、多措并举，才能推动绿色包装改革的顺利实施和可持续发展。

表 1-2 长三角包装制品企业对绿色包装改革难点认知分布

实施绿色包装改革的难点	占比（%）
市场缺乏全生命周期量化评价绿色包装的理念	27%
绿色包装成本远高于现有包装，消费端无法接受	25%
生产工艺改进对于企业运营成本增加影响太大	20%
基础材料短期内无法绿色化	17%
工厂现有条件无法实施绿色生产	6%
其他	5%

图 1-12 分析了长三角包装制品企业在绿色化转型过程中重点关注的产业领域。“产品的生产工艺领域”和“原材料采购领域”的关注度相对较高，分别占据了 27% 和 26% 的比例。这表明，在包装制品行业的绿色化转型过程中，优化产品的生产工艺和选择更环保的原材料是两大关键领域。通过改进生产工艺，可以减少生产过程中的能耗和废弃物排放，提高资源利用效率；而采购环保原材料则可以确保产品从源头上符合绿色化要求。“材料回收模式及逆向物流领域”的关注度为 22%，也显示了较高的关注度。这反映了企业在绿色化转型中对于产品回收和再利用的重视。相比之下，“制成品物流领域”和“生产设备领域”的关注度较低，分别为 13% 和 12%。这可能是因为这些领域在绿色化转型中的改进空间相对较小，或者需要投入较大的成本和时间来实现显著的绿色化效果。综上分析，企业可以根据自身实际情况和市场需求，制定有针对性的绿色化转型策略，重点关注生产工艺、原材料采购和材料回收等领域，推动包装制品行业的可持续发展。

图 1-13 展示了长三角包装制品企业对产品进行全生命周期评价（LCA）的意向分布情况。全生命周期评价是一种评估产品从原材料获取、生产、使用到废弃处理整个生命周期内对环境影响的方法，旨在帮助企业识别潜在的绿色化改进空间。从图中可以看出，52% 的受访者表示企业有意向进行产品全生命周期评价（LCA），这显示了长三角包装制品企业对于绿色化改进的重视和积极态度。通过 LCA，企业可以全面了解产品在各个生命周期阶段的环境影响，从而制定更加科学合理的绿色化改进策略。另外，有 39% 的受访者表示“本人不确定”是否

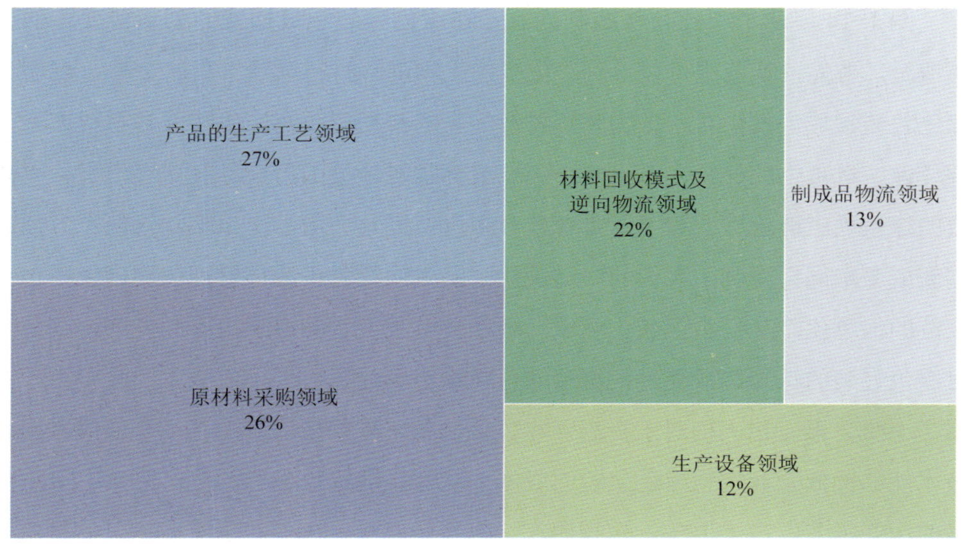

图 1-12 长三角包装制品企业绿色化转型重点领域分布

有意向进行 LCA。这部分受访者可能对产品全生命周期评价的了解程度不一，或者对企业的绿色化改进策略存在疑虑。然而，也有 9% 的受访者表示没有意向进行 LCA。这可能是因为他们对 LCA 的了解不够深入，或者认为当前阶段不需要进行这样的评价。针对这部分受访者，可以通过加强对 LCA 的宣传和推广，帮助他们认识到 LCA 在绿色化改进中的重要作用。

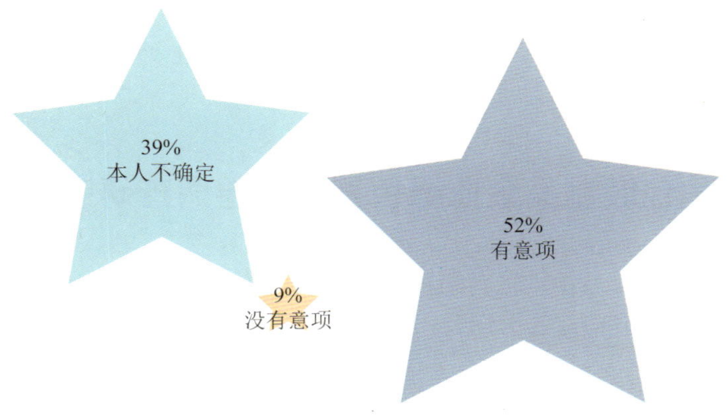

图 1-13 长三角包装制品企业进行产品全生命周期评价（LCA）意向分布

图 1-14 展示了长三角包装制品企业在绿色包装领域期待的创新或变革的分布情况。首先，从图中可以看到“更多的生物降解材料选项”占比 23%，表明在绿色包装领域，人们对于生物降解材料的需求和期望较高。生物降解材料作为一种环保、可再生的材料，对于减少包装废弃物对环境的污染具有重要意义。“高效的绿色供应链管理”和“消费者教育和意识提升”均占比 20%，这两个方面的创新或变革同样受到了人们的广泛关注。高效的绿色供应链管理能够确保整个供应链的绿色化，从源头上减少环境污染；消费者教育和意识提升则能够提高公众对绿色包装的认知和接受度，推动绿色包装市场的扩大。“低成本回收技术”占据了 19%，显示出人们对于提高回收技术的效率和降低成本的关注。低成本回收技术能够降低企业实施绿色包装的成本，从而推动绿色包装的广泛应用。“更可靠的生产工艺”占比 18%，这表明在绿色包装领域，人们对于生产工艺的稳定性和可靠性的重视。更可靠的生产工艺能够确保绿色包装产品的一致性和质量，提高产品的市场竞争力。

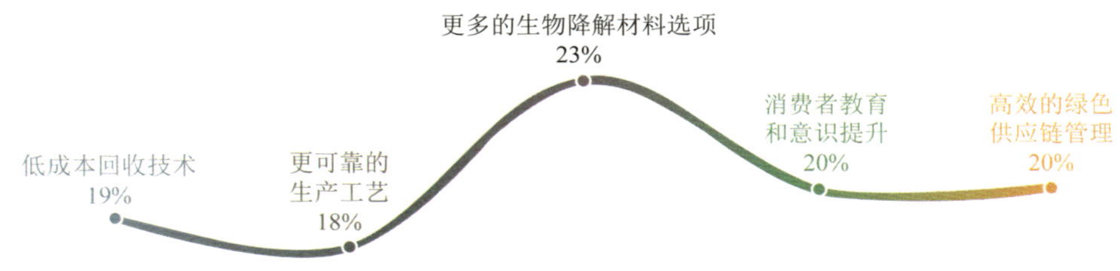

图 1-14 长三角包装制品企业开展绿色包装领域期待的创新与变革调查

二、长三角包装制品企业绿色发展问卷调查研究结论

本报告基于对长三角地区包装制品企业绿色发展的问卷调研，揭示了该行业的多项关键数据和发展态势。

长三角地区的包装制品行业呈现出以民营小型企业为主的行业结构。这种结构赋予了行业高度的灵活性，使企业能够迅速响应市场的变化和需求。由于企业规模普遍较小，资源和能力有限，政府需要进一步加大对这些企业的支持力度和政策引导，帮助企业更好地实现绿色转型。

长三角地区包装制品企业在绿色包装研发方面呈现出积极态度和多元化选择。政府和行业应采取综合性措施，支持和激励企业的研发活动，推动绿色包装技术的创新和应用，从而实现绿色转型和可持续发展。对已经在进行自主研发的企业，可以提供政策支持和资金补贴，形成示范效应，促进整个行业的技术进步。政府和行业协会可以搭建更多的合作平台，促进企业、研究机构和高校之间的交流与合作。同时，可以推动资源共享和联合研发项目，提高研发效率和成果转化率。对于通过合作进行研发的企业，政府和行业协会可以搭建更多的合作平台，促进企业、研究机构和高校之间的交流与合作，提高研发效率和成果转化率。

在材料选择方面，纸包装因其成本效益和环保特性成为行业的首选材料。纸包装不仅在生产过程中更环保，而且在废弃后的处理和回收方面也较为简单。然而，塑料包装虽然在某些应用中具有不可替代的优势，但其面临着可持续替代材料的巨大挑战。随着环保意识的增强和政策压力的加大，企业必须积极探索使用新型可再生或循环利用材料，以减少对环境的负面影响。生物降解材料作为新兴力量，尽管目前市场份额较小，但其增长势头迅猛，显示出巨大的市场潜力。企业应当在这方面加大投入，研究和开发更加经济高效的生物降解材料。同时，改善塑料回收处理工艺也是一项重要的任务，通过技术创新和流程优化，企业可以更有效地减少塑料废弃物对环境的污染。

从绿色转型的角度来看，长三角包装制品企业在绿色包装领域最希望看到的创新或变革集中在高效的绿色供应链管理、消费者教育和意识提升、低成本回收技术以及更可靠的生产工艺等领域。这些需求反映了企业在绿色转型过程中对环保材料、供应链管理、消费者认知、技术成本和生产可靠性的综合考虑。政府和行业应针对这些需求，制定相应的政策和措施，推动绿色包装的全面发展。

虽然多数企业已经认识到绿色发展的重要性，并设定了相应的绿色转型时限，但仍有部分企业尚未设定明确时限或处于考虑阶段。政府应通过多种渠道和方式，推广绿色发展的理念和实践，鼓励所有企业根据自身情况设定切实可行的绿色发展目标。此外，政府在提供政策支持方面也应持续发力，制定和实施更加具体和有针对性的支持政策，如绿色金融、绿色采购等，帮助企业在绿色转型过程中获得更大的支持和保障。

在市场表现方面，随着消费者对绿色包装制品的接受度日益提高，大多数包装制品企业在销售增长上呈现出正向趋势。这不仅反映了市场对绿色包装产品的认可，也要求企业进一步理解消费者需求动向，调整和优化产品结构和营销策略。企业可以通过突出产品的环保价值，增强市场竞争力，以满足市场日益增长的绿色消费需求。

从调查数据来看，人才缺口仍是制约行业发展的瓶颈之一。当前，长三角包装制品行业面临员工知识技能更新滞后的难题。为应对这一挑战，企业应加强专职培训，提升员工的专业素养和创新能力。

展望未来，长三角包装制品企业应继续坚持创新驱动、人才引领的发展战略，积极配合国家政策及满足消费者期待。通过产学研合作、技术创新和人才培养等多种方式，推动行业向更加绿色、可持续的方向发展。同时，长三角地区应发挥其在绿色发展中的引领作用，为周边地区乃至全国的绿色发展贡献力量。

2023 年度上海包装产业年度运行报告

上海市包装技术协会

一、全国包装产业经济运行情况

根据中国包装联合会的数据统计，2023 年，我国包装行业规模以上企业 10632 家，企业数量比去年增加 772 家。累计完成营业收入 11539.06 亿元，同比减少 0.22%，增速比去年同期增加了 0.48 个百分点。其中，塑料薄膜制造完成累计主营业务收入 3781.04 亿元（占 32.77%），同比增长 1.1%；纸和纸板容器制造完成累计主营业务收入 2682.57 亿元（占 23.25%），同比减少 4.44%；塑料包装箱及容器制造完成累计主营业务收入 1623.03 亿元（占 14.07%），同比增加 0.18%；金属包装容器及材料制造完成累计主营业务收入 1505.62 亿元（占 13.05%），同比减少 1.56%；塑料加工专用设备制造完成累计主营业务收入 940.69 亿元（占 8.15%），同比增加 1.77%；玻璃包装容器制造完成累计主营业务收入 603.12 亿元（占 5.23%），同比增长 8.23%；软木制品及其他木制品制造完成累计主营业务收入 403 亿元（占 3.49%），同比增加 4.45%。全国包装行业累计完成利润 601.97 亿元，同比增长 9.46%，增速比去年同期提高 23.47 个百分点。从进出口行业数据分析，2023 年全国包装行业完成累计进出口总额 639.57 亿美元，同比减少 5.90%。其中，累计出口额 514.88 亿美元，同比减少 4.41%，累计进口额 124.69 亿美元，同比减少 11.57%。

二、上海包装产业经济运行基本情况

2023 年上海包装行业，第一季度由于受到 2022 年疫情持续以及国际、国内经济不景气等多种因素的影响，行业增长乏力。第二季度包装相关的行业产值为 375.70 亿元，比 2022 年同期增长 24.27%。2023 年第三季度销售产值为 362.26 亿元，比 2022 年同期下降 16.14%。2023 年第四季度销售产值为 399.23 亿元，比 2022 年同期下降 6.18%。包装相关的行业 2023 年全年销售产值为 1474.31 亿元，比 2022 年同期下降 3.19%。

（一）包装和主要服务的相关行业年度销售收入情况

包装和主要服务的相关行业年度及季度销售收入情况如表 1-3、表 1-4 所示。

表 1-3　包装相关行业 2023 年度销售收入情况

	2023 年销售产值 / 亿元	2022 年销售产值	同比增长（%）
轻工：	6207.88	6049.63	2.60
20. 木材加工及木、竹、藤、棕、草制品业	34.39	46.15	−25.50
22. 造纸及纸制品业	220.62	225.75	−2.30
23. 印刷和记录媒介复制业	180.03	180.69	−0.40
292. 塑料制品业	748.31	782.69	−4.40
3055. 玻璃包装容器制造	0.77	0.72	6.40
338. 金属制日用品制造	36.24	40.63	−10.80
3531. 食品、酒、饮料及茶生产专用设备制造	31.71	29.03	9.20
3532. 农副食品加工专用设备制造	7.32	5.04	45.10
3534. 饲料生产专用设备制造	2.65	2.43	9.20
354. 印刷、制药、日化及日用品生产专用设备制造	212.27	209.75	1.20
包装相关的行业小计	1474.31	1522.88	−3.19

表 1-4 包装相关行业 2023 年各季度销售收入情况

	2023 年销售产值									
	第一季度销售额 / 亿元	同比 /%	第二季度销售额 / 亿元	同比 /%	第三季度销售额 / 亿元	同比 /%	第四季度销售额 / 亿元	同比 /%	全年销售额 / 亿元	同比 /%
20. 木材加工及木、竹、藤、棕、草制品业	6.76	−16.7	8.30	−22.79	9.90	−44.53	9.43	−0.08	34.39	−25.50
22. 造纸及纸制品业	51.93	−11.6	55.36	36.94	55.16	−9.38	58.17	−11.44	220.62	−2.30
23. 印刷和记录媒介复制业	39.23	−5.3	45.17	38.83	45.07	−19.87	50.56	0.15	180.03	−0.40
292. 塑料制品业	172.31	−11.0	188.46	16.84	186.86	−15.19	200.68	−3.27	748.31	−4.40
3055. 玻璃包装容器制造	0.25	4.9	0.28	30.66	0.03	−55.46	0.21	5.48	0.77	6.40
338. 金属制日用品制造	8.83	−14.5	9.52	22.35	8.63	−30.26	9.26	−8.79	36.24	−10.80
3531. 食品、酒、饮料及茶生产专用设备制造	6.34	0.5	8.44	32.49	6.10	−32.67	10.82	48.50	31.71	9.20
3532. 农副食品加工专用设备制造	1.02	−10.6	1.70	87.73	1.97	47.32	2.63	58.28	7.32	45.10
3534. 饲料生产专用设备制造	0.97	42.1	1.09	11.96	−0.25	−320.27	0.84	28.55	2.65	9.20
354. 印刷、制药、日化及日用品生产专用设备制造	50.47	18.9	56.38	37.28	48.79	−9.20	56.63	−21.89	212.27	1.20
包装相关的行业小计	338.11	−6.86	374.70	23.94	362.26	−16.14	399.23	−6.18	1474.31	−3.19

从 2023 年全年数据可以看出，造纸及纸制品业 2023 年全年销售产值为 220.62 亿元，比 2022 年同期下降 2.30%；印刷和记录媒介复制业 2023 年全年销售产值为 180.03 亿元，比 2022 年同期下降 0.40%；塑料制品业 2023 年全年销售产值为 748.31 亿元，比 2021 年同期下降 4.40%。

（二）包装和主要服务的相关行业年度效益情况

包装相关行业 2023 年效益情况如表 1-5 至表 1-7 所示。

2023 年全年包装相关的行业盈利企业赢利额为 135.26 亿元，与 2022 年同期相比下降 9.08%，亏损企业亏损额为 17.69 亿元，与 2022 年同期相比减少 1.17%。利润总额为 117.58 亿元，与 2022 年同期相比下降 10.15%。

2023 年全年包装相关的行业营业收入为 1739.25 亿元，与 2022 年同期相比下降 1.00%，营业成本为 1390.12 亿元，与 2022 年同期相比减少 2.00%。营业费用为 79.30 亿元，与 2022 年同期相比增加 2.00%。营业税金及附加为 8.26 亿元，与 2022 年同期相比增加 16.00%。

2023 年全年包装相关的行业管理费用为 164.17 亿元，与 2022 年同期相比增加 1.01%，财务费用为 0.93 亿元。盈利企业赢利额为 224.90 亿元，与 2022 年同期相比下降 9.37%。亏损企业亏损额为 35.70 亿元，与 2022 年同期相比增加 0.68%。

表 1-5 包装相关行业 2023 年效益情况（1）

	盈利企业赢利额 / 亿元	盈利企业赢利额（2022 年）	同比 /%	亏损企业亏损额 / 亿元	亏损企业亏损额（2022 年）	同比 /%	利润总额 / 亿元	利润总额（2022 年）	同比 /%
20. 木材加工及木、竹、藤、棕、草制品业	2.09	2.30	−9.20	0.28	0.47	−9.20	1.81	1.83	−1.00
22. 造纸及纸制品业	13.95	16.67	−16.30	3.69	2.73	−16.30	10.26	13.94	−26.40
23. 印刷和记录媒介复制业	11.65	8.75	33.10	2.67	5.18	33.10	8.98	3.57	151.50
292. 塑料制品业	78.03	89.70	−13.00	9.54	7.01	−13.00	68.49	82.69	−17.20
3055. 玻璃包装容器制造	0.08	0.04	91.00	0.00	0.00	91.00	0.08	0.04	91.00
338. 金属制日用品制造	1.98	2.45	−19.00	0.22	0.33	−19.00	1.77	2.11	−16.50
3531. 食品、酒、饮料及茶生产专用设备制造	4.72	3.91	20.80	0.10	0.83	20.80	4.62	3.08	50.10
3532. 农副食品加工专用设备制造	0.76	0.65	17.60	0.00	0.03	17.60	0.76	0.62	22.90
3534. 饲料生产专用设备制造	0.37	0.33	10.30	0.00	0.00	10.30	0.37	0.33	10.30
354. 印刷、制药、日化及日用品生产专用设备制造	21.63	23.97	−9.80	1.19	1.32	−9.80	20.44	22.65	−9.70
包装相关的行业小计	135.26	148.77	−9.08	17.69	17.90	−1.17	117.58	130.86	−10.15

表 1-6 包装相关行业 2023 年效益情况（2）

	营业收入/亿元	营业收入（2022年）	同比/%	营业成本/亿元	营业成本（2022年）	同比/%	营业费用/亿元	营业费用（2022年）	同比/%	营业税金及附加/亿元	营业税金及附加（2022年）	同比/%
20. 木材加工及木、竹、藤、棕、草制品业	51.29	55.82	-8.10	42.71	46.65	-8.40	2.18	2.29	-4.90	0.49	0.40	22.70
22. 造纸及纸制品业	285.10	289.00	-1.30	222.96	231.75	-3.80	22.61	24.49	-7.70	1.24	1.11	11.90
23. 印刷和记录媒介复制业	211.26	208.65	1.20	171.23	169.88	0.80	6.34	6.62	-4.30	1.19	1.02	16.60
292. 塑料制品业	869.31	900.65	-3.50	708.34	734.96	-3.60	33.25	34.50	-3.60	3.80	3.45	10.00
3055. 玻璃包装容器制造	0.89	0.72	22.90	0.63	0.52	22.80	0.01	0.01	120.50	0.00	0.00	39.90
338. 金属制日用品制造	46.02	50.85	-9.50	37.49	42.40	-11.60	1.68	1.75	-4.20	0.16	0.12	28.10
3531. 食品、酒、饮料及茶生产专用设备制造	32.75	32.60	0.50	22.41	23.51	-4.60	1.53	1.48	3.20	0.17	0.15	13.80
3532. 农副食品加工专用设备制造	7.53	5.26	43.10	5.25	3.47	51.30	0.38	0.33	15.00	0.05	0.03	84.30
3534. 饲料生产专用设备制造	3.20	2.95	8.80	2.30	2.15	6.80	0.18	0.18	2.70	0.01	0.01	58.30
354. 印刷、制药、日化及日用品生产专用设备制造	231.90	217.65	6.60	176.80	165.44	6.90	11.14	9.11	22.20	1.15	0.86	33.90
合计	1739.25	1764.15	-1.00	1390.12	1420.73	-2.00	79.30	80.76	2.00	8.26	7.15	16.00

表 1-7 包装相关行业 2023 年效益情况（3）

	管理费用 / 亿元	管理费用（2022 年）	同比 /%	财务费用 / 亿元	财务费用（2022 年）	同比 /%	盈利企业赢利额 / 亿元	盈利企业赢利额（2022 年）	同比 /%	亏损企业亏损额 / 亿元	亏损企业亏损额（2022 年）	同比 /%
20. 木材加工及木、竹、藤、棕、草制品业	3.69	4.09	−9.9	0.14	0.01	1269.7	2.09	2.30	−9.2	0.28	0.47	−41.2
22. 造纸及纸制品业	17.32	16.93	2.3	0.82	0.15	457.6	13.95	16.67	−16.3	3.69	2.73	35.3
23. 印刷和记录媒介复制业	21.56	25.61	−15.8	−0.02	−0.33		11.65	8.75	33.1	2.67	5.18	−48.5
292. 塑料制品业	52.54	50.31	4.4	3.28	1.76	86.0	78.03	89.70	−13.0	9.54	7.01	36.1
3055. 玻璃包装容器制造	0.13	0.13	−0.6	0.00	0.00	16.5	0.08	0.04	91.0	0.00	0.00	
338. 金属制日用品制造	4.42	4.20	5.4	0.26	0.17	58.3	1.98	2.45	−19.0	0.22	0.33	−35.4
3531. 食品、酒、饮料及茶生产专用设备制造	3.73	3.59	4.0	0.13	0.05	149.3	4.72	3.91	20.8	0.10	0.83	−87.9
3532. 农副食品加工专用设备制造	0.85	0.73	16.9	−0.01	−0.03		0.76	0.65	17.6	0.00	0.03	−100.0
3534. 饲料生产专用设备制造	0.29	0.22	31.8	0.00	−0.03		0.37	0.33	10.3	0.00	0.00	
354. 印刷、制药、日化及日用品生产专用设备制造	15.85	15.06	5.3	−0.18	−0.17		21.63	23.97	−9.8	1.19	1.32	−10.4
355. 纺织、服装和皮革加工专用设备制造	5.34	5.06	5.6	0.23	0.14	61.7	3.77	4.44	−15.1	1.66	1.45	14.8
358. 医疗仪器设备及器械制造	38.44	36.57	5.1	−3.73	−5.06		85.87	94.97	−9.6	16.36	16.10	1.6
合计	164.17	162.51	1.01	0.93	−3.33		224.90	248.17	−9.37	35.70	35.46	0.68

三、经济运行的主要特点

（一）总体情况

2023 年全年包装相关的销售产值为 1474.31 亿元，比 2022 年同期下降 3.19%。经济运行呈前低中高后下降的态势。2022 年疫情持续以及春节休假的影响，由于受到 2022 年 12 月突发疫情以及春节休假的影响，1 月经济数据不理想，2 月企业经济活动逐步恢复正常，3 月运行趋势企稳，3 月包装相关的行业产值为 132 亿元，比 2022 年同期相比增长 13.54%。由于尽管 2022 年 3 月上海疫情形势严峻，数据可比性不强，但 2023 年 3 月与 2019 年同期运行数据相比，已经基本接近。第二季度包装相关的行业产值为 375.70 亿元，比 2022 年同期相比增长 24.27%，原因是 2022 年 3 月下旬开始受疫情影响物流受阻企业供需不畅。包装相关的行业 2023 年上半年销售产值为 712.81 亿元，比 2022 年同期增加 7.13%。但 2023 年 6 月运行数据不容乐观，行业产值为 132.15 亿元，与 2022 年同期运行数据相比减少 13.11%。第三季度包装相关的行业销售产值为 362.26 亿元，比 2022 年同期下降 16.14%。第三季度于第二季度相比下降 3.46%。2023 年第四季度销售产值为 399.23 亿元，比 2022 年同期下降 6.18%。

从数据来看，行业效益不容乐观，利润比 2022 年同期下降，当前企业仍然面临着重大困难。2023 年全年包装相关的行业盈利企业赢利额为 135.26 亿元，与 2022 年同期相比下降 9.08%，亏损企业亏损额为 17.68 亿元，与 2022 年同期相比减少 1.28%。利润总额为 117.58 亿元，与 2022 年同期相比下降 10.15%。

（二）运行特点

1. 塑料包装行业

受 2023 年初疫情影响，多数企业出现员工请假休息等情况，无法正常工作。加之春节休假影响，整体产销处于下降态势。2023 年 2—3 月外贸订单开始减少，部分企业除完成上年部分订单，新订单增量较小。春节过后原材料价格波动较大也影响到企业积极接受订单的意愿，很多企业处于观望态势。第一季度整体处于复苏发展阶段。进入 4 月后随着国际形势变化以及全球通胀压力，海外市场并未达到发展预期。传统海外订单开始逐步减少，5 月之后很多订单更是大幅度减少。很多外向型企业表示这是多年来从未经历过的严酷时刻。多数出口企业寻求转向内贸市场，给原本就非常激烈竞争的国内市场内卷加剧。有些订单甚至在亏本操作，只为了留住现有员工。进入 6 月市场并没有变好，企业仍然处于勉强维持阶段。经过上半年的市场变化，行业加速洗牌效应明显，部分中小企业被市场淘汰，市场供需矛盾出现缓和状态，头部企业由于前期研发创新投入在细分市场逐渐找到市场定位，效益提升。随着国内经济的企稳向好，快消品、食品相关包装消费量提升，促进了整体行业回暖。第三季度市场商务活动频繁，进一步促进企业交流订单促成。在此轮市场竞争中，规模企业，信息化、数字化、智能化领先企业优势明显，小批量、高效率、低成本引领未来塑料包装行业发展趋势。在第三季度短暂回暖之后，进入第四季度国内外经济环境发生了许多变化。国内企业纷纷在内销市场发力，资金流动性加强后为了抢夺市场企业竞争更为激烈，部分规模企业不惜低价亏本恶性竞争，造成中小型企业生存艰难。出口市场方面，虽然企业积极拓展东南亚市场抵消欧美订单减少带来的影响，但成效不及预期，仍然面临订单不足的情况。全球性的消费放缓以及减少塑料包装使用为主题的可持续发展行动对照前几年积蓄的国内巨大的塑料包装供给侧过剩，预计未来很长一段时间处于市场重新整合、淘汰低效落后产能的调整阶段。企业实现较大盈利可能性减少，需要持续加强创新研发开拓细分市场满足个性化需求生存下去。

2. 纸制品包装行业

2023 年第一季度生产开始恢复，1 月因为企业春节前有大量生产，2 月春节后订单大量减少，3 月产量逐步增加，但是比往年还是下降很多，比往年同期下降 20% ～ 30%。第二季度持续恢复但是市场需求不足，同比去年产量还是下降。总体来看，1—6 月产量逐步增加，但是比往年还是下降很多。2023 年第三季度生产继续恢复，但是因为消费不足，出口减少，产量比第二季度逐步增加，虽然第三季度 7—9 月天气炎热增加了部分饮料包装订单，但是比往年还是有下降。2023 年第四季度生产因国庆、双十一、春节等大型节假日因素，国内外市场逐步恢复，纸包装市场有一定增长。

3. 包装印刷行业

2023 年第一季度，上海包装印刷行业延续 2022 年的疲软态势，主要受疫情以及国际、国内经济不景气等因素的综合影响，行业的经济数据显示，行业的经济运行情况堪忧。下半年，上海包装印刷行业仍受国际、国内经济不景气以及市场疲软、通胀等因素的综合影响，行业的经济数据显示，行业的经济运行下降速度有所减缓，运行质量要好于上年同期，呈现出一定的企稳回暖的趋势。

与 2022 年同期相比，全年销售产值虽下降 0.5%，营业收入还是增加了 1.5%；但营业成本上升了 1%；管理费用下降了 4%；营业税金及附加增加了 17%；盈利企业盈利额增长了 30%；亏损企业亏损额下降了 45%；行业利润总额增长了 150%；应收账款上升了 11%，产成品下降了 7%，负债下降了 6%，税金总额增长了 7%。行业出口交货值下降了 26%。

4. 包装机械行业

第一季度，包装机械企业整体增长乏力，国内与国际两个市场都面临订单减少、问盘减少的情况，用户观望情绪上升。个别企业反映，2023 年第一季度的经营状况，还不如 2022 年同期。下半年逐渐出现回暖态势，包装机械行业订单逐步苏醒，外贸询盘尤其是新兴市场和“一带一路”沿线国家和地区的询盘数量和签约有所增加。进入第三季度，包装行业各类展会高密度举办，虽然让企业应接不暇，但市场的活跃度增加，客观上表明需求在慢慢回暖。propack 食品包装展、全国烘焙展、物流展、秋季全国糖酒会等各类包装与装备展，意向和实际订单量也有所增加，包装机械行业信心慢慢开始回来了。

经过前三季度的努力，包装机械行业第四季度已有企稳回暖的迹象。包装机械行业经历了三年疫情、全球需求的下滑，行业内半数以上的企业营业收入下滑，约 30% 的企业出现亏损，但也有部分企业营业收入与 2022 年持平或上升。从出口情况来看，包装机械出口总量出现下滑；从出口区域来看，“一带一路”

沿线国家和地区增势明显；从出口产品来看，成套成线包装自动化装备需求上升，单机单台需求减少。

经济寒冬，加剧了行业“内卷”，也加快了行业“洗牌”，一部分发展良性的企业在加快转型升级，加快“内迁”到上海周边省市，买地造楼扩厂房，为长三角包装行业高质量发展增光添彩。

5. 木制品包装行业

2023 年第一季度相比 2022 年第一季度同比销售额下滑了 20% ～ 40%。主要原因是客户订单下降，整个行业的生产力下降，导致配套木包装行业出货额减少。但是相比上年，原材料市场中的进口木材价格一直维持低价，这对木制品包装行业来说也算是一个好消息。因为相比上年及前年的原材料进口木材大涨，第一季度的木材价格一直维持在低位，略微维持了木制品包装生产企业的利润率。虽然第一季度生产量减少，产值下降，但是如果使用进口木材的话，成本也略有下降。2023 年度上半年相比 2022 年上半年同比销售额下滑了将近 30%。从上半年的运行可以看出，客户端的需求持续下滑，没有上升的迹象，主要是工业品的生产和出口下降，导致包装需求同比下降。同时发现目前长三角地区外资背景的生产企业外迁到东南亚的情况越来越多，这个情势下，更导致木制品包装行业的市场需求减少。外迁的原因是多方面的，但是这个也给我们木制品包装行业未来的发展带来了不利的局面。木制品包装行业第三季度的行业情况延续了第二季度订单不足，产能过剩的情况。木制品包装行业第四季度的销售情况和第三季度相比略有上升，因为第四季度是相对的旺季，大多数客户的订单量同比第三季度都会出现一定额度的上升，所以销售额会上升 20% 左右。同比第二季度的木材价格，第四季度木材价格比较稳定，没有大的价格波动。木制品包装行业在外来需求减少的情况下，加强企业内部的管理，提高生产效率，降低生产成本和材料损耗，提高良品率，从而练就精益化管理能力。其他相关的运输、人力及其他的成本目前跟上季度相比没有较大的变化。只是国内经济产业周期及行情的大的变化，给木制品包装行业带来了不利的影响。

6. 物流包装行业

2023 年上半年外贸业务下滑，导致物流包装出口下行，不少物流包装企业业务量萎缩，普遍下跌 20% ～ 30% 的份额，有的出现 50% 的下跌。由于消费产品的萎缩递延影响到了相关工业产品的下行，同时不少企业的外迁，带来了短时期内不少设备拆后一次性出口，不少从事这块业务的企业业绩上升。第三季度，虽然外贸业务的影响依旧在，但因跨境电商带来的物流包装业务有一定增长，工业包装的内需整体趋于平稳；因为低碳绿色及降本需求，循环包装的关注度在提升，有一定增长。第四季度跨境电商以及海外电商贸易出口对相应物流包装业务有一定增长；国内工业包装依旧面临减产和产能转移情况，无明显增长；因为低碳绿色及降本需求，无论是快递领域，还是工业包装领域，对可循环包装的需求均在增长。

四、预测和展望

虽然 2023 年 3 月起包装全行业总体运行趋势基本企稳，但国际、国内经济不景气以及市场疲软、通胀等因素仍然影响着行业的经济运行，包装相关的行业 2023 年上半年销售产值为 712.81 亿元，比 2022 年同期增加 7.13%。2023 年全年包装相关的销售产值为 1474.31 亿元，比 2022 年同期下降 3.19%。如果 2024 年上半年国内经济增长预期减弱、消费下降、外贸下滑的宏观经济条件没有实质性好转，2024 年上半年包装相关的行业产值预测估计完成 710 亿～ 750 亿元，与 2023 年同期的 712.81 亿元相比，增加 0% ～ 5%。2024 年全年行业效益数据仍不容乐观，全行业利润滑坡的态势下预计很难挽转。

消费者对绿色包装发展的认知态度调查

陈群[①]　宗利永

在当今数字经济迅猛发展的背景下，全球对于环境保护和可持续发展的呼声越发高涨。随着电子商务的蓬勃发展，商品的生产、运输和包装等环节对环境的影响日益凸显，特别是碳排放量的增加，对全球气候产生了不可忽视的消极影响。因此，如何减少碳排放、推动绿色转型，已成为全球人民面临的共同挑战。

消费者作为市场的主体，他们的选择和行为对于推动绿色转型、减少碳排放具有至关重要的作用。他们不仅是商品的最终使用者，也是环保理念的传播者和实践者。通过调查消费者对绿色包装的认知态度，可以帮助政策制定者了解消费者的需求和期望，从而制定更加有效的推广和教育策略，促进绿色消费习惯的形成。同时，也可以为企业提供关于绿色包装的市场需求和趋势的信息，指导企业在包装设计和材料选择上进行创新，开发出更符合消费者需求的绿色包装产品，提高市场竞争力。

本次调查旨在深入理解消费者对于快递行业向绿色、低碳转型过程中所持立场、期望及可能采取的具体措施，并旨在揭示推动该转型过程中可能遇到的挑战以及带来机遇。通过在线问卷方式广泛征集了三百多名消费者数据，并围绕被调查者的人口统计特征、商品包装当前使用现状、认知态度以及回收行为 4 个核心议题进行分析。

① 陈群，女，博士，上海出版印刷高等专科学校副教授。研究方向：用户行为研究，信息管理，数据可视化。

一、调研内容及概况

本次调查由上海出版印刷高等专科学校的省部级科技服务平台“上海市绿色包装工艺与装备专业技术服务平台”牵头，通过网络发布问卷，并在 2024 年 4 月至 5 月完成数据收集工作，共回收有效问卷 321 份，确保了数据质量。调研的题型分为 4 个部分。题型的结构方面，采用了单选题和多选题形式体现。

第一部分为人口统计信息。该部分聚焦于收集问卷参与者的基本背景数据，包括性别、年龄、教育程度和职业等。通过这些信息，能够识别不同群体在快递包装绿色发展方面可能存在的差异化需求和观点。第二部分为商品包装当前使用现状。此部分旨在深入了解消费者日常生活中接触到的快递包装材料类型及其环保特性。通过识别和评估各种快递外包装与内层缓冲填充物，探究消费者对于目前市场上流行的产品包装类型持有何种看法。同时，调查也涉及消费者对于过度包装的认知、态度和意见。这些数据将有助于揭示用户真实需求并推动业界向着更加环保友好型发展转变。第三部分为认知态度调查。此部分调查旨在探究消费者对快递包装中使用各种材料及其环保属性的看法，此外还考察消费者从何处获取相关绿色包装知识以及对促进绿色包装普及方式的见解。第四部分为消费者回收行为调查。这一部分着重调查消费者在处理快递包装上所采取的行动模式。同时调查了用户偏好哪种类型的回收服务，探索阻碍有效回收实施过程中遇到的最大障碍因素。通过这些数据可以揭示目前市场上针对不同类型物品进行循环利用时存在怎样的挑战。

在数据采集的基础上，对本次调查获得的数据通过 SPSS、FineBi 软件对问卷数据进行样本频率分析、多重响应分析、绘制统计图以及单因素方差分析。据此结果呈现将帮助更好地理解消费者对绿色包装发展的认知，推进企业责任担当策略的优化。

二、调查结果统计分析

（一）人口统计信息概况

本次被调查对象的分布情况如表 1-8 所示。各个变量的频率分析结果显示，本次调查中，女性人数有 157 人，比例为 48.91%；男性人数 164 人，占比 51.09%，在性别上采样对象分布较平均。在年龄方面，主要分布集中在 30 ～ 45 岁年龄段，其中人数最多为 173 人，占比 53.89%；其次是 18 ～ 30 岁阶段人群共 123 人，占比 38.32%；45 ～ 60 岁阶段人群则有 25 人，占比 7.79%。在学历方面，大学学历（指本科）的群体最多，占 86.92%，研究生及以上学历者 28 名，比例为 8.72%；高中及以下学历者 14 名，占 4.36%。从事职业方面看，企业员工数量最多，共 251 名且占 78.19%；学生 24 名，占 7.48%；事业单位员工 27 名，占 8.41%；自由职业者 16 名，占 4.98%。该调查涉及的 321 位受访者在性别上呈现相对均衡状态；年龄以 30 ～ 45 岁层为主体；教育水平以大专 / 本科程度为核心；职场角色则以企业员工形态居于绝对优势地位。

表 1-8 人口学变量分布

人口学变量选项	选项	频率	百分比 /%
性别	女	157	48.91
	男	164	51.09
年龄	18 ～ 30 岁	123	38.32
	30 ～ 45 岁	173	53.89
	45 ～ 60 岁	25	7.79
教育程度	研究生及以上	28	8.72
	大学学历	279	86.92
	高中及以下	14	4.36
职业	学生	24	7.48
	企业员工	251	78.19
	事业单位员工	27	8.41
	自由职业	16	4.98
	其他	3	0.94

（二）商品包装当前使用现状

在对消费者日常接触的产品快递包装进行调查时，发现了多样化的包装类型及其在市场上的占比情况。根据图 1-15 的调查数据，纸箱由于其可回收特点，在所有选项中以 21% 的占比成为最常见的包装方式。这一点凸显了市场对可持续材料使用上承认度与依赖程度。塑料袋和泡沫箱分别以 19% 和 18% 紧随其后，尽管它们在保护商品方面效果显著，但从环保角度来看，它们较难降解且可能对生态系统产生长期影响。因此，寻找替代品或改善这些材料的可循环利用性是未来发展趋势中一个关键挑战点。气泡袋作为一种轻量级防护材料，在调查中占有 14%，而纸袋则拥有 16% 的份额。纸质产品因更符合环保要求而显示出增长潜力，并可能进一步推动行业向绿色转型。编织袋虽然只占 12%，但其耐用且易于再次使用的特性使得该类型包装具备变革传统包装的潜能。提高编织袋在电子商务领域内的应用率有望促进整体供应链向更加绿色、循环经济导向发展。

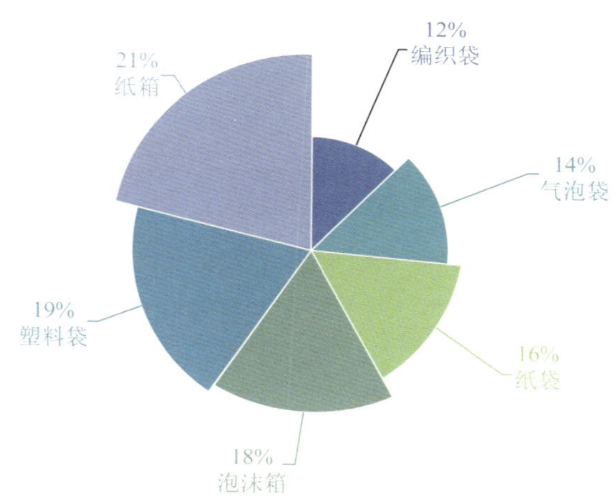

图 1-15 生活中常见的产品快递包装类型分布

在对消费者所收到的快递包装中使用的缓冲填充物进行调查时，可以看到几种主要材料的使用情况。根据图 1-16 的调查数据，泡沫塑料因其出色的防震保护性能而被广泛采用，占比高达 30%。然而，从环保角度来看，这类材料往往难以降解，会对生态系统造成长期危害。气泡膜紧随其后，以 29% 的占比成为另一常见选择。尽管其可提供相似的防护功能并且重量较轻，但同样面临回收和处理困难的问题。纸质填充物则以 21% 排名第三，并且由于其更易回收利用或自然降解而被视为一种相对更加绿色的选择。此外，值得注意的是气柱袋，作为一种新型保护材料占比 20%，虽然它们通常采用塑料制造，但设计上减少了空间内材质使用量，体现了向更加可持续性选择方向迈进的态势。

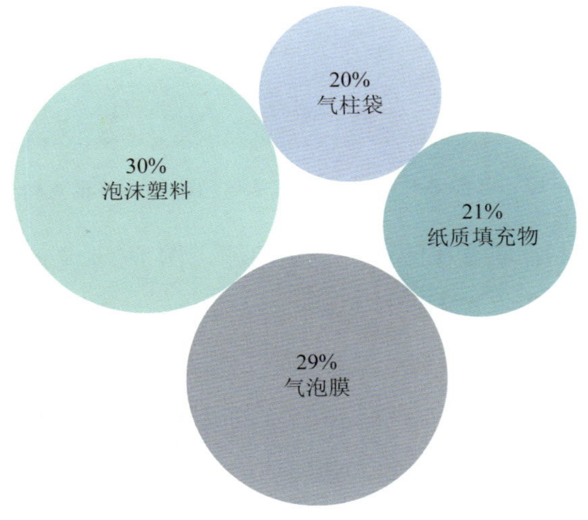

图 1-16　快递包装中常用的缓冲填充物类型分布

针对快递包装环保性的选择偏好，图 1-17 的调查数据揭示了消费者对于环保快递包装的具体态度和倾向。高达 71% 的受访者表示他们会选择环保性更好的产品，这显示出了消费者对于环保快递包装的强烈需求和积极态度。这一数据充分表明，随着环保意识的提升，越来越多的消费者开始关注并倾向选择具有环保属性的快递包装。同时，也有 22% 的受访者表示他们可能会考虑环保性快递包装，但可能受到其他因素如价格、便利性等的影响而做出不同选择。这也表明，在推广环保快递包装时，除了强调其环保性外，还需要综合考虑其他可能影响消费者选择的因素，以提供更加全面和均衡的解决方案。仅有 7% 的受访者表示不确定，这可能源于他们对环保快递包装的了解不足或缺乏足够的信息来做出决策。因此，加强环保快递包装的宣传和教育，提高消费者对环保包装的认识和了解，将有助于推动环保快递包装的普及和应用。

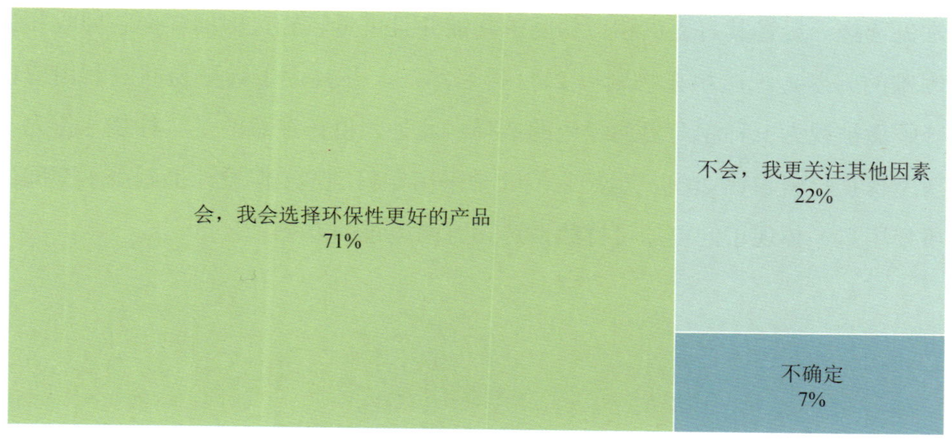

图 1-17　消费者对快递包装环保性的选择偏好调查结果

针对快递包装中普遍存在的过度包装问题，图 1-18 调查数据揭示了消费者具体的顾虑点。根据所收集到的信息，有 26% 的受访者认为外包装尺寸明显超出产品大小需求时属于过度包装。紧接着，25% 的受访者指出使用过多填充材料是一种常见且不必要的过度包装形式。25% 的受访者也提到了不必要的二次包装作为一个关键问题。最后，24% 的人强调使用大量胶带缠绕是过度包装的行为之一。无节制地使用胶带不仅使打开快递变得困难，而且增加了塑料废品排放。该图清晰地展现了 4 个主要方面在引发消费者关注方面几乎持平，并共同构成了当前市场上亟待解决和改进之处。

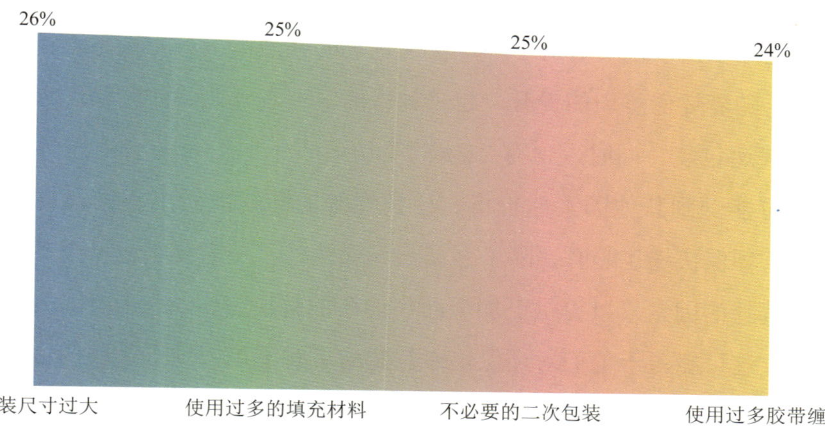

图 1-18　消费者对快递过度包装的看法分布

（三）消费者对商品包装绿色发展的认知及行为

在探讨快递绿色包装及低碳经济知识来源时，图 1–19 调查数据展示了不同媒介对于信息传播效率的差异。根据统计结果，互联网新媒体以 30% 的占比成为最主要的信息获取渠道。这一现象表明，在数字化时代背景下，线上平台因其便捷性和实效性强已成为公众获得相关知识的首选。政府相关部门与社区宣传各自占据 18% 的份额，并列第二。这反映出正式机构和地方组织在教育公众、推广环保理念方面扮演着重要角色。电视广播作为一个传统且覆盖范围广泛的媒介，仍然有 15% 的受访者通过此方式接触到关于绿色包装和低碳生活方式等话题。报纸、杂志作为更加传统的阅读材料，13% 的用户选择用来了解相关领域动态。虽然随着科技进步影响力略有减弱，但仍然是一些人群中不可或缺的资信源。最后，直接通过亲朋好友交流获得信息者相对较少，只占 6%，显示个人网络在此类专业性较强领域内可能不如其他正规渠道高效。整体而言，本次调查揭示了多元化通信手段共同促进了环境保护意识及可持续发展概念在社会中传播开来。

图 1–19　消费者获取快递绿色包装与低碳经济信息的主要渠道分布

在探讨消费者对于物品包装使用二次包装材料的接受程度时，调查数据揭示了市场上普遍的消费心理。图 1–20 显示，高达 57% 的受访者表示他们“完全不介意”或“不介意”其快递物件采用二次包装材料。这一较大比例反映出多数消费者对环保型再利用策略持开放态度，并可能认识到减少资源浪费和支持循环经济的重要性。进一步，“一般”态度占据29%，表明有相当数量的用户在此问题上持有中立看法，可能会根据具体情况做出判断。而在所有响应中，“介意”与“非常介意”的总和为14%，显示尽管存在部分顾虑重新利用旧包装材料的声音，但这样的观点并不占主流。综合来看，在推动可持续发展及绿色快递实践方面，公众整体倾向于接纳甚至支持使用二次包装材料作为商品外层防护。

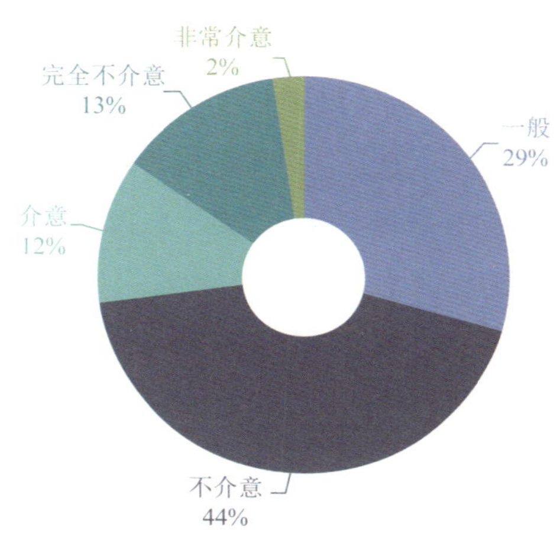

图 1-20　消费者对使用二次包装材料的态度分析

在探讨哪种快递包装材料被认为更加环保的问题上，调查结果提供了明确的消费者偏好。从图1-21数据中可以看出，纸箱和可循环快递包装受到较高评价，两者均占据了26%的比例。这表明公众倾向于支持那些既能降低废物产生又易于进入回收流程或具有重复利用潜力的包装解决方案。此外，18%的受访者选择了纸袋作为更加环保的选项，可能是因为纸袋通常由可再生资源制成，并且易进行处理与回收。编织袋也获得13%的青睐度，尽管其不如纸质产品容易降解，但耐用性意味着可以减少一次性使用带来的浪费。塑料袋和泡沫箱则分别只得到8%和9%的支持率，这或许是由于当前社会越发强调绿色、可持续生活。它们虽然广泛应用于商品运输过程中提供防护功能，但难以降解和循环利用等特点使其在推动绿色转型方面存在限制。

可循环快递包装
26%
纸箱
26%
纸袋
18%
编织袋
13%
泡沫箱
9%
塑料袋
8%

图 1-21　消费者对不同快递包装材料环保性的认知评价调查

在探索哪些企业能够主导并推动快递包装向绿色化转型的问题上，调查结果揭示了消费者对以下问题看法，如表 1-9 所示。数据显示，快递公司以 38% 的比例位居首位，众多受访者认为它们在整个供应链中扮演着关键角色，并有潜力引领环保包装标准的制定和实施。电商平台也被视为重要推手之一，占据了 24% 的选票。这反映了公众对在线零售巨头影响力及其在促进可持续打包方式方面责任感的认识。此外，21% 的参与者将目光投向了包装材料生产商；他们是创新环保材料解决方案、提供更加可持续产品选择背后不可或缺的力量。而品牌商及制造商则获得 17%，说明有相当一部分人期待他们通过采用环境友好设计和原材料来减少产品生命周期内的碳排放。

表 1-9　消费者视角下的快递包装绿色化转型主导企业分析

消费者视角下的快递包装绿色化转型主导企业	占比 /%	
包装材料生产商	21	
品牌商及制造商	17	
快递公司	38	
电商平台	24	
合计	100	

图 1-22 的调查数据显示了消费者对当前快递包装材料的改进的期望。其中，23% 的受访者希望能够加大选择可生物降解的材料来减少环境污染。这反映

出公众对于环保问题日益增长的关注和愿意采取实际行动以减轻其危害。紧随其后，22% 的消费者认为在包装上标明回收标识至关重要，这可以帮助消费者正确分类投放废弃物，并促进循环利用。此项建议突出了信息清晰度在推动可持续发展中所扮演的角色。21% 的受访者则倾向于通过轻量化和简约化设计来减少包装材料的使用量。这不仅可以直接降低资源消耗，也可能导致运输过程中碳排放量下降。20% 的参与者提出，在确保环保性能不变的前提下应当寻求方法来降低包装成本，以避免额外财务压力转嫁给最终消费者。这一点说明经济因素同样是人们考虑绿色产品时无法忽视的一个方面。14% 的用户表达了对设计耐用、可重复使用包装材料需求之大，并指出它有助于减少一次性使用品带来的浪费及相关环境问题。

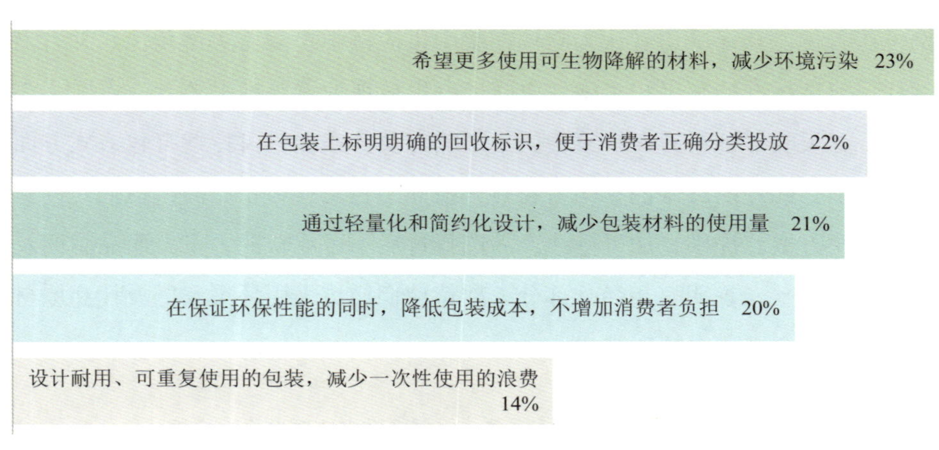

图 1-22 消费者期望的快递包装材料改进方向调查

在审视快递包装向绿色转型的过程中遇到的困难时，根据表 1-10 分析调查，29% 的受访者认为对电商经营者在包装使用上缺乏明确约束是推广绿色包装面临的主要挑战。这一观点凸显了制定具体、强制性标准及监管措施在环保实践中的必要性。27% 的用户指出企业主体责任落实不足也是一个重大障碍。这反映了企业社会责任与内部管理策略对于促进可持续发展原则融入商业运作流程所扮演的决定性作用。紧接着，25% 的参与者强调政策扶持和优惠政策执行力度需要加强。有效激励机制如税收减免、补贴等可以极大地鼓舞行业采纳环境友好解决方案。消费者认可度被 19% 的受访群体认为需改善之处，表明教育普及和市场引导工作同样关键，在提升公众对于环保产品理解和支持方面起到基础性影响。

表 1-10 消费者视角下的快递包装绿色推广应用的难点分析调查

快递包装绿色推广应用的难点	占比 /%
企业主体责任落实有待加强	27
对电商经营者包装使用没有明确的约束	29
政策扶持和优惠政策执行力度有待强化	25
消费者认可度有待加强	19

在探索如何有效推广绿色包装实践时，调查数据显示了消费者对不同策略的看法。图 1-23 统计结果表明，高达 44% 的受访者信赖政府提供的政策激励作为首选方案。这一结果强调了宏观管理和财政工具在引导产业转型及促进可持续发展中的决定性作用。此外，22% 的消费者将加强宣传教育视为关键手段，以增强社会大众对环保理念和绿色生活方式选择的认识与支持。这反映出知识普及与意识形态塑造在构建环境友好型消费文化中不容忽视。回收体系完善性亦被 19% 的参与者列为优先级事项之一，他们相信一个高效且用户功能友好的回收网络能够极大地促进材料循环利用，并降低整体碳足迹。经济激励机制获得 15% 的用户支持。

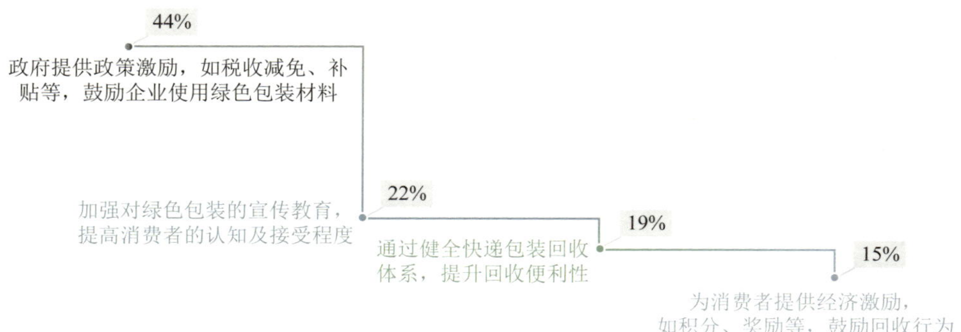

图 1-23 消费者认为最有效的绿色包装推广方式分布

针对绿色快递包装推广所面临的挑战，图 1-24 调查结果显示，有 23% 的受访者指出高昂的材料与技术成本是主要阻碍之一，这不仅增加了企业运营费用，也可能转嫁至消费者端。同等比例（23%）的用户反映消费者和企业对绿色包装缺乏足够理解与认知。这表明信息传播和教育培训在环保领域依然存在着重大需求空间。市场供应链稳定性亦被 20% 的参与者视作关键因素，由于绿色包装材料市场份额相对较小，导致其在扩展过程中面临物流及生产层面挑战。此外，同样有 20% 的人群强调管理部门政策支持不足。最后，14% 的受访者表示现行传统包装方式已深入人心、形成习惯，在无法感知到直接利益驱动下难以促使改变现有使用和处理模式。

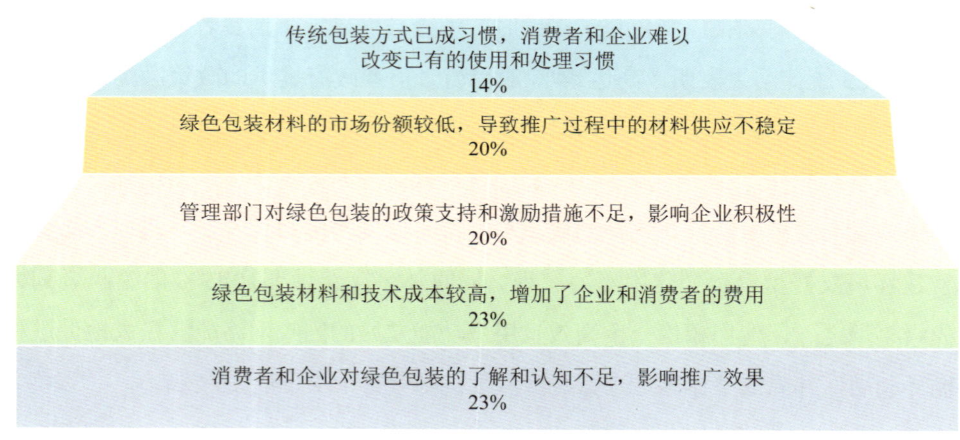

图 1-24　消费者对绿色快递包装推广障碍分析调查

（四）消费者对包装的回收态度调查

消费者在收到快递包裹后对其包装的处置方法表现出了不同偏好。具体数据如图 1-25 显示，36% 的受访者将快递包装作为可回收垃圾进行分类处理，这一比例占据了所有选项中的最大份额，此行为反映了这些受访者较高程度上的环保意识和资源循环利用观念。33% 的受访者倾向于保留这些包装材料以供日后使用，如转变成收纳箱或袋子等该选择说明了部分人群在延长产品使用周期方面所采取的实际措施。18% 的受访者会主动将包装送至专门回收站点进行二次利用。

这种做法可能是由特定社区推广环境教育、提供便捷回收服务等因素促成的。相对而言，有 13% 的受访者表示他们通常会直接丢弃这些材料。尽管从整体趋势来看选择直接丢弃的用户比例较低，但仍然存在改善空间以减少潜在产生无效和有害废物。总体来说，本次调查结果清晰指出绝大多数消费者已经开始采取积极措施去管理他们所接触到的快递外部材料，并通过各种方式减轻对环境造成的影响。

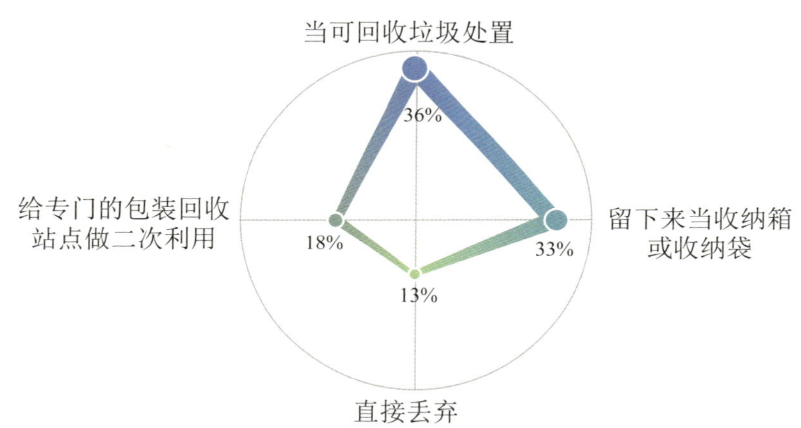

图 1-25 消费者对快递包装处理方式的选择偏好调查

在评估快递包装回收方式的用户倾向性时，调查数据提供了清晰的市场洞察。表 1-11 统计结果显示，40% 的受访者更青睐于在快递驿站设置专门的快递包装回收点。这一选择反映出消费者对集中化、便捷型服务方案的高度认可。37% 的受访者表示支持社区附近设置自助回收机作为首选。此类设备能够提供灵活性的服务，并且通过技术手段如积分奖励等激励措施鼓励公众参与。相比之下，16% 的消费者偏好有专人上门进行包装材料回收服务尽管这种个性化服务可能带来更多舒适体验，但从整体趋势来看并非主流需求。仅有 7% 的受访者选择将快递包装以生活垃圾形式投入垃圾分类房内处理。这表明大部分民众已经开始意识到传统废弃物处理方法可能不利于资源有效循环再利用。在当前推进绿色物流和低碳生活理念深入人心的背景下，公共意见倾向于采取更加系统化和规范化的回收模式去应对日益增长的环保挑战。

表 1-11　消费者偏好的快递包装回收模式分布

消费者偏好的快递包装回收模式	占比 /%
以生活垃圾的形式投入垃圾分类房	7
快递驿站设置快递包装专门的回收点	40
有专人上门回收	16
社区附件设置有自助回收机	37

在评估不同类型快递包装材料作为低值可回收物的认定上，图 1-20 统计结果显示，26% 的受访者将用于填充和保护货物的泡沫塑料识别为低值可回收物品，这表明该类材料虽然有一定回收利用潜力，但市场价值相对较低。紧随其后，24% 的用户认为纸质填充物属于此类别。由于纸质产品通常易于再生处理且原材料成本较低，在废弃资源循环链中它们被视作具备一定经济效益的选项。与此同时，19% 的消费者指出防水防尘塑料包装袋及薄膜也是低价值的可回收项目。同样比例，19% 的参与者则选择了快递纸箱、纸板和纸袋等传统包装方式。最后 12% 的受访群体提到了塑料箱和框架也是可以进入再生资源流程中去的对象。总体来说，当前消费者已能够基本区分并理解各种快递包装材质在循环经济体系内所扮演角色及其价值大小。

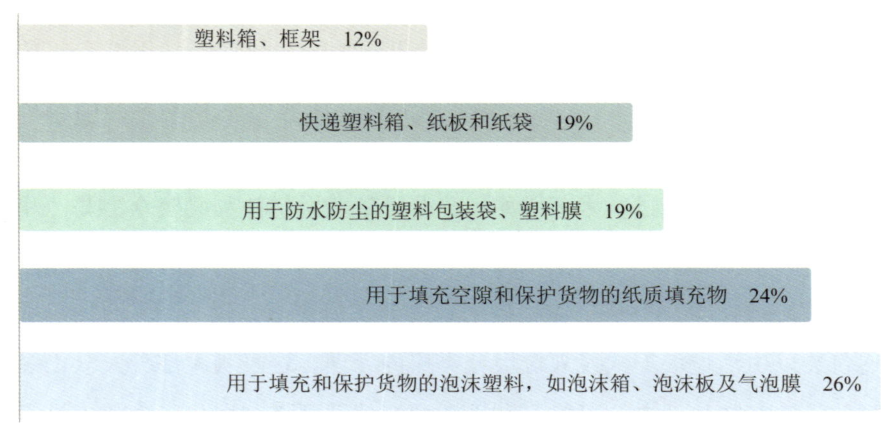

图 1-26　消费者对快递包装材料可回收价值的认知分布

在探讨目前影响快递包装回收利用效率的主要因素时，图 1-27 统计结果表明，26% 的受访者认为公众对于快递包装回收意识不足是一个关键障碍。这一发现凸显了环保教育和社会责任感培养在推进循环经济中的重要性。紧接着，24% 的受访者指出高昂的经济成本减弱了回收主体参与市场运作的积极性。21% 的人群将缺乏回收设施及渠道视为制约因素之一。17% 的受访者则认为由于技术或物理特性原因导致快递包装材料本身具有较大的回收利用难度，揭示了创新研发在优化产品设计和处理工艺方面所扮演的角色。最后 12% 的受访者表达了他们对当前相关政策不完善情况下进行资源循环活动持有顾虑，并期待立法和规范能够得到加强以支撑整个产业链健康发展。

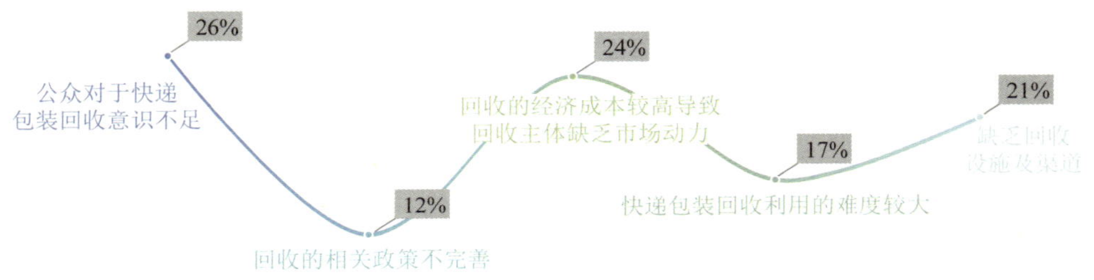

图 1-27　消费者视角下的快递包装回收利用障碍因素分析调查

图 1-28 提供了关于消费者支持快递包装循环利用及其对环保意义认识的洞察。从统计分析来看，绝大多数受访者表达了积极态度。在日常生活中支持快递包装循环利用方面，高达 61% 的受访者表示“同意”，而 29% 的受访者表示“非常同意”。这一结果共占比 90%，凸显出公众对于实施绿色物流措施的强烈支持和愿望。针对回收循环是否有助于环境保护这一问题，53% 的受访者选择了“非常同意”，加上 36% 选项为“同意”的受访者，总体赞成率达到 89%，显示出社会普遍认可快递包装回收循环在促进可持续发展方面所扮演的重要角色。当问及快递包装回收与个人生活关联程度时，52% 的受访者选择了“同意”，并且有 28% 的受访者表示“非常同意”此观点。80% 的参与者的正面响应反映出民众已经深刻理解并将个人行为与广泛的生态责任联系起来。整体而言，该项调

查明确指出，在推动资源节约型和低碳排放社会建设过程中，公众不仅呼吁更多地采取实际行动，而且已经形成较为坚定和清晰的价值观。

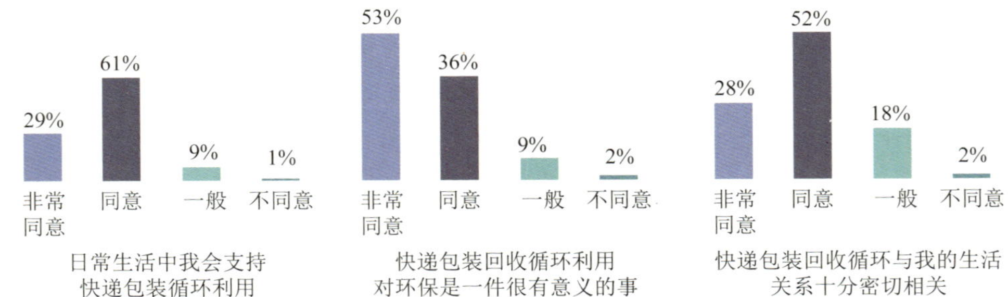

图 1-28　消费者对快递包装循环利用的态度与认知调查

（五）消费者对商品包装回收意识的差异性分析

在本次分析中，根据数据的特性运用方差分析法考察了不同性别、年龄、教育程度以及职业背景的样本群体在以下三个方面的观点是否存在显著差异：（1）支持日常生活中快递包装循环利用；（2）认为包装回收利用对环保是一件很有意义的事；（3）感觉到快递包装回收与个人生活紧密相关。

表 1-12 汇总了对“性别”与“日常生活中支持快递包装循环利用”“包装回收利用对环保是一件很有意义的事”“包装回收循环与我的生活关系十分密切相关”这三项回收意识调查的差异性分析。

表 1-12　“性别”与消费者对商品包装回收意识的差异性分析

	性别（平均值 ± 标准差）		F	p
	女 (n=157)	男 (n=106)		
● 日常生活中支持快递包装循环利用	4.22±0.61	4.15±0.65	0.992	0.32
● 包装回收利用对环保是一件很有意义的事	4.43±0.69	4.40±0.74	0.211	0.646
● 包装回收循环与我的生活关系十分密切相关	4.14±0.67	3.98±0.78	4.102	0.044*

* $p<0.05$

从表 1-12 可以看出，不同的性别样本对于“日常生活中支持快递包装循环利用”“包装回收利用对环保是一件很有意义的事”这两项均没有表现出显著性（$p>0.05$），意味着在支持日常生活中快递包装循环利用的态度以及认识到包装回收对环保重要性方面，男女两个性别群体的看法是相似的，并不存在因为性别差异而导致统计学上显著不同的观点。

另外，关于“包装回收循环与我的生活关系十分密切相关”，数据呈现出显著性（$p<0.05$），意味着在感知到快递包装回收与个人生活紧密联系程度这一问题上，存在明确的性别差异。具体来说，女性群体比男性群体更强烈地认同它们之间存在较紧密联系。因此，在推广或设计针对不同群体影响其行为习惯改变策略时应考虑到这种差异。

表 1-13 汇总了对“年龄”与“日常生活中支持快递包装循环利用”“包装回收利用对环保是一件很有意义的事”“包装回收循环与我的生活关系十分密切相关”的差异性分析。

表 1-13　“年龄”与消费者对商品包装回收意识的差异性分析

	年龄（平均值 ± 标准差）			F	p
	18-30 岁 (n=122)	30-45 岁 (n=173)	45-60 岁 (n=25)		
● 日常生活中支持快递包装循环利用	4.16±0.65	4.17±0.62	4.30±0.63	0.393	0.813
● 包装回收利用对环保是一件很有意义的事	4.34±0.77	4.46±0.69	4.52±0.51	1.688	0.153
● 包装回收循环与我的生活关系十分密切相关	4.10±0.75	4.03±0.71	3.91±0.73	0.96	0.43

从表 1-13 可以看出，不同的年龄样本对于“日常生活中支持快递包装循环利用”“包装回收利用对环保是一件很有意义的事”“包装回收循环与我的生活关系十分密切相关”均没有表现出显著性（$p>0.05$），意味着在认识到快递包装循环利用、其对环保重要性以及它与个人生活紧密联系等方面，各个年龄群体的态度和看法是相似的，不存在因年龄而产生的统计学上显著的

区别。

表 1-14 汇总了对“教育程度”与“日常生活中支持快递包装循环利用”“包装回收利用对环保是一件很有意义的事”“包装回收循环与我的生活关系十分密切相关”的差异性分析。

表 1-14 “教育程度”与消费者对商品包装回收意识的差异性分析

	教育程度（平均值 ± 标准差）			F	p
	研究生及以上(n=28)	大学学历(n=279)	高中及以下(n=14)		
● 日常生活中支持快递包装循环利用	4.32±0.61	4.16±0.64	4.21±0.58	0.802	0.449
● 包装回收利用对环保是一件很有意义的事	4.50±0.64	4.42±0.73	4.21±0.58	0.747	0.475
● 包装回收循环与我的生活关系十分密切相关	4.18±0.72	4.05±0.73	3.86±0.77	0.912	0.403

从表 1-14 可以看出，不同的教育程度样本对于“日常生活中支持快递包装循环利用”“包装回收利用对环保是一件很有意义的事”“包装回收循环与我的生活关系十分密切相关”全部没有表现出显著性（p>0.05），意味着在认识和支持快递包装物资的循环再利用、理解其对环境保护重要性以及将这种回收行为视作与个人生活紧密相连等方面，各个教育水平层次的样本普遍持有类似态度，并不存在因教育程度不同而产生明显区别的问题。

表 1-15 汇总了“职业”与“日常生活中支持快递包装循环利用”“包装回收利用对环保是一件很有意义的事”“包装回收循环与我的生活关系十分密切相关”的差异性分析。

表 1-15　“职业”与消费者对商品包装回收意识的差异性分析

	职业（平均值 ± 标准差）					F	p
	学生 (n=27)	企业员工 (n=158)	事业单位员工 (n=23)	自由职业 (n=8)	其他 (n=2)		
● 日常生活中支持快递包装循环利用	4.29±0.75	4.15±0.63	4.33±0.55	4.31±0.48	4.00±1.00	0.99	0.413
● 包装回收利用对环保是一件很有意义的事	4.29±0.81	4.45±0.70	4.44±0.64	4.06±0.85	4.00±1.00	1.575	0.181
● 包装回收循环与我的生活关系十分密切相关	4.17±0.87	4.05±0.72	4.11±0.70	3.94±0.85	3.67±0.58	0.493	0.741

从表 1-15 可以看出，职业样本对于“日常生活中支持快递包装循环利用”，“包装回收利用对环保是一件很有意义的事”“包装回收循环与我的生活关系十分密切相关”全部均表现出一致性（p>0.05），意味着在支持快递包装物资的循环再利用、认为包装回收对环境保护具有重要意义以及感觉到快递包装回收和自身生活紧密相连等方面，各种职业背景下的人们普遍持有相似态度，并不存在因为职业差异而产生明显区别。

综合以上四组数据分析结果显示，在支持快递包装物资循环再利用和认识其对环境保护重要性这两个问题上，各组样本之间没有表现出统计学上显著的差异。此外，在感受到快递包装回收与自身生活紧密联系程度这一问题上，虽然性别因素呈现出了显著差异——女性群体比男性更强烈地认同它们之间存在较紧密联系——但其他社会人口学变量如年龄、教育水平和职业背景并未表现出影响力。

总体来说，消费者普遍支持绿色的快递包装，并且大多数情况下他们的态度不受个人社会、经济特征影响。这些数据为推广绿色包装政策提供了积极信号，并暗示着设计针对公众宣传战略时可以采取更加统一而非区分目标群体的方法。唯一需要注意并可能需特别关注女性消费者较之于男性消费者在将快递包装回收与个人生活联系紧密程度上表现出来得更为积极的态度。

三、调研结论及建议

本次《消费者对绿色包装发展的认知态度调查》深入探讨了当前消费者对快递包装环保意识和行为倾向的丰富洞见。调研结果凸显出，消费者日益增长的环保意识正成为驱动市场变革的关键力量。纸箱因其可回收特性而受到市场偏好，同时市场对塑料袋和泡沫箱这类难以降解材料重新评估，寻求更加生态友好的替代品。这显示了消费者对于环境友好型材料的强烈需求，为企业提供了明确的创新方向，即开发更多环保、可降解的包装材料，以满足市场需求。

在包装填充物方面，虽然传统选择如泡沫、塑料仍占据一席之地，但纸质填充物和新型气柱袋等环境友好型材料正在兴起，预示着未来包装行业将更加注重轻量化、简约化设计。这不仅有利于减少资源消耗和降低环境污染，还能提高运输效率，降低物流成本。因此，企业应积极探索新的包装材料和设计方式，以适应市场变化。

过度包装问题近些年引起了大众的普遍关注，外部尺寸、不必要的二次包装以及快递外包装的大量胶带缠绕等均成为公众批评的焦点。这些反馈促使相关企业需要审视自身打包流程，并寻求更加环保、高效的打包方法。通过减少不必要的包装材料、优化包装结构、提高包装效率等措施，降低企业的运营成本，提高消费者的满意度和忠诚度。

超过七成消费者表示会基于快递包装材料的环保属性来选择品牌和产品，暗示企业应将绿色策略置于核心位置，通过采用环保包装材料、推广绿色包装理念、加强品牌宣传等措施，企业可以吸引更多具有环保意识的消费者，提升品牌形象和市场竞争力。

在线平台作为信息获取主渠道，揭示了数字技术在教育推广上所具备的潜力，为环保教育推广提供了有力支持。通过利用数字技术，企业可以更加精准地定位目标受众，制定更加有效的宣传策略。同时，企业还可以借助社交媒体与消费者进行互动交流，及时了解他们的需求和反馈，不断完善自身的产品和服务。

在性别差异方面，女性消费者展现出更高的环保参与度。这要求企业在制定宣传策略时，要充分考虑性别因素，制定更加精准、有针对性的策略。例如，可以组织专门针对女性消费者社区分享会或促进参与循环利用项目政策可能有效提升整个社会群体参与程度。

最后，为了树立绿色、可持续的快递服务行业形象，企业需要采取一系列措施。这包括推广轻量化材料、简约化设计，加强教育宣传、鼓励企业间合作共享资源、借助数字技术提高效率以及致力于技术创新等。这些措施不仅可以满足消费者的需求，也有助于提升品牌的形象和竞争力，促进整个产业向着更加环保、高效、可持续的方向前进。

第二章
行业发展趋势分析

低值可回收物资源化利用路径探析
——以包装废弃物为例

黄文芳[①]　任恺[②]　彭世昕　邹吉昊鸣　胡喜超

低值可回收物资源化利用是近些年研究的热点与难点之一。本文基于企业调研对当下具有代表性的全产业链市场化推进模式、EPR 制度试点模式、企业社会责任使然和高值化研发模式四种模式的运行进行了比较分析，指出四种模式存在驱动力、技术支撑和实施效果等方面的差异性，促进低值可回收物资源化利用面临的难点问题在于持续的资金投入、可支撑的技术和有效的再生产品市场保障，提出持续推进低值可回收物资源化利用的关键是在制度保障下的市场机制能够发挥作用，当前资源化利用均面临着价值链断裂的风险，需政府识别薄弱环节，通过源头分类法律强制、财政补贴和政府绿色购买等制度优化修复价值链。

一、引言

随着垃圾分类制度的实施，“禁废令”“限塑令”及其升级版的颁布与实施，全产业链视角构建可回收废弃物减量、分类回收和资源化利用体系处于发展之中。其中两网融合较能有效地促进了可回收废弃物分类回收资源化利用，然而干垃圾中近 40% 的低值可回收废弃物占比以及占主体地位的废纸和废塑料，说

① 黄文芳，经济学博士，复旦大学环境科学与工程系副教授，环境管理与公共政策研究方向；
② 任恺，上海数智绿色包装研究所副所长。

明分类回收体系构建和资源化利用面临着低值可回收物分类回收比例提升的难题[1]。

伴随着上海市新一轮垃圾分类的推进和《2024年上海市无废城市建设条例》的颁布，我国已有一批学者对低值可回收物分类回收资源化利用进行了较为系统的研究。低值可回收物指的是虽然有回收利用价值，但回收利用成本高，在传统市场机制的作用下不愿对其回收的可回收废弃物，具有垃圾和资源双重属性，又因其品种多，涉及玻璃、纸基复合包装（利乐包）、废塑料、废旧织物、金属等多个品类，具有分散性和多样性，以及因经济发展水平的提升，劳动力成本的上升、居民混合扔垃圾的惰性导致更多的可回收废弃物成为潜在的低值可回收物，呈现出动态发展的特性[2][3]。目前，低值可回收物呈现出产生量不断上升的趋势，它的不合理处置不仅会带来环境污染，还会降低资源的再生利用率[3]。又有学者指出低值废塑料回收和资源化利用具有公共物品属性，其在回收环节面临着价值链断裂的危险，尽管部分城市对低值可回收物给予一定的财政补贴，但由于补贴低于其分类回收运输成本导致现实中的回收意愿低，提出政府应为此埋单，提供相应的财税等政策支持[4]。此外，还有学者指出我国可回收废弃物资源化利用产业发展速度较慢，存在规模小，技术水平不高，处于起步阶段，缺少相应政策支持[5][6]。

相比较，发达国家颁布实施差别化垃圾收费制度、生产者责任延伸制度、焚烧填埋税费制度[7][8][9]，从而在市场机制作用下能够调动市场主体的科技创新动力，有效地拉动了可回收物分类回收和资源化利用比率。这从发达国家较高的回收比例可见一斑。

综上所述，我国在当前未全面实施垃圾收费制度、EPR制度和垃圾处置税费制度下又需要怎样的政策去引导激励低值可回收物分类回收和资源化利用？政府政策支持应该在哪个环节作用才具有有效性？

事实上，随着我国生产者责任延伸制在四大行业试点推进，以及企业社会责任使然，低值可回收物正在形成闭环资源化利用态势。为此，本文试通过对利乐包的生产者责任试点、软塑包装的企业社会责任实施和废塑料市场化资源化利用三种模式进行调研、比较分析的基础上，就其运行的物质链、价值链和产业链融合程度、影响运行的关键环节、机制等识别分析，提出优化低值可回收物回收和资源化利用的对策建议。

二、低值可回收物高值化利用四案例及其对比分析

（一）市场化全产业链运作模式

A 公司成立于 1999 年，是再生塑料国家标准制定者、行业白皮书发布者，是集研发、服务、生产为一体的国家高新技术企业。目前，其产业涉及垃圾分类的“两网融合”、再生资源回收、废塑分类高值化利用等产业链的各个环节，已成为中国再生塑料行业中的领军企业，业内知名的再生资源循环经济全产业链运营服务商。

A 公司最初主业是再生塑料生产企业，是对来源于企业废塑或按要求分类回收营销公司的废塑加工成塑料粒子，提供再生塑料原料的企业。随着企业的成长，企业进行了产业链延伸，向前拓展至生活垃圾的两网融合可回收物的全品回收，通过政府购买服务介入区域两网融合的建立中来，创建了可回收废弃物回收的点、站、场模式，实现了源头分类回收、再专业化分类，资源化利用的全产业链覆盖。向后延展到为知名企业再生塑料产品的代加工，提供汽车配件、装修建材、物流托盘、防水卷材等再生塑料产品生产。

就 A 企业生活源废塑资源化利用来看，必须具备两个条件：①干净的废塑料，包括干净的低值塑料包装废弃物、快递塑料袋等；②这些废塑料进行专业化分工，将其由垃圾转变为潜在资源。

公司介入源头可回收废弃物分类回收的动力来自再生塑料市场需求的提升、国家“禁废令”的颁布实施导致再生原料短缺、垃圾分类两网融合实施工程的推进以及企业为了保证原料供给的稳定、规模化。因此 A 公司对低值废塑料的资源化利用是市场、政府以及企业发展多方共同推进的结果。也就是说，该公司全

产业链运营服务是市场自发推进的，是打造塑料再生行业领军企业的内在发展驱动的，产业链前端拓展是后端资源化利用原料需求稳定的保证驱动的，其规模化发展依赖塑料改性技术的支撑和强大的再生塑料需求市场的存在，总之是企业逐利的内在需求驱动的。其可持续发展建立在产业链各环节都存在价值的增殖，垃圾转变为资源关键要素在于垃圾分类和资源化利用技术的保证。而分类的智能化、自动化、高效化又取决于规模化的保证。后端再生塑料的需求又来自市场新料的价格，取决于石油等资源的价格，它随市场的波动会影响到再生塑料产业的发展。

（二）企业社会责任下闭环运作模式

B 企业作为软塑包装的巨头企业，是最早承诺 2025 年包装物 100% 可回收或者可以重复使用的包装企业。随着我国限塑令升级版的颁布与实施，减少塑料使用以及实现废塑料回收再利用成为企业践行可持续发展，承担社会责任的重要任务。为此，B 企业在加大研发投入，在设计端减少产品塑料使用含量，生产端可回收、再利用产品的同时，与回收企业 C、废弃物资源化利用企业 D 建立合作伙伴关系，对 B 企业生产的软塑包装废弃物进行回收、资源化再利用。

该合作于 2023 年启动，由 C 负责回收消费者产生的软塑包装废弃物，交由 D 进行再生利用，生产出塑化桌椅。为此，D 以市场价格购买 C 回收的软塑料包装废弃物，实验利用软塑包装废弃物生产塑化产品的研发，对于因软塑使用而增加的再生利用成本，B 企业给予一定的补贴，并承担回收的运费，同时回购再生的桌椅，奖励参与软塑包装分类回收的消费者。

当前该模式面临的问题如下：①软塑包装废弃物回收量有限。从项目启动后的 8 个月中，共回收了 20 多吨软塑类低值可回收物，但是因为居民的认知度、推广的力度等问题，回收量并没有随着时间推移显著的上升；②D 在测试中发现，软塑包装品类繁杂，复合方式多样化。不同类别、不同复合方式的软塑包装，其熔点、流动性都不一样。而且，消费后的软塑包装杂质很多，给再生利用增加了很大的成本。即使有试验补贴的情况下，D 也没有很强的回收动力；③再生课桌椅、垃圾桶属于降级回收，且这些再生品的市场属于小众产品，无法大范围推广。

综上可见，试点中的再生技术已经基本实现，回收物可以回收并加以利用。但价值链存在断裂，未形成闭环。因此，合作仍在以试点内推进，需寻找修补价值链的优化方式。试点阶段，C 在收集时的成本，如人工、宣传、运输等，全部累加并转移到了末端处置，先让回收阶段能够达成运行，而 D 在末端处置的时候，将原料成本、人工、水电、辅料等加上后，发现最终成品价格太高，在市场上并无太大的竞争力，即使 B 愿意接受一定程度的“环保溢价”，也很难大批量、长时间地购买现有的再生制品。这是当前试点初级阶段，遇到的成本高运行受阻的根本原因。

（三）EPR 试点推进模式

利乐包是纸基复合包装，以 250ml 的标准包为例，材料中 75％成分是纸浆，剩下的 20％和 5％分别是塑料和铝箔，其发展为牛奶饮料的无菌包装提供了支持。利乐包鉴于其成分，生产源废料已经拥有成熟的再生利用技术，用于生产诸如牛皮纸、生活用纸、垃圾桶、围栏、环保长椅、户外地板等再生制品，然而由于生活源利乐包回收体系的不健全导致其末端资源化利用受限，多通过垃圾焚烧填埋处置。

对此，居民鉴于其再利用的可能性，历史上曾出现多种回收利乐包的模式，如上海绿主妇的梅陇三村就发动居民回收利乐包，要求居民洗净压平后按月回收，对回收者给予一定的环保积分奖励。当时利乐包回收量尽管稳定但量小。

2011 年，上海开启了新一轮垃圾分类，利乐包作为饮料纸基复合材料列入可回收废弃物的行列，由此通过两网融合，初步建立了利乐包的分类回收体系。2016 年国办发文，2020 年国家发展和改革委员会出台政策，利乐包作为饮料纸基复合材料，被国家列为 EPR 试点对象，要求利乐包生产企业联合应对其回收和资源化利用。

对此，占市场近 90% 的五家纸基复合包装企业形成联盟，探讨利乐包的回收和资源化利用。联盟出台了一系列推进政策，制定了相关标准，对于再生利用企业进行认证，并对通过认证的再生企业给予一定的帮扶政策。并与 C 这样的回收企业尝试纸基复合包装的回收模式探索，持续寻找推进回收率提高的办法。

（四）高值化利用模式

随着市场的发展，上海已经成为全球咖啡门店最多的城市。据统计上海市有九千多家不同品牌的咖啡门店，随之而来的就是纸杯、塑料杯、吸管之类的低值可回收废弃物的大量产生。根据某咨询公司对纸杯行业的分析报告，2019 年中国纸杯行业消费量已经超过 500 亿只，约占全球市场的 1/6。

E 企业是全球最大的纸容器生产企业，在中国市场为各大连锁快餐店、咖啡店提供纸杯、纸容器。他们也找到了 C 公司，负责回收消费后的纸杯，并和一些研发机构、特种材料企业一起研发回收后的纸杯的高值化利用方式。出台了一个环保纸系列“涤烦纸”，其中就包含消费后的纸杯再生利用纤维。“涤烦”是代表茶的意思，古人云“酒能解忧，茶能涤烦”。这个“涤烦纸”包含 50% 的再生纤维，其中就有牛奶盒和纸杯的再生纤维，还有 50% 是原生纤维，但也是 FSC 认证的纸浆。此外，涤烦纸还包含少量的茶渣，使得纸张有一股淡淡的茶香。用来做书籍装帧材料、礼品包装、贺卡、公司台历等高端用纸极为合适。一经面世就得到了市场的认可，且在 2024 年上海国际奢侈品包装展览会（Luxe Pack Shanghai）上得到“Luxe Pack in Green”绿色革命大奖，为一众奢侈品也找到了环保包装的解决方案。

当然，目前涤烦纸的产量和销量如果对比于纸杯的废弃量来说还是非常小的，如同沧海一粟。但是，这个模式和趋势相较于前面三种方式，无疑又是一个突破。即低值可回收物废弃物通过自身和研发机构的努力，辅以文化、创新的意义后，得到了高值化的利用，得到市场的认可。而且 E 企业找了专业机构进行了碳减排的核算，通过计算得知通过循环利用一次性纸杯能实现 68% 的碳减排。具体换算可知每回收一吨废旧纸杯可减少 0.68 吨二氧化碳当量的排放。这是极为可观的减排量。

利用四种模式比较低值或回收物资源化利用如表 2-1 所示。

表 2-1 低值可回收物资源化利用四种模式比较

<table>
<tr><th>模式</th><th>特点</th><th>动力来源</th><th>实施效果</th><th>政府扶持</th><th>共性要求</th><th>政策着力点</th></tr>
<tr><td>全产业链市场化推进模式</td><td>涉及废塑料分类回收、分拣、改塑资源化利用</td><td>企业逐利本性推动</td><td>发展势头良好</td><td>资源化利用企业财税优惠政策；生活源可回收物政府服务购买补贴</td><td rowspan="4">持续的资金支持；
可行的技术支撑；
不断扩大再生产品市场的构建与完善</td><td rowspan="4">政府主导，制度优化修复价值链；
政府创造碳汇市场，提升再生利用行业的附加值；
再生行业扶持政策保证产业发展动力；
差别化垃圾收费制度和垃圾处置税费制度推进垃圾源头分类</td></tr>
<tr><td>企业社会责任使然模式</td><td>基于企业社会责任，对消费后的软塑料包装分类回收资源化利用提供资金支持，促进其循环利用。</td><td>企业社会责任</td><td>推进成效一般，量少成本高，面临价值链断裂威胁</td><td>无扶持</td></tr>
<tr><td>EPR 制度试点推进模式</td><td>占市场 90% 的 6 家纸基复合包装生产企业形成企业联盟，承担消费后资源化利用责任</td><td>预期法律制度</td><td>企业联盟，行业自治下企业动力较足，稳步推进中</td><td>无扶持</td></tr>
<tr><td>文创 + 研发，高值化利用模式</td><td>纸杯企业和新材料机构通过研发，对末端产品辅以文创功能，得以高值化利用</td><td>企业社会责任</td><td>对于回收量来说，推进成效一般，量较小。但是，对于模式来说，是可盈利，正向推动的。</td><td>无扶持</td></tr>
</table>

通过比较，本书认为四模式存在以下几个方面的差异：

①企业推进废弃物资源化利用的动力不同。

A 公司作为再生塑料企业，其生产规模的扩大、持续增长的订单需求都要求有一个稳定的、成规模的废塑回收流程来保证。因此，基于企业逐利的内在动力，其回收网络基于市场机制在长三角、广州等地布点，同时，结合上海垃圾分类、两网融合构建稳定的生活源废塑回收。该体系可持续发展取决于生产链各环节价值增殖的实现。

利乐公司在国家未立法的时候就积极推进纸基复合包装的回收利用，包括固定资产、回收网络建设、宣传引导、夯实再生产业链。当国家出台 EPR 试点之后，又在行业内形成联盟，共同制定标准，形成制度，坚实推进纸基复合包装的回收和再生利用，以迎接 EPR 的正式实施。

相比较，B 企业与 C、D 企业闭合的软塑包装废弃物回收资源化利用，更多是企业在承担起社会责任的需要，属于内因驱动，而非强制立法、舆论压力等外因。当前其仍处于初级阶段，属于回收及再生利用的模式探索，其再生产业链尚未完全形成。

②拉动废弃物回收资源化利用的效果不同。

A 公司出于稳定的原料供给目的建立的两网融合点站场模式有逐渐扩大的趋势，三年来的回收量稳步提升，由 2017 年的 6000 吨提升到 2018 年的 1.5 万吨和 2019 年的 2 万吨，究其原因在于末端资源化利用需求拉动的。

利乐作为勇于承担企业社会责任的跨国公司，积极推进消费后包装废弃物的回收再生利用率，即便在没有国家立法的情况下，也有企业自身的回收率目标。当国家进行 EPR 试点后，还积极联系产业链上下游及同行业，一同形成协作体，努力推进回收利用率。力争 2025 年达成 EPR 要求的 40% 资源化利用率。

相比较，B 企业基于企业社会责任的使然，试点推进软塑包装的回收和资源化利用的同时将更多的精力和投资用于产品的研发，减少生产中塑料的使用，通过绿色设计实现软塑的回收再生利用上。同时探求废塑多元再利用技术的合作试验，不断推进产业链的闭环运作。

③废塑资源化利用技术支撑力度不同。

A 企业拥有 50 多项专利，擅长塑料改性，可根据客户对产品强度、韧性要求进行塑料改性生产再生塑料和制品，这是其不断扩大再生塑料产量的技术保证。纸基复合包装的再生利用技术也日趋成熟，与其再生利用相关的专利技术已超过 100 多项，分别有纸浆、造纸、设备、彩乐板、塑木生产等。而软塑包装的再生技术刚刚起步，由于其成分复杂，回收料更是无法保证稳定的原料品质，对物理再生造成了很大的挑战。仍然期待有更好的化学回收方式解决这一难题。

④政府扶持力度不同。

A 公司基于其循环经济的高新科技企业获利国家 50% 退税的财税支持，同时，基于两网融合的政府实事工程，通过政府购买垃圾减量一揽子服务来推进生活源废塑料对资源化利用产业的对接，能获得合作政府给予的场地和硬件、资金支持。

政府试点 EPR 制度推动利乐加大投入，提升其回收资源化利用力度，更多的是通过对未来法律的颁布和行业自治保证其实施，是政策强制和企业社会责任承担的有力融合推进的，有较强的来自企业的资金保证。

相比较，B 企业涉及废弃软塑包装回收完全是企业行为，没有得到政府的政策支持和法律强制，加上其再生产品市场需求小，回收压力大，因此面临闭环价值链断裂，进而导致物质链断裂的可能。可以说，现在的 B 企业就是 15 年前的利乐，作为行业的领头羊先行先试，艰难前行，更需要政府的政策予以扶持，让其带动行业绿色发展。

⑤社会影响不同。

对于前面三种来说，民众的认知是极为有限的。可能还停留在政府政策、废品交易这些政策制定者和行业从业人员的圈层。

但是，E 企业的这种方式，如果能够百花齐放的话，是有可能让越来越多的消费者对废弃物回收、资源再生利用产生认知的。也能够通过消费者教育和民众的认可，反向促进企业来采购类似的包装和材料，从而间接地推动低值废弃物的高值化利用。

三、低值可回收物高值化路径探讨

通过上述四案例对比分析，静脉产业发展的共性瓶颈包括以下几个方面：

一是持续的资金支持。不管企业逐利本性使然的A公司，还是未来政府法律强制推进EPR的纸基复合包装联盟，均推动低值可回收物资源化利用资金的可持续供给，进而不断提高资源化利用效率。相比较，B企业的资金供给在没有利润空间、制度干预下提供资金的动力不足，这是导致软塑包装量小成本高技术不成熟，再生产业化受阻的根本原因。因此，如何保证低值可回收特资源化利用持续的资金支持是其可持续发展的根本。

二是可行的技术支撑。前文提及的A公司和纸基复合包装联盟，其低值可回收物的资源化利用是在多元的技术支撑下推进的。相比较，B企业的软塑包装废弃物由于成分复杂、品类繁多、杂质含量高等面临资源化利用成本高难题，目前B企业一直在寻找多种资源化技术支撑，如低温裂解为原油、再生塑料膜等化学技术支持，试建立新的可能合作试点，努力践行企业的社会责任。

三是不断扩大的再生产品市场的构建与完善。从经济学角度来看，再生制品市场需求是拉动再生制品生产的关键，然而再生制品由于其再生以及再生产过程的环境保护，与新生料产品相比，往往在品质上、价格上不具有优势。对此，可行的对策有三：一是对于低值可回收物而言，能源化利用成本低于再生利用成本，因此，在技术成本高、难以规模化当下，以能源化为第一再生利用选择。二是对低值可回收物实施政策性补贴，对再生利用企业予以政策扶持，如政府绿色采购制度、税收优惠制度、技术研发支持、适度的补贴制度等，均能促进再生制品市场的建立。三是从长期来看，通过EPR立法强制实施强调处置成本、资源化再利用成本的生产商、消费者、政府等利益相关方共同承担，消化高昂的处置成本的同时推进其规模化处置，进而通过静脉产业发展提升规模从而降低再生利用成本。

基于上述分析，本文主要结论与建议如下：

首先，低值可回收物由垃圾转变为资源需在市场化机制下实现其可持续，末端资源化利用力度决定着前端分类是实现转化的关键点。政策的着力点在于源头低值可回收物的回收、企业研发投入的保证，如优惠的财税政策保证企业有较多资金投入技术研发，再生制品需求的保证以及新料资源税收保证再生制品具有价格优势。对于地方政府来说，低值可回收物由垃圾转变为资源的关键在于做好地区可回收废弃物的专业化分类，只有按资源化利用企业要求的分类、有一定规模的量才能实现向资源的转变。

其次，企业出于社会责任推进资源化利用面临初期公众参与有限、回收价值链断裂、资源化技术支撑薄弱难题，可行的路径是制度优化修复价值链，保证企业持续拥有绿色发展的内生动力。政府扶持循环经济发展的路径在于五个方面：一是颁布法规政策，调动责任主体参与低值可回收物分类回收资源化利用中去，如对干垃圾征收垃圾费、EPR 制度、焚烧和填埋的差别化处置税费等。二是识别低值可回收物回收再利用行为的经济属性，对具有公益的低值可回收物的静脉产业链环节给予一定补贴或资金支持，修复价值链，进而保证物质流向和产业化发展。三是政府培育再生制品的消费市场，从而拉动低值可回收物的回收再生利用，促进市场机制在低值可回收物分类回收资源化利用中发挥作用。四是规范市场，充分发挥市场准入机制、竞争机制、价格机制，从而为市场的可持续发展提供基础。五是结合“双碳”目标利用碳市场，核算并实现低值可回收物资源化利用的碳减排贡献价值。

参考文献

[1] 周汉诚 , 潘永刚 , 等 . 两网融合 5 个运作环节及其对再生资源行业转型的意义——写在“广州会议”之后 [J]. 再生资源与循环经济 , 2016, 9(4): 15-18.

[2] 郭艳华 . 从破解“垃圾围城” 向开发利用 “城市矿产”转变——广州低值可回收物回收利用基本思路与建议 [J]. 生态经济 , 2013 (2): 417-419, 432.

[3] 闵敏 . 废玻璃的回收价值及途径研究 [J]. 中国资源再生利用 , 2017, 135(11): 71-73.

[4] 杜欢政 , 刘飞仁 , 王云飞 . 全过程成本下的城市低值可回收物补贴核算——以上海松江区为例 [J]. 南通大学学报·社会科学版 , 2019, 35(6): 34-41.

[5] 杜欢政 . 上海生活垃圾治理现状、难点及对策 [J]. 科学发展 , 2019,129(8): 77-85.

[6] 杨占红，王健，张保留，吴静，罗宏．资源循环利用产业发展路径研究 [J]. 生态经济，2020, 36(12): 64-69.

[7] Folz, David H. The Economics of Municipal Recycling: A Preliminary Analysis. Public Administration Quarterly, 1995, 19 (3): 299-320.

[8] Giacomo Di Foggia, Massimo Beccarello. Drivers of municipal solid waste management cost based on cost models inherent to sorted and unsorted waste, Waste Management 114 (2020), 202−214.

[9] M. KemalKorucu, ÖzgürKaplan, OsmanBüyük, M. KemalGüllü. An investigation of the usability of sound recognition for source separation of packaging wastes in reverse vending machines, Waste Management, 56(2016), 46-52.

我国快递包装绿色转型的研究现状及未来趋势

郭鑫　陆莎①　杜欢政②

本文以政策及文献为样本，系统分析我国循环快递包装绿色转型的研究现状及未来发展趋势，为快递业绿色改革提供建议。基于科学计量学方法，总结了我国快递包装及电商物流包装的发展态势。通过 CiteSpace 软件的聚类分析和关键词分析等，可视化研究结果，挖掘重要节点信息。快递包装研究正处于快速发展期，目前的 3 个研究热点为包装设计、电商物流、循环利用。快递包装循环化设计及循环包装的标准化是未来的研究趋势。推动循环包装的关键在于多主体参与，构建多元协同的治理体系。多学科的理论和技术融合也十分必要，可为政策制定提供理论依据和数据参考。

快递包装作为保护产品，方便运输的一类容器，在消费者的日常生活中发挥着至关重要的作用。2012 年 12 月，国务院印发的《服务业发展“十二五”规划》中提出，大力发展第三方物流，支持快递能力建设，推动快递与电子商务、制造业协同发展。据国家邮政局统计数据显示，2012—2021 年，全国快递业务量从 56.9 亿件[1]增加至 1083 亿件[2]，标志着我国快递正式进入“千亿件时代”。电子商务及物流业的发展为包装行业带来了前所未有的机遇，同时也面临着防盗、防假冒、安全、绿色化等更高的发展需求。例如，2018 年国务院办公厅印发的《关于推进电子商务与快递物流协同发展的意见》中提出，强化绿色理

① 陆莎（1985—　），女，博士，同济大学环境科学与工程学院副研究员，主要研究方向为循环经济、绿色金融和碳核算。

② 杜欢政（1962—　），男，博士，同济大学生态文明与循环经济研究所教授，主要研究方向为循环经济。

念，推广绿色包装。这是我国首次明确提出推广绿色包装的政策文件，表明对我国对快递包装在发展过程中所带来的环境污染问题的重视。截至2020年12月，国务院办公厅印发《关于加快推进快递包装绿色转型的意见》中提出，2022年及2025年我国可循环快递包装应用规模分别达到700万个和1000万个的要求。2023年2月，国家邮政局实施绿色发展“9218”工程，加快推进快递包装绿色低碳转型，到2023年底实现电商快件不再二次包装比例达到90%；深入推进过度包装和塑料污染两项治理，使用可循环快递包装的邮件快件达到10亿件，回收复用质量完好的瓦楞纸箱8亿个。总体来看，推广绿色包装解决环境污染问题的相关政策越来越具体，科学地梳理我国循环快递包装相关政策，系统分析文献研究内容对于加快推进我国快递包装的绿色转型具有重要意义。

一、我国快递包装政策体系研究

包装废弃物若不能得到恰当的处置，不仅会造成资源浪费，还会对环境造成严重的负荷[3–5]。因此，我国近年来出台了系列政策，大力发展绿色快递包装以解决上述问题。其中，与快递包装直接相关的政策汇总如表2-2所示。

表2-2　中国快递包装相关政策汇总

政策名称	发布机关	发布时间	政策内容
《关于推进电子商务与快递物流协同发展的意见》	国务院办公厅	2018-01-23	制定实施电子商务绿色包装、减量包装标准，推广绿色包装技术和材料，推进快递物流包装减量化。
《快递暂行条例（国务院令第697号）》	国务院	2018-03-27	鼓励使用可降解、可重复利用的环保包装材料，鼓励经营快递业务的企业采取措施回收快件包装材料，实现包装材料的减量化利用和再利用。
《关于研究处理固体废物污染环境防治法执法检查报告及审议意见情况的报告》	国务院	2018-06-19	推进包装废物回收，国家邮政局选择8个省（市）开展快递绿色包装试点。

续表

政策名称	发布机关	发布时间	政策内容
《国家生态文明试验区（海南）实施方案》	中共中央办公厅、国务院办公厅	2019-05-12	推进快递绿色包装产品使用，2020 年基本实现省内同城快递业务绿色包装应用全覆盖。推行生产者责任延伸制度，探索在全岛范围内采取押金制等方式回收一次性塑料标准包装物。
国务院办公厅转发《关于加快推进快递包装绿色转型的意见》	国务院办公厅	2020-12-14	到 2022 年，可循环快递包装应用规模达 700 万个。到 2025 年，可循环快递包装应用规模达 1000 万个。
国务院关于落实《政府工作报告》重点工作分工的意见	国务院	2021-03-25	继续加大生态环境治理力度，推动快递包装绿色转型。
《关于深入打好污染防治攻坚战的意见》	中共中央、国务院	2021-11-07	加快形成绿色低碳生活方式。因地制宜推行垃圾分类制度，加快快递包装绿色转型，加强塑料污染全链条防治。
《“十四五”节能减排综合工作方案》	国务院	2022-01-24	全面推广绿色快递包装，引导电商企业、邮政快递企业选购使用获得绿色认证的快递包装产品。
《关于进一步加强商品过度包装治理的通知》	国务院办公厅	2022-09-08	推行快递包装绿色产品认证，推广使用绿色快递包装。依托国家重点研发计划项目部署开展快递包装绿色设计、低能耗智能物流配送等方面技术研发。
《“十四五”现代物流发展规划》	国务院办公厅	2022-12-15	加强绿色物流新技术和设备研发应用，推广使用循环包装，减少过度包装和二次包装，促进包装减量化、再利用。

2018 年，我国首次明确提出了要推进快递物流包装减量化，鼓励推进可重复利用的环保包装材料的使用，鼓励回收快件包装材料，实现减量化和再利用的目的。2018 年 6 月，我国正式提出推进包装废物的回收，并在 8 个省（市）开展快递绿色包装试点，这标志着绿色快递包装应用的正式落地，绿色环保的快递包装将开始在全国范围内全面推广应用。随着绿色快递包装应用的普及，相关政策标准也更加具体、更加严格。2020 年，《关于加快推进快递包装绿色转型的意

见》提出 2022 年及 2025 年电商快件不再二次包装比例及可循环快递包装应用规模的具体目标。重点强调了发展可循环快递包装，基于循环经济思维解决包装废弃物的环境负荷问题。《可重复使用型快递封装用品的评价指标要求》对产品使用次数提出了应大于或等于 20 次的要求。但现阶段我国对循环快递包装或循环包装还没有明确定义，包括其循环使用次数及资源属性。综上所述，加大循环快递包装的研究力度，加快建立循环快递包装标准体系的建设可加快推进快递包装的绿色转型。

二、快递包装研究现状分析

本文以“中国知网”为数据平台，以“快递包装”及“电商物流包装”为检索词进行主题检索，文献来源为 SCI、EI、北大核心、CSSCI 及 CSCD 类别期刊，检索日期为 2023 年 2 月 20 日。为便于描述，若无特殊说明，后文“快递包装”均指代快递包装及电商物流包装。结果显示，共有 111 篇快递包装相关文献发表，剔除不相关文献、新闻报道及重复文献共得到 93 篇学术文献作为样本数据。

（一）快递包装文献产出量分析

近 10 年来，我国快递包装文献的产出量如图 2-1 所示。基于样本数据分析可得，快递包装的文献最早是 2014 年由张佳宁[6]发表在包装工程杂志上的题为《快递包装低碳化的设计思考》的论文，分析了快递包装沿低碳化路径发展的可行性。2014—2017 年，快递包装研究呈现缓慢增长的趋势。自 2018 年 1 月我国首次明确提出推广绿色包装后，2018 年发文量首次突破 10 篇，绿色快递包装相关研究受到了学术界的关注。2022 年，快递包装发文量首次突破 20 篇，表明学术界已对快递包装话题产生了较大关注，快递包装研究开始进入快速发展期。

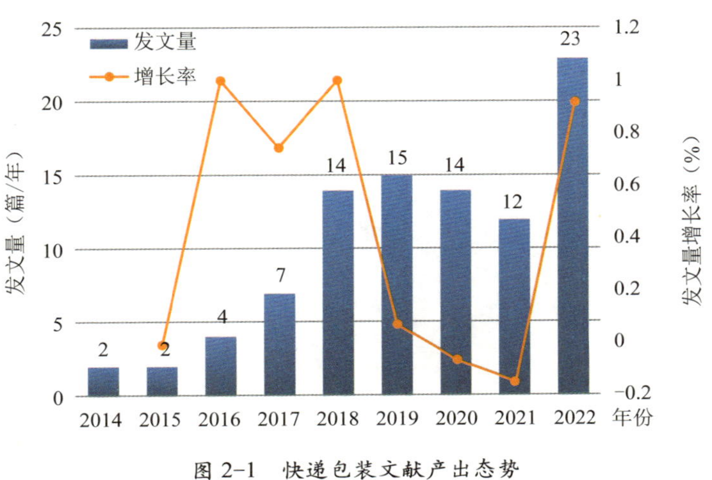

图 2-1　快递包装文献产出态势

（二）快递包装研究的热点主题分析

本文使用科学计量方法对样本数据进行统计分析，并使用 CiteSpace 软件 [7,8] 对结果进行可视化展示。快递包装研究热点主题如图 2-2 所示。快递包装的研究主要集中在快递包装、包装设计、循环利用、回收、电商物流、快递、快递包装纸箱、用户体验、回收利用、政府补贴 10 个热点主题群。其中，除快递包装这一统领关键词以外，包装设计、电商物流、循环利用为三大热点关键词。关键词聚类统计分析结果如表 2-3 所示，聚类平均轮廓值 S>0.7，表明聚类结果是可信服的 [9,10]。

三大热点研究关键词所在聚类的文献出版年份主要集中在 2018—2019 年，其研究主要与模块化、绿色物流、安全防护、真空预冷、采后保鲜、抑菌、复用、推进策略、塑料包装材料及居民参与等研究方向相关。可见，这与我国绿色包装相关政策的发布时间是吻合的。例如，包装结构的模块化设计是践行快递包装减量化政策内容的具体体现；绿色物流、复用、推进策略及居民参与等是推广快递业绿色包装应用、实现包装再利用及推进包装废物回收政策内容的实践；塑料包装材料、安全防护、抑菌等方向的科学研究则是推广绿色包装技术和材料等政策内容的具体表现。

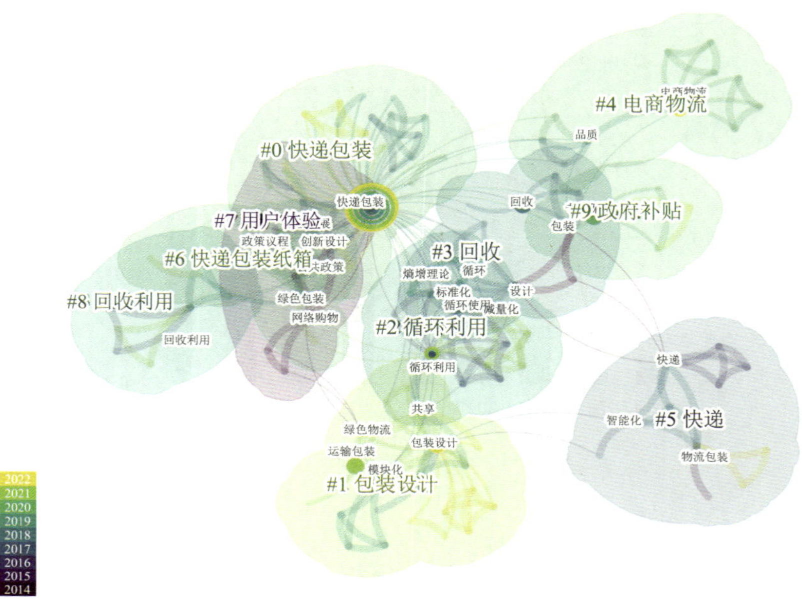

图 2-2　快递包装的研究热点主题

表 2-3　关键词聚类数据统计

所属聚类	类团成员数量	聚类平均轮廓值 (S)	主要出版年份	前 5 聚类关键词
#0 快递包装	32	0.99	2019	快递包装；演化博弈；共享；包装设计；回收再利用
#1 包装设计	21	0.888	2019	包装设计；模块化；绿色物流；快递包装；安全防护
#2 循环利用	15	0.957	2018	循环利用；反复使用；推进策略；塑料包装材料；居民参与
#3 回收	13	0.829	2017	回收；循环；包装；设计；熵增定律
#4 电商物流	11	0.951	2019	电商物流；桑叶菜；真空预冷；采后保鲜；抑菌
#5 快递	11	0.915	2017	快递；智能化；净水器；瓦楞纸板；分拣装置

续表

所属聚类	类团成员数量	聚类平均轮廓值 (S)	主要出版年份	前 5 聚类关键词
#6 快递包装纸箱	9	0.917	2019	快递包装纸箱；模数化；层次分析法；模糊综合评价方法；绿色包装
#7 用户体验	8	0.958	2015	用户体验；功能需求；创新设计；快递包装；共享
#8 回收利用	7	0.986	2018	回收利用；生态消费；共享物品；奥尔森困境；快递包装物
#9 政府补贴	5	0.976	2020	政府补贴；快递包装回收；专利保护；供应链；快递包装

（三）快递包装重点文献分析

以热点研究关键词为划分依据，将 10 类聚类归类为快递包装、包装设计、电商物流、循环利用、消费和补贴共 6 个类别进行重点文献分析。

1. 快递包装主题文献

解决循环包装在逆向物流中的回收问题将是快递包装绿色化发展的突破点。根据快递包装逆向物流中多主体的博弈行为研究可知，电商企业、消费者、回收企业、政府是快递包装逆向物流中的四个关键主体，主体得益是影响其参与回收行为的关键[11–13]。政府在其中应引导建立适度的监管机制，以推动行业的良性发展。具体可通过基础设施的投入及财政补贴投入的措施增加企业净收入，通过积分奖励的措施提升消费者参与快递包装回收积极性。2016 年柳丽娟[14]等人结合 TRIZ 理论分析了快递包装发展过程中各主体（寄件人、快递员、交通工具、收件人）与包装之间的问题，提出了需要多方主体共同参与实践，才能有效推动快递包装的可持续发展。由此可见，快递包装面临的最大痛点问题是逆向物流中包装回收难的问题，与政府、企业、消费者等主体密切相关，需要全社会的共同参与，从快递包装全生命周期的角度共同推动循环快递包装的健康发展。

2. 包装设计主题文献

从设计端引导绿色快递包装设计是实现包装可持续发展的重要举措，模块化与结构功能化则是快递包装设计的热点方向。包装设计相关研究如表 2-4 所示，快递包装容器及相关装置的设计已经在学术界引起了重点关注。其中模块化[15–17]、减量化[16–18]、循环化[15,16]和功能化[16,17,19]是包装容器设计研究的热点方向，与快递包装容器配套的夹持及分拣设备研究正向高效化与智能化方向发展。

表 2-4　包装设计相关研究内容

设计思路	设计对象	创新点
循环利用	充气式快递包装	模块化、可循环、绿色环保、全生命周期思想
循环化、减量化	包装箱	模块化、可扩容、通用性、榫卯结构启发
绿色化	快递包装箱	模块化、可扩容、共享、免填充物、NFC 信息载体
绿色环保	快递体系	交叉学科视角、结构减量化
全纸化	快递缓冲包装	全面缓冲、绿色环保
高效化	快递包装夹持装置	成功率高、连续性好
智能化	快递包装分拣装置	效率高、平稳性好、准确率高、可大批量处理

可见，从设计端解决快递包装与绿色化发展不平衡问题已引起了研究者的重视。杨丽辉[22]等人提出从设计端解决快递包装废弃物问题，强调了复用型包装应遵循创新、实用、易用、高品质、商业化的原则。创新作为发展的第一动力，其在包装设计中可体现在包装材料、包装形式、包装功能和防护性能等具体方向[14]。2022 年陶宗晓[23]指出，可通过快递包装结构创新设计减少消费者丢弃快递纸箱的现象，可通过功能涂层工艺解决包装性能差的问题。逯新辉[24]等人曾通过快递包装材料的关联性分析提出，可使用简单分类的快递包装废弃物制备复合板、层板、空心板等家具用材，既能解决包装废弃物的环境污染问题，又能应对板式家具的发展瓶颈问题。陈莹燕[25]从经济和环境效益的角度分析并提出，

包装设计师应基于简洁化、减量化、便捷化及重复利用的要点开发创新的快递包装，以实现快递包装的绿色发展。2018 年董晓玮[26]等人结合熵增理论提出循环包装应在固定点之间循环的观点，并从人因工程的角度提出循环包装设计的要点，即包装自身（尺寸的梯度变化和无级调节）；包装与使用主体（开发便于搬运、便于识别、便于开关、利于信息安全的功能）；包装与环境（动态场景中的稳固设计）三大方面。从设计端引导绿色快递包装设计及开发高效实用的包装装置是实现快递包装绿色转型的有力保障，TRIZ 理论、熵增理论、人因工程等多学科理论方法可为快递包装设计研究提供新思路。

3. 电商物流主题文献

开发具备场景化、功能化的包装是电商物流包装面临的重要研究课题。不同于传统物流行业，电商物流对包装的强度性能、保温性能、信息安全性能等都提出了更高的要求。特别是针对新鲜果蔬类产品，采用适应的保鲜技术对于保证产品品质是至关重要的。例如，相关学者曾提出利用电解式臭氧水作为食品安全防腐剂用于葡萄[27]、无花果[28]等果蔬的保鲜可有效满足电商物流周期（3 ～ 5 天）的需求，特别适合直销模式场景。2020 年杨腾达[29]等人研究了真空预冷技术与气调包装相结合对于非冷链电商物流环境下桑叶菜保鲜期影响，结果表明适宜的预冷终温（15℃）可提高桑叶菜保鲜期至常规物流的 2 倍，同时还可有效降低物流成本。2019 年蒋依辉[30]等人首次研究了与冰袋相结合的电商物流包装对荔枝储藏期及好果率的影响，结果表明在长时间或长距离的电商物流场景下，预冷技术与低温冷链技术结合的电商物流包装是运输荔枝的最佳方式。除果蔬产品以外，蛋类与饲料类电商包装问题的研究也受到了学者们的关注。2018 年张书彬[31]对不同形状的 EPE 材料蛋托对鸡蛋的保护性能进行了研究，其通过模拟跌落试验对比分析得出了圆形蛋托的保护性能最佳的结论，并指出可发展相关技术用于精确模拟冲击加速度。2022 年刘金萍[32]针对目前饲料企业面临的饲料包装回收难、成本高、包装单一等系列问题提出，在电商环境下，饲料企业应该制定绿色饲料包装应用策略，以平衡好经济、资源与环境之间的关系。刘诗雅[33]等人通过剖析电商物流包装存在的痛点问题，提出了相应的解决对策，并指出快递包装应向着系统化、集装化、标准化方向发展。可见，电商物流不同于传统物流，其对包装的要求更加残酷，应根据被包装物和运输场景开发适宜的包装技术，以满足电商物流场景的需求。

4. 循环利用主题文献

20 世纪 50 年代，用于加速物流运输速度、降低物流运输成本、提高物流安全性、促进国际贸易和全球化及推动港口和航空业发展的集装箱被发明，其标志着第一次物流革命的到来[34]。与此类似，基于循环经济思维研发的快递包装可从包装的角度发挥降本增效作用，进一步解决资源消耗与环境污染等问题，有望掀起第二次物流革命。2017 年，廖亮[35]指出网络零售包装在结构、材料、技术规范和循环利用方面的问题，提出组织多方个体共同发力合作开发运营循环快递包装，可有效实现快递包装的循环利用，且能降低运营成本 25%。蔺泓涛[36]等人通过实证研究发现，在快递包装回收体系的构建中，政府应从政策、激励、监管三个方面引导规范化平台的形成；企业应从提高业务水平、扩展业务能力、使用绿色包装材料三个方面主动参与快递包装回收工作；社区等主体可通过回收设施等优势积极配合回收工作；消费者则应该提高自身素质，配合多方共同实施快递包装循环利用，推动快递包装绿色转型。肖宁育[37]等人基于开发了一款免胶带的快递包装箱，并通过创新结构设计和 RFID 技术赋予了包装兼具易开启且安全的功能，提升了箱体的可循环度。2021 年，王富玉[38]等人通过案例分析提出减量化和单材化技术是推动塑料包装绿色化发展的两个重要路径。可见，减量化和单一化的设计理念可从源头减少资源的消耗、避免快递包装辅助材料的使用，有利于包装的循环及再生利用。政府、企业、社区和消费者应该积极参与推广循环快递包装，建立规范化回收体系，推动快递包装绿色转型。

5. 消费主题文献

消费者环保意识在推行循环快递包装及减少包装废弃物方面发挥着重要作用[39]。2019 年，徐丽[40]等人通过模糊综合评价等方法量化了消费者对快递包装的评分，指出消费者对快递包装的“循环利用”指标最容易忽视，且对快递包装的满意度不高，因此应从材料端、设计端和回收端三个方面入手，加快推动快递包装的绿色发展。潘驰[41]等人基于计划行为理论研究了不同心理因素对消费者接受绿色包装意愿的影响，结果表明环保责任意识、宣传教育、包装有用性、包装易用性是提升接受意愿的关键。韩艺[42]等人通过多源流模型及其扩展模型研究强调了公众参与在多方协同推进快递包装绿色化发展中发挥了重要作用。秦鹏[43]等人从制度层面研究了快递包装物转变为快递包装垃圾过程中的问题，提出了优化的回收路径及多元共治的推行措施，指出快递包装的绿色转型需要实现传统消费观念到绿色消费观念的转型。由此，采取定量或定性分析方法（模糊综合评价、计划行为理论、多源流模型等）可以科学地研究快递包装绿色转型过程中各主体可发挥的作用及其潜在影响。消费者作为电商的主要参与者，提高其环保意识有利于形成绿色消费观念、有利于推行快递包装循环利用，有利于减少快递包装废弃物的环境负荷问题。

6. 补贴主题文献

合理的补贴方式可打造全利益格局，是构建快递包装闭路循环体系的关键。田立平[44,45]等人通过构建快递包装闭环供应链体系研究了快递包装回收定价问题，指出消费者环保意识及其对回收价格的敏感程度将影响回收方的利润。李璐璐[46]等人通过研究快递包装回收策略发现，政府补贴对于提高消费者环保意识、缓解生态环境压力及推动积极回收快递包装废弃物都有有利的推动作用。由此可见，研究合理的补贴方式有利于快递包装闭路循环体系的构建，以实现合力推进优化快递包装回收路径，加快推进快递包装绿色转型。

三、快递包装研究发展趋势分析

基于 CiteSpace 分析被引用次数最高的 12 个关键词的突现结果如图 2-3 所示。从时间跨度上可见，快递包装的发展可分为明显的三个阶段。在 2014—2018 年的第一阶段内，快递包装研究的关注点集中在包装创新设计和网络购物等方面；在 2017—2020 年的第二阶段内，专利保护、智能化、包装回收及标准化相关研究引起了学术界的重点关注；自 2021 年以来的第三阶段内，包装设计、循环利用、运输包装和演化博弈引起了研究者的重点关注。值得注意的是，快递包装的设计与循环利用相关主题研究从2017年一直发展至今，且在2021—2022年出现突现，这与更加严格且具体的政策法规的出台密切相关。

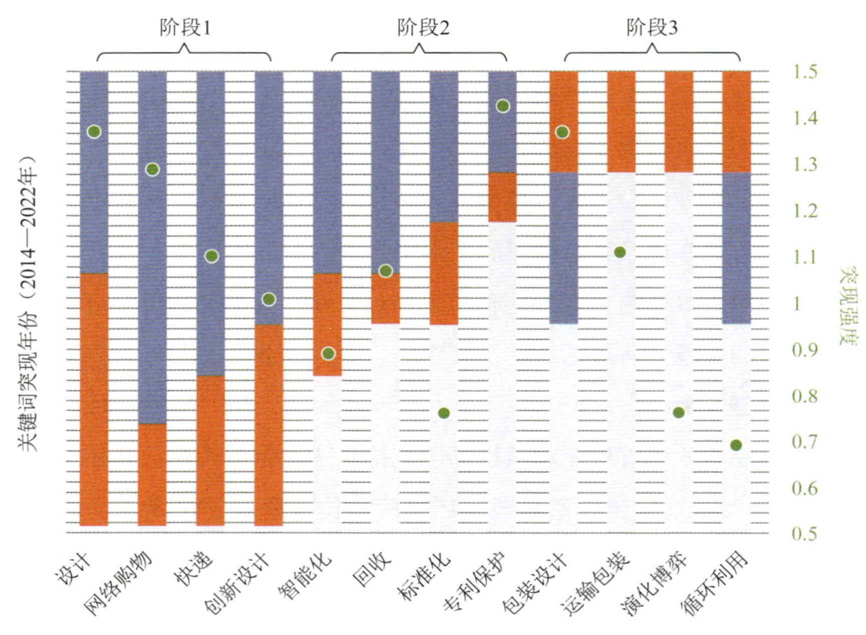

图 2-3　被引用次数最高的12个关键词的突现结果

（一）包装设计

包装设计是可规范行业绿色化发展的源头解决方案。由图2-4可知，快递包装设计的关键词突现拥有最长的时间跨度，且在不同的发展阶段频繁出现突现。在2014—2018年的第一阶段内，包装设计侧重于创新设计研究，包括包装装潢、包装材料、包装结构等多个方面。在这一阶段，多方面及多维度的包装创新设计推动了“网络购物”和“快递”的发展。广义的包装设计催生了大量的非标准化包装方案，这些方案的落地应用为行业的可持续发展和自然环境带来了巨大的压力。针对包装绿色化发展问题，2018年我国明确提出推进电商与快递物流协同发展，制定实施电商绿色包装及减量包装标准等。因此在2017—

2020 年的第二阶段内，包装的标准化、智能化及回收等相关研究较为活跃。在 2021 年以来的第三阶段内，包装设计已经由广义的设计聚焦到了绿色化设计，这与 2020 年我国出台的《关于加快推进快递包装绿色转型的意见》的政策密切相关。可见，包装材料或结构减量化设计、包装循环化设计、绿色材料替代化设计等从设计端规范快递包装绿色化发展的研究将是快递包装研究的趋势所在。

（二）运输包装

“运输包装”这一关键词在近几年突现，表明学术界已开始重点关注运输环节的包装问题。运输包装作为快递物流环节中产品的重要载体，不仅将直接影响产品的运输效率和用户体验，还会间接影响运输物流行业的环境足迹。据罗戈研究发布的《2023 中国低碳供应链 & 物流创新发展报告》数据，中国 2021 年交通运输占温室气体排放总量的 10%。来自物流货运的温室气体排放量约占全球温室气体排放量的排放量的 8%，据预测，按现有速度，到 2050 年，物流排放量将增加一倍。为有效应对这一环境问题，国内多家快递企业提出了包括但不限于电子面单、新能源汽车、循环包装、物流容器的快递快运领域减排措施。例如，顺丰积极践行运输包装减量化、再利用、可循环、可降解，并提出 2023 年通过包装减量化措施，预计减少碳排放量达 8.8 万吨；菜鸟通过箱规优化技术实现提升运输包装的满箱率、减少包装材料的使用；知路科技通过创新锁扣设计实现运输包装的免胶带化、可自动化、可追溯化，同时其包装材料单一化设计可实现包装在生命周期末端的易回收，进一步降低的运输包装的环境负荷。由此可见，通过运输包装技术创新是实现快递快运行业低碳化发展的有效措施。在运输包装功能方面，特别是涉及逆向物流的循环包装，其面临着快速折叠、便于清洗、免胶带化等功能的更高要求。因此，挖掘并量化运输包装在物流环节的绿色化转型潜力及包装保护适度化与绿色低碳最大化之间的平衡点将是快递包装研究的一大趋势。

（三）演化博弈

上海市在2020年颁布并实行了《快递包装基本要求》（DB31/T 1247—2020），该标准对材料要求、使用要求和回收利用要求进行了系统规范，实现了多主体的全链条管理。针对全链条的多主体协同难题，研究快递包装的逆向物流网络及回收等环节中政府、企业、消费者等多主体的博弈关系和演化路径，可有效减缓绿色转型过程中的成本高、用户参与度低等堵点问题。例如，政府作为引导者和建设者，通过完善政策和建立平台，积极推进和监管快递包装逆向物流业的发展；回收企业引导消费者参与快递包装回收，通过技术或模式创新不断提高包装回收利用率；消费者树立绿色消费理念，培养包装循环利用的好习惯。由此，多主体共同参与才能真正推进快递包装的绿色转型工作，演化博弈这一关键词在近年发生突现。未来，研究则应以实现均衡结果为目的，识别挖掘快递包装绿色转型过程中所涉及的重要主体，研究构建主体博弈模型，提出协同策略和改进方向，进一步推动理论和实践的相互促进。

（四）循环利用

线性经济到循环经济的转变，是解决资源浪费及环境负荷问题的强有力措施。据循环经济协会测算，在“十三五”期间，循环经济对我国碳减排的综合贡献率超过25%。2020年颁布的《关于加快推进快递包装绿色转型的意见》提出的循环包装应用规模目标体现了循环经济思维在快递包装问题上的聚焦。在推动快递包装绿色转型的政策背景下，国家邮政局持续开展绿色包装治理，并提出了实施绿色发展“9218”工程，其明确提出到2023年年底使用可循环快递包装的邮件快件达到10亿件。在此政策背景和行业需求下，国内快递头部企业应积极参与研发各类适用于不同场景需求的循环包装产品、品牌企业应积极探索实施循环包装替代传统包装方案、高校及科研机构应基于全生命周期的视角开展包装设计、包装材料、使用、回收、运营等多环节的研究，为快递包装的闭路循环体系的建设提供理论依据和数据支撑。

四、结语

通过对我国快递包装相关政策的梳理可知，包装循环化将是快递包装绿色转型的重要发展方向。目前，有关快递包装循环化的研究集中在减量化、材料单一化、多元协同治理等维度，对于循环快递包装的标准化研究、效益研究尚未形成热点或重点。解决逆向物流回收问题是快递包装绿色转型的首要任务，这需要融合多学科理论，从多维视角剖析问题，调动多方主体的积极参与。具体来说，可从引导绿色设计、开发适用于电商物流业的包装技术、践行绿色消费理念、推行政府补贴政策等角度采取行动。此外，关键词突现分析发现，快递包装正向着循环化设计的研究方向发展。在这一趋势下，运输包装的协同，演化博弈等理论的运用，可为政策制定和相关决策提供理论依据及数据支撑，利于加快实现快递包装的绿色化转型。

参考文献

[1] 2015 年邮政行业发展统计公报 [R/OL]. [2023-02-21]. https: //www. spb. gov. cn/gjyzj/c100015/c100016/201605/0f46333e67414c7daeb7a38561083ed8. shtml.

[2] 2021 年邮政行业发展统计公报 [R/OL]. [2023-02-21]. https: //www. spb. gov. cn/gjyzj/c100276/202206/d58b4f4fb1414177a6988b6054e40529. shtml.

[3] WU S, GONG X, WANG Y, et al. Consumer Cognition and Management Perspective on Express Packaging Pollution[J]. International Journal of Environmental Research and Public Health, 2022, 19(8): 4895.

[4] JIANG T, SUN Y, JIN Q. The environmental, economic, and social influences of government subsidies on express delivery packaging supply chain[J]. Environmental Science and Pollution Research, 2023, 30(11): 29681-29698.

[5] PINOS J, HAHLADAKIS J N, CHEN H. Why is the generation of packaging waste from express deliveries a major problem?[J]. Science of the Total Environment, 2022, 830: 154759.

[6] 张佳宁 , 刘芳 . 快递包装低碳化的设计思考 [J]. 包装工程 , 2014, 35(4): 82-85.

[7] ZHANG Jia-ning, LIU Fang. Considerations on Express Packaging Design with Low Carbon Content Material[J]. Packaging Engineering, 2014, 35(4): 82-85.

[8] 李杰 , 陈超美 . CiteSpace: 科技文本挖掘及可视化（第三版）[M]. 北京 : 首都经济贸易大学出版社 , 2022.

LI Jie, CHEN Chao-mei. CiteSpace: Text Mining and Visualization in Scientific Literature (Third Edition) [M]. Beijing: Capital University of Economics and Business Press, 2022.

[9] 李杰 . 科学计量与知识网络分析 : 方法与实践（第二版）[M]. 北京 : 首都经济贸易大学出版社 , 2018.

[10] 李祎 , 肖敦逸 , 吴岳忠 , 等 . 基于知识图谱的智能包装研究现状与发展趋势分析 [J]. 包装工程 , 2021, 42(19): 243-253.

[11] LI X, HU S, JIANG L, et al. Bibliometric Analysis of the Research (2000-2020) on Land-Use Carbon Emissions Based on CiteSpace[J]. Land, 2023, 12(1): 165.

[12] 何海龙 , 李明琨 . 有限管制下快递包装逆向物流三方博弈行为分析 [J]. 工业工程与管理 , 2021, 26(1): 157-164.

[13] 成灶平 , 马良 . 政府奖惩激励下快递包装回收行为演化博弈与仿真分析 [J]. 包装工程 , 2022, 43(11): 272-282.

[14] YANG J, LONG R, CHEN H, et al. A comparative analysis of express packaging waste recycling models based on the differential game theory[J]. Resources Conservation and Recycling, 2021, 168: 105449.

[15] 柳丽娟 , 孟永刚 , 方拓 . 基于 TRIZ 理论的快递包装设计研究 [J]. 包装工程 , 2016, 37(8): 148-152.

[16] 孔祥富 , 刘保兴 , 刘星辰 . 一种基于循环利用的快递包装箱设计 [J]. 包装工程 , 2018, 39(16): 69-72.

[17] 吕中意 , 王振玉 , 王庆莲 , 等 . 绿色物流背景下的模块化可扩容快递箱设计 [J]. 机械设计 , 2019, 36(8): 48-54.

[18] 熊兴福 , 卞金晨 , 曲敏 . 基于绿色模块化理念的共享快递包装设计 [J]. 包装工程 , 2021, 42(10): 207-212.

[19] 张俊杰 . 网购时代下快递环保包装解决策略 [J]. 包装工程 , 2015, 36(20): 96-99.

[20] 吴艳叶 , 姜玉 , 王可可 . 前置净水器瓦楞纸板快递缓冲包装设计 [J]. 包装工程 , 2016, 37(17): 134-138.

[21] 李丰延 , 成铭 , 王瑞 , 等 . 快递包装夹持装置的设计与研究 [J]. 包装工程 , 2018, 39(13): 123-128.

[22] 李昭, 李华杰, 孙建明, 等. 快递物流包装件分拣装置设计 [J]. 包装与食品机械, 2018, 36(5): 36-41.

[23] 杨丽辉, 覃京燕. 复用型绿色快递包装设计理念探究 [J]. 包装工程, 2016, 37(10): 39-42.

[24] 陶宗晓. 基于运输角度的瓦楞纸包装设计优化研究 [J]. 中国造纸, 2022, 41(3): 1-2.

[25] 逯新辉, 何莉. 基于回收快递包装的板式家具用材研究 [J]. 林产工业, 2019, 46(3): 50-53+59.

[26] 陈莹燕. 可持续发展理念下快递包装的创新设计 [J]. 包装工程, 2014, 35(24): 10-12+26.

[27] 董晓玮, 金海明, 彭文利, 等. 可循环快递包装设计 [J]. 包装工程, 2018, 39(15): 119-122.

[28] 王玉清, 陈羽尚, 房若彤, 等. 电解式臭氧水在"巨峰"葡萄电商物流中的应用研究 [J]. 中国南方果树, 2022, 51(4): 133-139.

[29] 叶莉, 尹盼, 刘腊梅, 等. 电解式臭氧水对电商物流贮运期无花果的防腐保鲜效应 [J]. 中国南方果树, 2020, 49(6): 125-128+132.

[30] 杨腾达, 陈于陇, 曾凡坤, 等. "真空预冷 + 气调包装"提高桑叶菜在模拟电商物流条件下的贮藏品质 [J]. 现代食品科技, 2020, 36(11): 130-136+179.

[31] 蒋依辉, 黄泽鹏, 刘伟, 等. 电商物流包装贮运对"翡脆"荔枝贮藏品质的影响 [J]. 食品工业科技, 2019, 40(18): 249-254.

[32] 张书彬. 适于电商物流蛋类产品的包装设计 [J]. 包装工程, 2018, 39(5): 132-135.

[33] 刘金萍. 绿色包装在饲料电商物流中的应用现状及策略分析 [J]. 中国饲料, 2022(22): 99-102.

[34] 刘诗雅, 冯洪炬, 向红, 等. 电商物流包装存在的问题与对策 [J]. 包装工程, 2015, 36(5): 144-148.

[35] BUDROVICH-SAEZ J. Who puts the limits in the port logistic city? Logistic revolution and production of boundaries through the Dockers from Valparaiso[J]. Izquierdas, 2020, 49: 3261-3285.

[36] 廖亮. 网络零售背景下的商品快递包装研究 [J]. 包装工程, 2017, 38(16): 43-47.

[37] 蔺泓涛, 李恩平. 快递包装物循环利用推进策略的实证研究——基于城市居民视角 [J]. 经济研究参考, 2017(70): 130-134.

[38] 肖宁育，彭李圆，江锦轩，等．一种无胶带防开启可循环的快递包装箱的设计（英文）[J]. 数字印刷，2021(1): 44-47.

[39] 王富玉，郭金强，张玉霞，等．塑料包装材料的减量化与单材质化技术 [J]. 中国塑料，2021, 35(8): 136-145.

[40] DING L, GUO Z, XUE Y. Dump or recycle? Consumer's environmental awareness and express package disposal based on an evolutionary game model[J]. Environment Development and Sustainability, 2022: 1-24.

[41] 徐丽，王昕怡，管雪松，等．模糊综合评价法在绿色快递包装中的应用 [J]. 包装工程，2019, 40(23): 180-188.

[42] 潘驰，郭志达．绿色包装的消费者接受意愿影响机制研究 [J]. 包装工程，2019, 40(3): 136-142.

[43] 韩艺，刘莎莎．绿色发展视域下公共政策多源流模型及其修正——以快递包装新国标的出台为例 [J]. 四川轻化工大学学报 (社会科学版), 2020, 35(1): 35-51.

[44] 秦鹏，徐海俊．快递包装物回收利用的制度困境与规范进路 [J]. 南通大学学报 (社会科学版), 2021, 37(2): 109-121.

[45] 田立平，李璐璐，李文龙．基于专利保护下闭环供应链的快递包装回收定价研究 [J]. 工业工程，2020, 23(1): 81-86.

[46] 田立平，李璐璐，李东宁，等．专利保护下快递包装回收再制造模式分析 [J]. 数学的实践与认识，2020, 50(3): 121-130.

[47] 李璐璐，田立平，李东宁．考虑差别定价和政府补贴的快递包装回收策略研究 [J]. 生态经济，2020, 36(9): 204-209.

循环经济背景下废旧塑料的回收利用现状及关键技术研究

袁善美[①]

本文探讨了循环经济背景下我国废旧塑料回收利用的现状与挑战，并分析了再生塑料行业的关键技术。当前，尽管我国废塑料回收行业发展迅速，但仍面临技术瓶颈、回收效率低、政策支持不足等问题。本文首先概述了废塑料回收行业的发展历程和市场前景，随后详细分析了在循环经济框架下该行业所面临的困境与挑战，包括政策、技术与管理层面的问题。重点讨论了废旧塑料回收利用的关键技术，包括回收再利用技术的应用提升、同级再生与高值化应用以及数字化转型。对废塑料回收行业的未来发展进行了展望，提出了技术创新、政策支持、国际合作与标准化建设等发展策略。

2021年，联合国环境规划署发布的《从污染到解决方案：全球海洋垃圾和塑料污染评估》显示，1950—2017年全球累计生产约92亿吨塑料，预计到2050年全球塑料累计产量将增长到340亿吨。根据经济合作与发展组织（OECD）的统计数据仅2019年，全球共产生的塑料废弃物约3.5亿吨。2000—2019年的19年间，全球塑料平均年产量从2.34亿吨飙升至4.6亿吨，增长率为96.6%，塑料垃圾平均年排放量从1.56亿吨增至3.53亿吨，增长率为126.3%。塑料的应用领域日益扩大，导致我国废弃塑料垃圾量非常多，每年可高达6 000万吨，我国甚至已经成为废弃塑料垃圾全球市场最大的国家[3]。回收处理废弃塑料成为我国迫

① 袁善美，工学博士，上海出版印刷高等专科学校印刷与包装工程系教师，上海市绿色包装工艺与装备专业技术服务平台兼职研究员，研究方向：绿色包装。

切需要解决的难题。

循环经济是一种新型经济发展模式，与传统的经济发展模式相比，循环经济建立了一种将自然资源、科技等要素与人类的生产消费相结合的新型系统观。生产消费时，需综合考虑自然生态环境的资源承载力与修复力，在可控范围内进行活动，确保整个大系统能够维持良性可持续循环，从而更健康、长远地创造社会财富[1-2]。本文基于循环经济战略背景，梳理了我国废塑料回收行业的发展现状及市场前景，分析了循环经济背景下废旧塑料的回收利用的困境与挑战，提出循环经济背景下再生塑料的发展策略。

一、废塑料回收行业的发展现状及市场前景

（一）中国废塑料及再生塑料产量

2024 年 4 月 10 日，《中国再生塑料行业发展报告 2023 年度》线上发布会成功举办，中国物资再生协会再生塑料分会秘书长王永刚发布了报告主要内容。报告显示 2023 年中国废塑料回收量为 1900 万吨，较 2022 年（1800 万吨）增加 100 万吨，同比增加 5.6%。废塑料回收价值为 1030 亿元，较 2022 年（1050 亿元）下降 1.9%。其中废 PET 回收量 630 万吨、废 PE 回收量 400 万吨、废 PP 回收量 390 万吨，占比分别为 33%、21%、21%，为回收废塑料中回收量最大的三个品种。

2023 年中国国内再生塑料产量约为 1600 万吨，较 2022 年（1550 万吨）增加 50 万吨，涨幅为 3.2%。再生 PET 产量约为 540 万吨，占比 34%，是国内再生塑料加工的主要产品组成。再生 PE 颗粒产量约为 340 万吨，占比 21%；再生 PP 颗粒产量约为 330 万吨，占比 21%。

预计 2024 中国废塑料回收量同比增长 10.5%，即 2100 万吨，废塑料回收价值预计达 1100 亿元。其中再生 PET、再生 PE、再生 PP 依旧是废塑料回收的主要组成部分。

（二）塑料回收再生企业发展现状

伴随着循环利用的观念深入人心，越来越多的企业也开始相继使用再生材料进行包装或生产，努力从根本上改变产品的生产和使用方式。再生塑料的需求越来越多，其巨大价值正在逐步释放。正是这种价值推动了塑料废弃物的商品化，并可能最终帮助解决塑料垃圾污染[4]。

2024 年 1 月 17 日，工业和信息化部正式发布符合《废塑料综合利用行业规范条件》企业名单（第七批）。据此，全国符合《废塑料综合利用行业规范条件》的企业达到 113 家，年加工能力达到 786 万吨，可回收加工全国四分之一的废塑料资源。

中塑新材料科技有限公司（简称中塑）打造国内最大再生塑料利用基地，中塑设立交易集散、分拣拆解、破碎清洗、造粒改性和产成品生产 5 个业务区，通过“原材料—破碎—分选—综合改性—高效先进造粒一体化生产线”的工艺对废旧塑料进行加工处理，实现对废旧塑料的合理回收利用，从而实现真正的环保节能。另外，该公司依托高效的研发和创新体系优势，中塑已形成完整成熟的产品布局并实现可持续的技术创新能力，产品受到消费电子、智能家居、光电照明、户外储能、新能源汽车等品牌的广泛支持。中塑的 PCR 材料已在夏普、诺基亚和三星等诸多品牌上成功应用。

格林循环产业股份有限公司是一家致力于电子废弃物循环利用与废塑料改性再生业务的高新技术企业，主要从事电子废弃物的回收、拆解与综合循环利用以及废塑料的改性再生。形成了“电子废弃物回收拆解—废塑料再生—金属再生”的电子废弃物回收利用产业链。电子废弃物中的塑料含量高达 30% 以上，其中的塑料种类复杂，性能经过使用后衰减与失效，需要经过改性后才能重新作为原料使用。公司通过精细化分选和改性再生利用，专业定制再生塑料颗粒，让公司废塑料重新进入汽车、家电、日用品等领域的供应链，实现“电子产品—废塑料—改性再生塑料颗粒——再生塑料制品”的塑料高值化全生命周期利用模式。

（三）行业中企业组建联合发展机构，促进再生塑料发展

2020 年 6 月，中国石化、宝洁、陶氏化学、埃克森美孚、金发科技、翠丰集团、爱分类爱回收、美团外卖、龙福环能科技、树业环保、科思创、苏伊士、BP 中国、巴斯夫、SK 综合化学共 15 家单位在中国石化联合会和中国物资再生协会领导下成立绿色再生塑料供应链联合工作组，截至 2024 年已有 40 余家成员企业。工作组致力于解决塑料循环经济建设中存在的瓶颈问题，通过重要利益相关方携手，构建再生塑料全产业链共同认可的标准和评价体系，打通塑料产业链各环节，推动绿色再生塑料的应用和绿色塑料供应链的建设，为中国乃至全球的塑料循环经济发展探索出崭新模式。

（四）国内政策持续为回收再利用保驾护航

国家发展和改革委员会于 2021 年 7 月 1 日印发了《“十四五”循环经济发展规划》，意在提高再生资源加工利用水平。推动再生资源规模化、规范化、清洁化利用，促进再生资源产业集聚发展。实施废塑料等再生资源回收利用行业规范管理，促进资源向优势企业集聚。加快建立再生原材料推广使用制度，拓宽再生原材料市场应用渠道，强化再生资源对战略性矿产资源供给保障能力。

2020 年 1 月，国家发展改革委和生态环境部联合发布《关于进一步加强塑料污染治理的意见》（发改环资〔2020〕80 号），旨在进一步加强塑料污染治理，建立健全塑料制品长效管理机制。

2020 年 8 月，《商务部办公厅关于进一步加强商务领域 塑料污染治理工作的通知》（商办流通函〔2020〕306 号）发布，为扎实做好商务领域塑料污染治理工作，确保如期完成塑料污染治理各项目标指明了方向。相关政策实施将有效促进废塑料回收利用，其回收率及利用率将得到提升。

2020 年 10 月，国家市场监督管理总局和国家标准化管理委员会发布《废塑料回收技术规范》标准（GB/T 39171—2020）。该标准规定了废塑料回收的总体要求、收集、分拣、贮存和运输。该标准适用于除医疗废物和危险废物的废塑料

收集、分拣、贮存及运输的全过程。《废塑料回收技术规范》标准的实施应用，可以更好地指导废塑料回收，提升再生利用效益，支撑《关于进一步加强塑料污染治理的意见》的有效实施。

随着人们环保意识的提高，废塑料回收行业成为了一个朝阳行业。我国废塑料回收行业从 2002 年开始迎来了高速增长期。2020 年废塑料回收行业的规模已超过 5000 亿元，行业年均增长率达到了 15% 以上。同时，废塑料回收行业也为人员就业带来更多机遇，废塑料回收行业已为我国创造了超五百万就业岗位。

社会发展到今天，大家对再生塑料的观念有三个方面的变化：一是世界级品牌商对再生塑料的需求越来越大，并且对品质的要求越来越高；二是环保方面的要求，以及新技术、新工艺的不断迭代；三是商业模式，努力打造塑料循环的闭环路线。

二、循环经济背景下废旧塑料的回收利用的困境与挑战

再生塑料行业在全球范围内呈现出快速增长的趋势。然而，废塑料回收利用方面，我国仍处于起步阶段，行业面临着一些挑战，如技术瓶颈、回收效率低、产品质量不稳定等。塑料再生利用技术装备和管理水平较为参差，人员管理、质量控制、装备与技术水平直接关系到了再生塑料的品质、成本与生产效率，制约行业发展问题凸显 [5]。

政策方面。废塑料回收利用可有效减少能源消耗和环境污染，但目前我国在宏观层面还没有对废塑料回收利用行业发展进行综合规划。行业缺乏具体政策扶持，缺乏废塑料分类技术规范，缺乏对采购使用废塑料并达到产品安全要求企业的认定和鼓励。相关制度的不健全，导致了我国废旧塑料回收行业长期以来呈低水平徘徊的状况。

技术方面。国际上的塑料回收再生方法有物理再生、能量回收、化学还原和用作固体燃料等。目前我国塑料回收主要还是以物理再生为主。我国每年的废弃

塑料高达 6000 万吨，但回收量仅有 1800 万吨，只有部分高值废弃塑料通过再生资源回收体系被少量回收，大多数低值废弃塑料被随意丢弃，这些塑料垃圾缺乏分类与妥善处理，绝大多数废旧塑料回收加工企业基本没有条件引进、开发新技术、新工艺、新设备，产品技术含量和附加值较低，从而阻碍了废塑料回收利用的发展进程。

管理方面。目前，废塑料行业由生态环境部、国家发展和改革委员会、商务部、国家海关总署和国家市场监督管理总局等共同管理。因为行业归口不明确，致使缺乏行业指导、技术规范。所以应尽早确立归口部门，将生活垃圾分类回收工作与之密切结合，从而建立起全社会的回收体系。另外，废塑料回收主要是由中小型厂家负责，再生业非常需要得到政府的扶持和鼓励，如何加快引导企业转型升级、提高回收利用水平是目前废旧塑料回收发展的重点，禁废、环保高压并不能治本，在保护环境的同时要引导企业走绿色发展路线，同时辅以财税支持，能让从事的行业有所盈利。单靠个人力量、企业力量很难把塑料回收利用纳入轨道，这是一个社会项目。只有在国家有关部门的干预、协调和支持下，才能在全社会达成废物回收利用的共识。

废塑料回收行业虽然发展前景广阔，但也面临诸多挑战。我国在今后的发展中，应该积极借鉴世界上的先进经验，提高废塑料回收利用率，更好地促进我国循环经济的发展。

三、循环经济背景下再生塑料的关键技术

随着塑料制品的产量的增加，相应的塑料制品的报废量也随之增多。预计未来塑料的报废量仍会不断增加，因此有关废塑料的处理方式非常重要。重点开发废旧塑料的回收分选与循环利用技术，有效减少塑料垃圾污染，推动社会、生态与经济可持续发展。

1. 回收再利用技术的应用及提升。目前，我国针对废旧塑料的处理主要有填埋、焚烧和回收再生利用三种方式，其中填埋与焚烧处理容易造成环境污染，因

此在循环经济背景下，我国逐渐减少了此类处理方式，转而采用回收再利用技术对废旧塑料进行二次利用。塑料垃圾的回收再利用可分为物理回收再利用、化学回收再利用两种。

物理回收再利用包括初级回收与机械转化两种，前者将工厂内的塑料废料进行直接回收处理，但这种方式要求塑料品种必须单一、未经污染，因此回收比例较低，回收量有限；后者可通过收集废旧塑料、分选、清洗、粉碎、熔融、再加工等步骤，将同一种类的塑料进行熔融共混，从而得到具有新性能的新塑料产品，这种方式也是现今可实现大规模回收利用废旧塑料的主要方式，回收量大且回收比例高[6]。但经机械回收处理后的再生塑料性能并不稳定，为充分实现垃圾资源化，人们还需对再生塑料进行改性，使其满足功能、外观及结构安全等性能的更高要求。

化学回收再利用可通过化学分解与转化、热裂解等技术对废旧塑料进行处理，将塑料中的有机聚合物转化为其他小分子化合物，如液态油、气体及固体蜡等，这些产物可被用于石油化工生产行业，充分实现废旧塑料的回收再利用[7]。目前化学回收再利用法常被用于难降解且无法机械回收或低值混合污染废塑料处理，工作人员通过水解、解聚及热裂解等方法来破坏塑料产品的聚合物化学结构，使其大分子链结构发生断裂，分解为小分子或单体化合物。但由于分解途径不同，在使用化学回收处理法进行废旧垃圾处理时，很容易产生其他杂质，影响再生塑料产品的性质，这些杂质还会导致甲醛、甲醇等污染物产生，对环境造成二次污染。所以，采用化学回收处理法解决废旧塑料时务必要重视杂质处理，减少污染。

2. 同级再生与高值化应用。据世界经济论坛报告显示，当前只有 14% 的塑料包装被真正回收，而被原级回收的塑料包装更是只有 2%，塑料高质量回收再生面临巨大的提升空间。低端循环已远远不能满足高附加值再生塑料的追切需求。这些挑战限制了行业的进一步发展，并引发了对于更高效、高质的生产方式的追切需求。相比于普通再生塑料，高性能改性再生塑料价格相对较高。一方面原因为高性能改性再生塑料客户对塑料性能要求较高，多数要求公司为其性能需求定制化生产；另一方面由于高性能改性再生塑料加工工艺及加工配方的不同，在韧性、强度、阻燃性、抗冲击性等方面均较强。

3. 数字化助力再生塑料产业发展。加快实现回收再生数字化与智能化的应用不仅提高了生产效率，还能有效保证产品质量的稳定性。回收再生生产线结合AI识别智能化分选设备实现精准化、自动化、高质量的分选，并致力于通过数字化、自动化和智能化手段赋能传统的再生塑料回收、再生和碳足迹计算等[8]。生产过程进行实时监控和数据化管理运营体系，精确控制生产过程各个环节，确保产品质量稳定可靠，满足对再生塑料品质高标准的多场景应用要求。数字化、自动化和人工智能技术的应用可以更有效地助力塑料回收再生产业，推动我国塑料循环经济的发展。

四、行业发展展望

废弃塑料的回收再利用是循环经济发展模式下的重要产物，通过开发、优化废弃塑料回收技术，可实现废弃塑料的循环再生，让其继续发挥有效价值，这不仅符合我国环保政策与战略需求，也是实现社会经济可持续发展的必然趋势。废塑料回收行业是一个朝阳行业，具有广阔的发展前景，但也面临诸多挑战。废塑料回收行业需要持续创新和发展，不断提高技术水平，废弃塑料的回收行业发展展望如下：

（1）通过技术创新实现更好的成本控制与经济效益。

提高技术水平是废塑料回收行业发展的核心。通过技术创新，可以大幅提高废塑料的回收效率和再利用质量。开发和应用更高效的塑料分选、清洗和再加工技术。例如，利用人工智能和大数据技术实现塑料废弃物的自动分类，提高分选的精度和速度，从而减少杂质，提高回收材料的纯度和质量。通过规模化生产和运营，降低单位成本。建立区域性的大型回收和再生产基地，集中处理废塑料，从而提高经济效益和运营效率。通过全生命周期管理，实现塑料制品从生产、使用到废弃、回收、再生产的循环利用，最大限度地减少资源浪费和环境污染。

（2）通过政策支持实现产业的市场环境优化。

政策支持和市场环境对废塑料回收行业的发展至关重要。政府应制定和实施有利于废塑料回收行业发展的政策，如税收优惠、补贴和资金支持，鼓励企业构建高效的废塑料回收供应链，降低物流和运营成本。通过数字化管理和信息共享，实现供应链各环节的高效协同，提高整体运作效率。构建完善的废塑料回收产业链和创新生态，是推动行业持续发展的重要路径。加强废塑料回收企业与塑料制品生产企业、科研机构和政府部门的合作，共同推动技术创新和市场应用，推动废塑料回收行业向循环经济模式转型，形成以资源节约和环境保护为核心的闭环循环体系。

（3）国际合作与标准化建设。

国际合作与标准化建设是提高废塑料回收行业国际竞争力的重要手段。相关行业和企业要积极参与国际废塑料回收领域的合作与交流，引进先进技术和管理经验，提高自身技术水平和管理能力。同时，通过国际市场开拓，扩大回收产品的出口，提高企业的全球影响力和竞争力。通过参与制定和推广废塑料回收行业的国际标准和规范，提高产品质量和市场认可度。通过标准化建设，推动行业规范化发展，提高整体技术水平和市场竞争力。

参考文献

[1] 李志春，梅姣姣 . 循环经济下的废旧塑料再生利用 [J]. 塑料助剂，2023 (4): 46-48.

[2] 张禄 , 高希光 . 循环经济视角下废旧塑料回收与再利用探究 [J]. 塑料工业 , 2024, 52(2): 185-186.

[3] 袁善美 , 陆琼晔 , 樊登柱 . 车用聚丙烯材料气味分析与改善对策 [J]. 现代塑料加工应用 , 2021, 33(6): 60-63.

[4] 康君 . 废旧塑料回收利用现状及建议对策资源再生 [J]. 资源再生 , 2022(5): 30-33.

[5] 袁善美 , 杨伟伟 . 汽车内饰用再生聚丙烯树脂的制备与性能 [J]. 现代塑料加工应用 , 2023, 35(5): 17-20.

[6] Peng Zhang, Cai Liang, Mudi Wu, et al. High-efficient microwave plasma discharging initiated conversion of waste plastics into hydrogen and carbon nanotubes[J]. Energy Conversion and Management, 2022, 268(15): 116017.

[7] Haoyu Xiao, Jonathan Harding, Shuaishuai Lei, et al. Hydrogen and aromatics recovery through plasma-catalytic pyrolysis of waste polypropylene[J]. Journal of Cleaner Production, 2022, 350(20): 131467.

[8] 人工智能在塑料企业中的应用研究 [J]. 塑料工业 , 2024, 52(2): 174-176.

在全球限塑禁塑的新形势下纸浆模塑行业可持续发展的机遇

黄俊彦[①]

本文旨在分析全球限塑禁塑背景下，纸浆模塑行业的可持续发展机遇。通过对全球限塑禁塑政策的研究，探讨纸浆模塑制品的市场需求和发展前景。同时，结合中国纸浆模塑行业的现状和优势，提出行业发展的策略和建议，助力企业在全球市场中占据领先地位，推动行业的可持续发展。

近年来，在全球范围内，各国政府纷纷加大对塑料制品的管控力度，实施限塑和禁塑政策。在这一新形势下，我国各级政府和多部门迅速响应，陆续出台并实施了一系列新的限塑禁塑措施。这些政策的逐步落地不仅表明了我国在环保方面的坚定决心，也为相关替代产业的发展提供了重要契机。纸浆模塑制品因其环保性和可降解性成为“限塑令”后一次性塑料制品的主要替代品之一。随着我国限塑禁塑政策的不断推进，纸浆模塑行业的技术水平和生产能力得到了显著提高。企业纷纷加大研发投入，创新产品设计，提高生产效率，逐步形成了从原材料供应、生产制造到市场销售的完整产业链。

目前，我国的纸浆模塑制品不仅在国内市场占有重要地位，而且逐步拓展到国际市场，成为全球纸浆模塑行业的重要参与者和领导者。本研究从以下几个方面谈谈在全球限塑禁塑的新形势下纸浆模塑行业可持续发展的机遇及发展趋势。

① 黄俊彦，大连工业大学教授，中国包装联合会纸浆模塑包装专业委员会秘书长。

一、全球进入限塑禁塑新时代

近年来，鉴于全球“白色污染”生态问题的日益凸显，世界各地纷纷展开“禁塑”行动，一场禁塑风暴正在兴起，限制不可降解塑料使用已成为全球共识。在过去几年中，已有60多个国家对一次性塑料实施禁令或征税，通过局部禁用、限用、强制收集以及收取污染税等措施限制不可降解塑料的使用，大力发展全生物降解新材料，以保护人类的生存环境。

特别是2022—2023年，国际社会限塑禁塑的呼声越来越高。2022年3月2日，第五届联合国环境大会上通过《终止塑料污染决议（草案）》。2023年5月29日，联合国政府间塑料污染谈判委员第二次会议在法国巴黎举行，约170个国家和地区同意在同年11月前制定出一份草案，草案可能成为第一个遏制塑料废品污染的国际条约，也是自《巴黎协定》以来最重要的环境多边协议。2023年11月13日，联合国政府间谈判委员会第三届会议在内罗毕召开，旨在制定一项具有国际法律约束力的协议，以解决塑料造成的污染问题。

世界各国限塑政策也持续升级。2023年1月1日起法国快餐店“限塑”新规实施，要求必须将一次性塑料餐具更换为可重复使用的餐具。2023年2月1日起澳大利亚维多利亚州禁止使用一次性塑料制品。德国的塑料循环利用率不断提升，塑料空瓶回收率已经超过98%。奥地利、英国的超市将全面引入塑料瓶和罐头的押金制度。泰国在持续推进《管理塑料垃圾路线图2018—2030》政策，2022年停止使用厚度小于36微米的轻质塑料袋、塑料吸管、泡沫塑料食品盒、塑料杯等；在2025年之前禁止进口塑料垃圾；预计到2027年实现100%回收塑料垃圾。

二、我国限塑禁塑政策逐步落地实施

2020年以来中央有关部委和36省市区先后发布了加强塑料污染治理的实施方案、实施办法、实施意见等具体文件，相关行业企业也在积极行动，执行和落实限塑禁塑政策和方案。特别是近年来，我国多部门多省市密集颁布了新的限塑禁塑指令，逐步落地实施限塑禁塑政策。

在国家部委层面，2023 年 5 月 10 日，商务部和国家发展和改革委员会联合发布了《商务领域经营者使用、报告一次性塑料制品管理办法》，该办法于 2023 年 6 月 20 日正式施行，意味着国家在限塑令上又迈出了实质性的一步。2023 年 10 月，国家发展改革委等部门印发《加快“以竹代塑”发展三年行动计划》，提出到 2025 年“以竹代塑”产业体系初步建立等行动目标，旨在推动“以竹代塑”高质量发展，减少塑料污染。2023 年 11 月 7 日，中国政府联合国际竹藤组织发布《“以竹代塑”全球行动计划（2023—2030）》，进一步推进“以竹代塑”全球进程，助力减少塑料污染，共建清洁美丽世界。2024 年 3 月 28 日，商务部等 9 部门发布《关于促进餐饮业高质量发展的指导意见》，其中提到，餐饮业要促进低碳环保发展，包括推动厨余垃圾源头减量和资源化利用，持续减少餐饮领域一次性塑料制品和包装物使用。2024 年 4 月，第十四届全国人大常委会委员，全国人大环境与资源保护委员会副主任委员、中国法学会副会长吕忠梅希望能尽快将生态环境法典编纂列入十四届全国人大常委会立法规划的一类立法项目。

各省市也出台了一些新的限塑禁塑政策指令。2024 年 1 月 1 日，《河南省禁止和限制不可降解一次性塑料制品规定》正式施行。2024 年 3 月 1 日，吉林省工信厅公布《吉林省禁止不可降解一次性塑料制品条例（征求意见稿）》，将禁止、限制部分不可降解一次性塑料制品使用，并实行名录管理。2024 年 3 月 27 日，上海市人大常委会表决通过《上海市无废城市建设条例》，自 2024 年 6 月 5 日起施行，这是全国首部无废城市建设地方立法，条例包括禁止、限制生产、销售和使用不可降解塑料袋等一次性塑料制品。北京市到 2024 年底，停止使用不可降解一次性塑料购物袋，提前 1 年完成《北京市塑料污染治理行动计划（2020—2025）》的任务。香港也自 2024 年 4 月 22 日起实施管制即弃塑胶餐具及其他塑胶产品相关法例。

有关部门也积极组织起草发布限塑类标准。2024 年 1 月 25 日，国家市场监督管理总局（国家标准化管理委员会）召开快递业五项国家标准新闻发布会，解读《快递包装重金属与特定物质限量》《快递服务》《快递循环包装箱》等五项国家标准，为进一步推动快递业绿色低碳发展提供技术支撑。2023 年 2 月 1 日，国家标准《塑料生物基塑料的碳足迹和环境足迹第 1 部分：通则》正式实施，为生物基塑料碳足迹和环境足迹的评价提供了标准技术依据的基础，将助推塑料行业碳中和标准体系的建立。2024 年 3 月 25 日，中国航空运输协会正式发布团体标准《境内始发客运航班一次性不可降解塑料制品替代规范》（T/CATAGS 78—2024），该部标准是中国民航业首部限塑类标准，填补了行业空白。

三、纸浆模塑行业可持续发展趋势

从全球纸浆模塑行业市场规模分析与预测来看，2022 年全球纸浆模塑市场产能为 442 万吨，其中一次性餐饮类包装 75 万吨，精品工业包装 20 万吨，普通工业包装 347 万吨。根据预测，2023—2030 年全球纸浆模塑市场将以年均 7.6% 的复合增长率增长，到 2030 年将达到 91 亿美元。全球知名市场分析机构预测，未来 8 年纸浆模塑市场规模将以 4.3% ～ 6.1%的增速增长。

随着消费者环保意识的增强，国内市场对绿色包装材料的需求日益增长。纸浆模塑制品因其环保特性，市场需求不断扩大，促进了行业的发展。从我国纸浆模塑行业规模和市场快速发展方面看，2022 年我国纸浆模塑产能达到 179 万吨，其中一次性餐饮类包装 51 万吨，精品工业包装 15 万吨，普通工业包装 113 万吨以上。2022 年我国纸浆模塑产量达到 157 万吨，其中一次性餐具 44 万吨，精品工业包装 12 万吨，普通缓冲包装 101 万吨。根据预测，我国纸浆模塑市场预计 2025 年将达到 2000 亿元，在塑料包装市场中的渗透率有望达到 30%。

经过近几年的纸浆模塑行业的快速发展，我国纸浆模塑产品的国际竞争力不断提升，2018—2022 年，我国纸浆模塑产品出口数量和出口金额整体呈上升态势，2022 年出口数量达到 82.19 万吨，出口金额达到 26.64 亿美元。2018—2022

年，我国纸浆模塑产品出口均价呈逐年上升态势，到 2022 年，我国纸浆模塑产品出口均价上涨至 3241.99 美元 / 吨。应该看到，近年来我国纸浆模塑行业的发展势头较好，但仍然存在着许多机遇及挑战。有利因素如下：

（1）限塑禁塑政策逐步落地实施。

我国各级政府相继出台了一系列限塑禁塑政策，这些政策的逐步实施为纸浆模塑行业创造了广阔的市场空间。随着塑料制品的限制使用，消费者和企业开始寻求环保型替代品，纸浆模塑制品因其环保和可降解特性，成为不二选择。

（2）环保理念推动需求增长。

随着环境保护意识的普及，消费者对于绿色产品的需求不断增加。纸浆模塑制品因其可再生、可降解的特点，契合了当代环保潮流，成为市场追捧的对象。同时，企业也在响应环保号召，转向使用纸浆模塑制品，以减少对环境的负面影响。

（3）外卖餐饮和预制菜市场的发展。

外卖餐饮和预制菜市场的快速发展，进一步推动了纸浆模塑餐饮包装的发展，导致需求增长。消费者对外卖包装的环保要求日益提高，纸浆模塑制品因其良好的环保特性，逐渐取代传统的塑料包装，成为市场的主流选择。

（4）高新技术应用提高产业生产技术水平。

现代科技的进步为纸浆模塑行业带来了新的发展动力。高新技术的应用不仅提高了生产效率，还提高了产品质量。例如，智能制造技术的引入，使得纸浆模塑制品的生产过程更为精确和高效，同时也降低了生产成本。

不利因素如下：

（1）纸浆原料价格上涨。

纸浆模塑制品的主要原材料是纸浆，近年来，全球纸浆市场受多种因素影响，价格持续上涨。这一成本压力直接影响了企业的盈利能力，对行业的稳定发展构成了挑战。企业需要在原材料采购和成本控制上寻求更加有效的解决方案。

（2）生产过程能耗较高。

纸浆模塑制品的生产过程涉及大量的能源消耗，特别是在干燥和成型阶段。

高能耗不仅增加了生产成本，也在一定程度上削弱了纸浆模塑制品的环保优势。如何在保证产品质量的前提下，降低能耗，是行业亟待解决的问题。

（3）科研投入少，技术更新慢。

尽管市场需求旺盛，但纸浆模塑行业的科研投入相对不足，导致技术更新速度较慢。创新是产业可持续发展的关键，缺乏足够的研发投入，将限制行业的长远发展。企业需要加大科研投入，推动技术创新和应用。

（4）人才缺乏制约行业快速发展。

纸浆模塑行业的快速发展，需要大量的专业技术人才。然而，目前行业内专业人才匮乏，严重制约了企业的研发和生产能力。培养和引进高素质人才，是行业亟待解决的问题。

（5）其他塑料替代品的竞争。

市场上还有其他多种环保替代品，如可降解塑料、生物基材料等，这些替代品在某些应用领域具有一定的优势，构成了对纸浆模塑制品的竞争。行业需要不断提升自身产品的竞争力，以应对市场挑战。

四、行业发展趋势展望

未来，纸浆模塑在绿色包装领域的应用前景广阔，随着相关技术的不断进步和市场需求的变化，以下几个方面将成为主要的发展趋势。

（1）纸浆模塑无水化生产工艺与设备研发。

传统的纸浆模塑生产工艺通常需要大量的水资源，这不仅增加了生产成本，还带来了废水处理的环境负担。无水化生产工艺能够降低生产过程中对水资源消耗，从而实现更加环保和高效的生产。无水化生产工艺正在成为行业研发的热点，相关设备也在不断优化改进。一旦这一技术成熟，将大幅降低生产过程中的能源消耗和水源消耗，提高生产效率和环保效益。同时，这一技术的应用将减少废水排放，简化废水处理流程，使生产过程更加绿色和可持续。

（2）纸浆模塑工业产品内包装向高精方向发展。

工业产品对包装的要求越来越高，尤其是一些精密仪器和高附加值产品，对包装的保护性能提出了更高的要求。传统的纸浆模塑包装在精度和细节方面还有所欠缺，难以完全满足这些需求。随着生产技术的进步和设备的升级，纸浆模塑工业产品内包装正向高精度、高性能方向发展。通过引入先进的成型技术和材料改性手段，未来的纸浆模塑包装将能够提供更好的减震、抗压、防潮等保护功能，满足高端工业产品的包装需求。这不仅提高了产品的安全性和完整性，也提升了包装的附加值和市场竞争力。

（3）食品包装与餐饮具发展空间广阔。

食品包装与餐饮具是纸浆模塑制品的重要应用领域，但目前的产品在耐油、耐水性等方面仍有提升空间。此外，随着消费者对食品安全和环保要求的提高，纸浆模塑食品包装与餐饮具的卫生标准和环保性能也需要不断提升。未来，食品包装与餐饮具将向更高性能、更环保的方向发展。通过改进材料配方和成型工艺，纸浆模塑制品将具备更好的防油、防水性能，满足不同食品的包装需求。同时，随着环保理念深入人心，使用可再生、可降解材料的纸浆模塑餐饮具将成为市场的主流选择，企业还可以通过创新设计，提高产品的美观度和功能性，进一步拓宽市场空间。

（4）酒类、化妆品、保健品、高端医疗用品包装研发。

高附加值产品如酒类、化妆品、保健品和高端医疗用品，对包装的外观、质感和保护性能有着极高的要求。纸浆模塑制品在这些领域的应用刚刚起步，面临着技术和市场的双重挑战。随着技术的进步，纸浆模塑包装在这些高附加值产品领域的应用前景十分广阔。通过精细化生产工艺和高质量模具的应用，纸浆模塑包装将不仅具有良好的保护性能，还能呈现出优雅的外观和质感，满足高端产品的包装需求。此外，在环保理念的推动下，高附加值产品使用可降解、可回收的纸浆模塑包装，将为企业树立良好的环保形象，赢得更多消费者的青睐。

（5）纸浆模塑瓶成为研发新热点。

纸浆模塑瓶旨在替代传统的塑料瓶和玻璃瓶。然而，纸浆模塑瓶在强度、气密性和外观等方面仍需进一步改进，才能满足饮料、化妆品等行业的严格要求。随着材料科学和生产工艺的不断进步，纸浆模塑瓶的性能将逐步提升。通过增强材料的强度和韧性，优化瓶体设计，纸浆模塑瓶将能够提供足够的保护和密封性能。同时，通过表面处理技术，可以提升纸浆模塑瓶的美观度和手感，使其成为高品质产品的理想包装选择。此外，纸浆模塑瓶的可再生、可降解特性，将大大减少环境污染，符合未来绿色包装的发展趋势。

展望未来，限塑禁塑政策仍在发展路上，纸浆模塑行业可持续发展任重道远，相信经过一代有识之士坚持不懈的努力和政府及各界人士的大力支持，纸浆模塑行业一定能担负起光荣而艰巨的环保使命，使纸浆模塑制品流行于绿色环保的新时代。在政策扶持和市场需求的双重驱动下，越来越多的企业加入纸浆模塑行业中来，行业竞争日益激烈。与此同时，消费者环保意识的增强也促使市场对纸浆模塑制品的需求持续增长。未来，随着技术的不断进步和政策的进一步支持，纸浆模塑行业有望实现更大的飞跃，为全球环保事业贡献更多力量。随着政策的逐步落实和行业的不断壮大，纸浆模塑制品在全球市场中的份额将持续扩大，助力全球可持续发展目标的实现。

全生命周期评价视角下绿色包装解决方案与优化策略

邵芬娟[①] 崔庆斌

随着经济的发展、资源的短缺和消费者环保意识的提高，绿色包装成为未来包装行业发展的必然趋势，国际上很多国家和地区、给织、比如欧盟、美国、德国、日本、韩国等都相继制定了绿色包装的相关政策、法律法规，已取得较好成效。生命周期评价（Lifc Cyole Assessment，LCA）是目前世界上公认的用于评价产品对环境影响的工具，本论文从生命周期评价角度对包装进行分析，阐述了如何在绿色材料、绿色设计、绿色工艺、绿色物流、绿色后处理等不同阶段实现绿色包装的解决方案和策略。

随着环境污染日益严重，低碳、节能、环保已成为全球关注的焦点，因此绿色包装受到了越来越多行业企业的重视和推广。没有包装的商品是不存在的，随着经济的快速发展，我国包装造成的生态污染仅次于水污染、海洋湖泊污染和空气污染，成为我国的第四大污染源，因此传统包装产业需要向绿色环保转型刻不容缓[1-3]。绿色包装侧重于经济与环境的协调发展，并遵循加速增长与环保环境向结合的原则，符合生态文明建设要求，成为解决包装引起的环境问题的重要途经。1987年世界环境与发展委员会发表的关于人类未来的报告《我们共同的未来》一文中提出了绿色包装的概念，到了1992年6月，联合国与发展大会通过了《里约环境与发展宣言》，在全世界范围掀起了以保护生态环境为核心的绿色

① 邵芬娟，上海出版印刷高等专科学校印刷与包装工程系副教授，上海市绿色包装工艺与装备专业技术服务平台兼职研究员，研究方向：绿色包装。

浪潮，绿色包装应运而生。但是，关于绿色，目前还没有一个明确的定义，但是都包括以下几个方面，即有利于生态环境的保护，对人类健康无害，节约资源，重复使用和再生利用，符合可持续发展战略。为促进绿色包装的发展，国内外相继制定出一系列的法律、法规等政策，来促进绿色包装的发展。

一、国内外关于绿色包装的相关政策

1. 欧盟

1994 年欧盟颁布了《欧盟包装与包装废弃物指令》（Directive 94/62/EC），要求各个成员国立法并遵守，从而防止包装废弃物对环境的影响，确保欧盟市场按照相关标准有序运行。2003 年 9 月、2004 年 2 月、2005 年 5 月对该标准的个别条款进行修订。2018 年再次修订（Directive（EU）2018/852），通过不同角度如以预防为原则、采用严格的回收加工、生产者责任延伸制、废弃物管理实施激励和其他等措施，进而向绿色环保目标努力[4,5]。

2. 德国

1991 年德国颁布了《包装条例》（VerpackV），规定了公司处理其包装的责任，2018 年进行修订，2019 年 1 月 1 日新的《包装法》（VerpackG）正式生效，将回收范围扩大到了在线卖家，卖家也要对包装的信息进行注册、登记、缴税等，进一步做到了避免包装浪费，节约资源以及回收包装以保护环境。2021 年将一次性塑料指令（欧盟塑料指令 2019）和废物框架指令转换为《包装法》（VerpackG），大幅减少一次性包装的使用，推动可重复使用的包装容器[6-8]。

3. 美国

美国在 20 世纪 60 年代意识到了包装对废弃物对环境的影响和资源的浪费，陆续制定了一些列举措推动包装企业的绿色化发展。1976 年美国国会通过了《资源保护和回收法案》，对废弃物的产生、回收循环、储存、运输管理和最终处理进行了严格的规定。但是美国没有统一的回收政策，而是各州根据政策和自己的情况来制定相关政策和标准。1987 年加州颁布了《饮料瓶法》，通过提前加收几美分的塑料饮料瓶回收费，鼓励消费者将瓶子卖给回收站。2003 年的《电子废料回收法》也是让消费者提前预付了回收费用。1989 年东北州首长联合会颁布了《CONGE 包装法规》来促进包装材料中重金属含量的减少，2004 年被 19 个州广泛采用。2021 年随后美国包装有毒物质清算所（TPCH, Toxic Packaging Clearinghouse）将全氟烷基和多氟烷基物质（PFAS）和邻苯二甲酸酯类纳入管控，严格了包装材料的环保性[9]。

4. 韩国

1992 年韩国环境部颁布了《废弃物预付金制度》，企业预付一定的资金来给政府，政府再根据其对包装废弃物的回收利用率返还一定额度的资金，既保证了包装废弃物处理的资金来源，也大大提高了废弃物的回收再利用率。2000 年韩国制定并实施了材料违法投放举报奖励制度。韩国政府在其《关于产品各种类包装方法的标准》中严格规定了快递包装空间和具体到快递包装可以使用几层等标准，目前韩国具有完善的回收体系和奖惩机制[10]。

5. 日本

日本资源比较匮乏，日本政府很早就对包装废弃物循环再利用做了研究。1997 年正式实施了《容器包装回收法》，历经 4 次修订，目前还在使用。随后日本颁布了《包装容器废物再生利用法》和《能源保护和促进回收法》，完善了包装的回收系统。目前日本具有比较完善的法律法规及回收制度[11]。

6. 中国

2021 年 10 月，国务院颁布了《2030 年前碳达峰行动方案》，提出建立统一规范的碳排放统计核算体系，积极参与国际碳排放核算方法研究，探索建立重点产品全生命周期碳足迹标准。2021 年 11 月，商务部发布的《“十四五”对外贸易高质量发展规划》中指出完善绿色标准、认证、表示体系，促进国际合作和互认，探索建立外贸产品全生命周期碳足迹追踪体系。

2022 年 8 月，国资委颁布了《中央企业节约能源与生态环境保护监督管理办法》，提出中央企业应强化产品全生命周期绿色管理，率先执行企业绿色采购指南，推进绿色供应链。2022 年 10 月，国家市场监督管理总局的《建立健全碳达峰碳中和标准剂量体系实施方案》中提出探索建立重点产品碳足迹标准，制定重点行业和产品温室气体排放标准。2022 年 10 月，党的第二十次全国代表大会报告中提出积极稳妥推进“碳达峰”“碳中和”，协同降碳、减污、扩绿、增长。

2023 年 10 月，国家市场监督管理总局的《关于统筹运用质量认证服务碳达峰碳中和工作的实施意见》中提出，到 2025 年，分步建立产品碳标识认证、碳相关管理体系和服务认证等直接涉碳类认证制度体系；2023 年 11 月，国家发改委等发布《关于加快建立产品碳足迹管理的意见》；2023 年 12 月，国家数据局等《“数据要素”三年行动计划》提出支持打通关键产品全生产周期的物料、辅料、能源等碳排放数据以及行业碳足迹数据，开展产品碳足迹测算与评价，引导企业节能降碳；

2023 年 12 月，中央经济工作会议提出，积极稳妥地推进碳达峰碳中和，加快打造绿色低碳供应链。

2024 年 3 月 5 日，国务院总理李强《政府工作报告》中指出，提升碳排放统计核算核查能力，建立碳足迹管理体系；2024 年 6 月，生态环境部等 15 部委发布了《关于建立碳足迹管理体系的实施方案》。

包装行业是我们国家的支柱产业，绿色包装是全球包装发展的方向，在此背景下，我们国家也制定和出台了绿色包装相关法律法规和政策。2002 年发布的《中华人民共和国清洁生产促进法》和 2004 年发布的《中华人民共和国固体废弃物污染环境防治法》让国内包装企业明确了节能环保的低碳生产理念，2008 年《中国人民共和国循环经济促进法》提出了要以经济增长、提高资源利用率和保护并改善环境的思路，努力实现低碳化生活；2010 年发布的《限制商品包装过度包装要求》规范了饮料、酒、糕点、粮食、保健品、化妆品以及其他食品包装的空隙率、成本和层数。2019 年《绿色包装评价方法与准则》针对绿色包装产品、低碳、节能、环保、安全的要求，规定了绿色包装的评价准则、评价方法、评价报告内容和格式。2024 年由上海市包装技术协会牵头制定了《产品包装碳足迹核算方法与规则》，适用于所有产品的包装的碳排放的核算，2024 年

2 月《纸制品包装碳排放核算方法与规则》团体标准目前已经立项，处于撰写阶段。2024 年 3 月，上海市人民政府办公厅发布关于印发《上海市加快建立产品碳足迹管理体系打造绿色低碳供应链的行动方案》，其中提出，到 2025 年，制定出台 30 个左右产品碳足迹相关地方、企业或团体标准，基本建成产品碳足迹服务平台体系，显著拓展产品碳标识应用场景，推进打造 50 家以上绿色低碳链主企业，培育一批具有国际服务水平的绿色低碳专业服务机构，到 2030 年，制定出台 100 个左右产品碳足迹相关地方、企业或团体标准，全面建成产品碳足迹服务平台体系，推动产品碳标识认证制度在长三角全面实施并广泛应用，形成市场化良性运转的绿色低碳供应链，集聚一批具有国际影响力的绿色低碳链主企业和专业服务机构 [12-14]。

二、生命周期评价简介

全生命周期评价（Life Cycle Assessment, LCA）是一种系统性评估产品或服务从“摇篮到摇篮”或“摇篮到坟墓”活动期间对环境多产生的影响，包括原材料的采购和加工阶段、产品生产制造、包装运输、营销和使用阶段，也包括在消费者使用厚的环保再利用、产品维护、回收制造和最终废弃处理的全生命周期。生命周期评价起源于 20 世纪 60 年代，人们开始考虑有节制的使用原材料和能源来应对资源短缺带来的多方面问题，1969 年，美国中西部资源研究所（MRI）对可口可乐的饮料瓶进行的从最初的原材料采掘到最终的废弃物处理的全过程的跟踪和定量分析，这是公认的生命周期评价研究开始的标志。1997 年，国际标准化组织环境管理技术委员会颁布的 ISO 14040《环境管理—生命周期评价——原则与框架》，有效地指导各国 LCA 工作的展开，为确定环境标志和产品环境标准提供统一的标准，主要包括四个部分：对目标和范围进行定义、清单分析、影响评价以及结果介绍，这个四个步骤相互联系、互相影响，构成生命周期评价系统整个有机整体（见图 2-4 和图 2-5）。近年来，生命周期评价在国内外很多领域发展应用比较成熟，比如能源、化工、建筑、汽车、纺织、石油、光伏等 [2,3]。

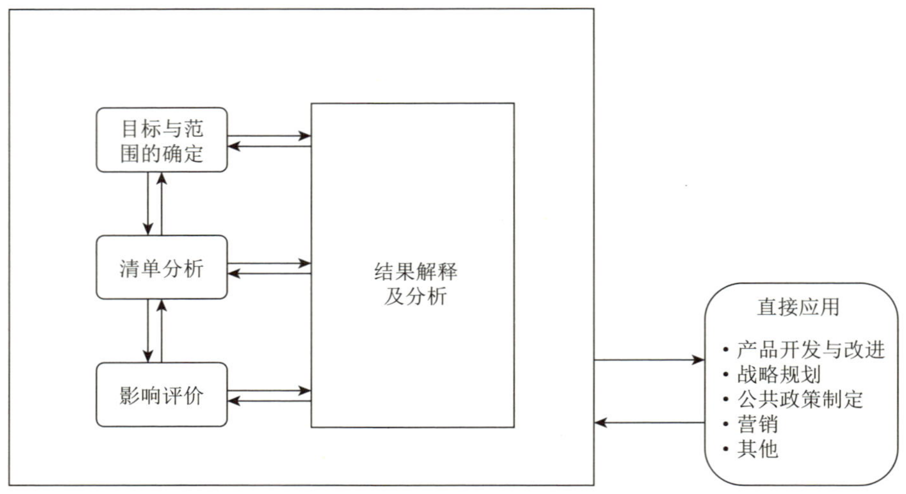

图 2-4　生命周期评价框架

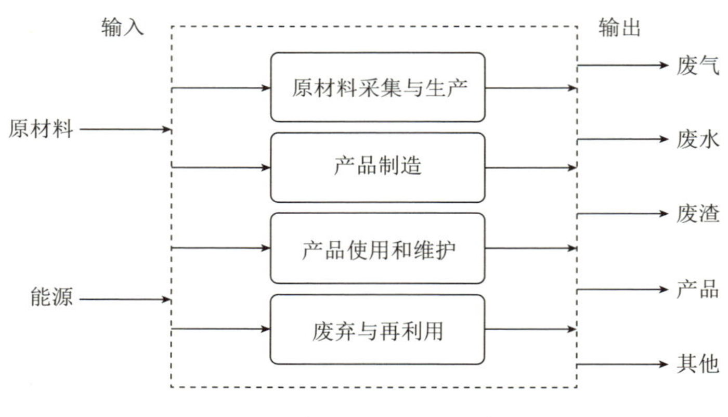

图 2-5　生命周期评价的清单分析

三、全生命周期评价下的绿色包装的解决方案与优化策略

1. 原材料阶段实现绿色包装

在包装行业中，材料是包装的灵魂，包装材料除了满足装饰、保护的基本功能外，随着人们环保意识的提高，包装材料还应该具有一定的绿色性，即经济

性、环保性、可回收处理、节约资源和减量化等。主要体现在在包装商品安全、各项功能和卫生前提下，充分利用资源，最大限度地减少对人类和自然的影响，同时可以重复使用，也可以回收废弃物和再生制品进行堆肥化及再利用 [15]。

按照大类来划分，绿色包装材料可分为可回收再用包装材料、可再生包装材料、可降解包装材料以及其他材料等。

（1）可回收再用的包装材料。

目前常见的可回收材料主要有纸制品、玻璃和金属材料等等，且纸包装材料是目前市场上接受程度最高、应用最多的一种包装材料，其次是金属，玻璃。对于塑料包装而言，目前国内外通过各种法律、法规等来推荐塑料包装的循环使用，进而减少资源的消耗和对环境的影响 [16,17]。选择使用可降解、可回收的包装材料，替代传统的塑料和泡沫材料，减少对环境的污染。企业可以通过与供应商合作，开发和采购更多环保型可回收再用的包装材料，推动整个供应链的绿色转型。

（2）可再生包装材料。

可再生材料比如稻草、木屑、麦秸秆、甘蔗渣、竹子等材料在较短时间内可以再生，成本较低，在自然界中易分解，不会对生态环境造成污染，这类材料可以显著减少对不可再生资源的依赖，降低环境影响，是一种极好的绿色包装材料 [17]。未来可以通过建立可再生包装材料供应链，开发新型可再生材料加工技术，提高可再生包装材料的性能和稳定性来扩大其应用。

（3）可降解包装材料。

可降解材料一般是指在自然条件下或者特定处理条件下，通过降解剂以及淀粉，降低包装材料的化学稳定性，最终在自然环境中完全降解成为对人生物、环境没有毒害的小分子或者含水和二氧化碳的高分子材料。根据降解原理不同，可降解包装材料分为生物降解材料、光降解材料和复合降解材料 [18,19]。未来可以从材料降解助剂或添加剂研发着手，增加各助剂间的组织协同作用，实现降解速度和降解时间的精确可控，同时可以通过提高材料的安全性和综合性能、降低成本和加工工艺，扩大其在包装上的应用 [16]。

（4）其他绿色包装材料。

积极研究开发一些新型绿色材料比如可食性绿色包装材料、纳米包装材料等来生产加工包装。在食品设计中可以采用可食用的材料（如淀粉、植物纤维及蛋白质等）作为食品包装，既能包装食品的安全性，又减少了包装材料的使用[20]。

2. 绿色设计

20 世纪 60 年代，美国汽车业及其所造成了大量的废料污染，兴起了一场以保护自然资源为宗旨的反消费运动，此时绿色设计开始萌芽，20 世纪 70 年代随着“能源危机”的爆发，设计师逐渐开始绿色设计的探索之路。过度包装现象已成为世界范围内的问题，尤其在全球生态环境恶化、资源短缺的背景下，可持续发展已经成为必然方向。绿色设计又称生态设计、环境设计，它是指在产品及其寿命周期全过程的设计中，要充分考虑对资源环境的影响，在充分考虑产品的功能、质量、开发、周期和成本的同时，更要优化各种相关因素使产品及其制造过程中对环境的总体负影响减到最小，使产品的各项指标符合绿色环保的要求。可以从以下几个方面着手[21]：

（1）有效性设计。

可以通过保留必要的包装，优化包装系统及其所有组件功能，做到无障碍设计，来实现绿色设计。

（2）有效率设计。

设计团队需要确认以下几点：①所用和所需包装得数量，即那些包装是必要的；②通过包装对产品的保护所带来的环境效益；③由能源消耗引起的包装部件和包装系统对生命周期环境的影响，设计师衡量哪些包装是必要的，减少材料的使用，优化产品包装系统，避免“欠包装”，重新设计，优化产品包装系统，百分百利用产品，减少能源消耗，等等。

（3）循环利用设计。

通过减少原生材料的消耗，减少对非再生资源的依赖，最大限度地提高包装材料的回收率。在设计中使用可再生材料和能源，实现包装再利用、包装可回收，循环利用材料。

（4）安全性包装设计。

可以通过了解包装组件的完整生命周期，确定和避免在其产品中使用有害物质、重金属等，支持或使用清洁生产，生态管理，减少垃圾的包装设计（即实现垃圾减量）等来实现安全性包装设计。

3. 绿色工艺

随着社会的发展和人们环保意识的提高，各行各业都在不断作出自己的贡献，在现在的生产工艺中引入绿色生产加工工艺，不仅可以提高原材料的利用率，还可以降低机械制造对环境的影响。绿色生产加工是指在不牺牲产品的质量、成本、可靠性、功能和能量利用率的前提下，充分利用资源，尽量减轻加工过程对环境产生有害影响的加工过程，其内涵是指在加工过程中实现优质、低耗、高效及清洁化。对于绿色生产加工工艺，可以从以下 3 个方面着手[22,23]：

（1）采用节能型绿色生产加工工艺，提高生产能力，节约资源。例如，在实际中上光与覆膜有着相似的效果，应用非常广泛，也具有较好的发展前景。覆膜，是在印刷品表面覆盖一层透明的塑料薄膜，这些薄膜美观，光泽好，价格低廉，但是他们不能被腐蚀，也不能被降解，加上其为纸塑复合物，回收困难，对环境造成白色污染。上光是在印刷品表面涂（或喷、印）上印上一层无色透明的涂料，经流平、干燥、压光以后，在印刷品表面形成薄而均匀的透明光亮层，从节能角度来看，我们可以采取覆膜工艺来代替上光工艺。

（2）对生产工艺进行优化，引入高效、可靠的设备，减少资源的消耗，降低生产加工成本。例如，随着时代的发展，单纯的印刷已经不能满足人们的需求，需要进行如上光、覆膜、模切、压痕、烫印、压印、糊盒等印后加工工艺，目前采用联线比较多，联线上光速度快、效率高，加工成本低，而且减少了印刷品的搬运。

（3）在绿色包装生产加工过程中，引入性能更加理想的生产加工工艺，对生产加工过程中的废弃物进行回收再利用，降低能源浪费。

4. 绿色物流

绿色物流指的是在流通活动中，通过减少环境污染，降低资源消耗，利用先进的物流技术手段，实现绿色储存、绿色包装、绿色运输、绿色装卸搬运等物流活动。为了实现绿色物流，可以从以下 4 个方向着手[24,25]：

（1）绿色快递包装。

随着电子商务的快速发展，我们国家的快递业务成指数倍增长，带来便利的同时也带来严重的环境问题，比如采用大量的包装、内装物、胶带、塑封等进行过度包装，随着绿色包装发展，可以通过规范打包，减少包装材料的用量，避免过度包装。此外，还可以发展可循环的周转箱（如京东生鲜周转箱）实现绿色包装。

（2）绿色仓储。

随着科技的发展，智能仓储也是包装的一个重要环节，积极推动物流中的仓储环境从传统型向绿色型快速升级对企业的绿色发展具有重要作用。可以从以下 3 方面去尝试实现绿色发展。

①更合理的选址。仓储位置决定了出发地和目的地之间得距离，关系物品的运输效率。合理的选址，可以做到最佳运输路径，提高物流效率。

②科学布局。对仓库进行合理规划与布局，最大限度地提高仓储利用率，降低能源消耗，同时对仓库的储位和通道，进行合理规划，降费仓库内的能源消耗。

③环保的建设。环保建设包括内部建设和外部建设，在内部建设方面，比如对托盘进行循环使用，节约资源，在仓储环节作用中选择以蓄电池为动力源的电动叉车来代替传统的内燃车，可以减少尾气排放，降低噪声。在外部建设方面，企业可以针对仓库的高能耗设备如仓库的照明、取暖、制冷等进行改造升级。或者采用光伏发电、LED 光源等进行节能减排。

（3）绿色运输、节能减排。

选择合理的运输工具和最优路线，提高运输资源的利用率，在最大化经济效益的同时，降低能源浪费环境污染。目前很多联运有效克服了但总运输方式的缺陷，实现了运输一体化，包装运输过程的高效、节能。

（4）推广新能源的应用。

传统物流运输依赖化石燃料，导致高能耗和环节污染，清洁能源如电动车和氢燃料对环境零排放，可以通过推广清洁能源和新能源汽车来减少运输对环境的影响。

5. 绿色后处理

后处理阶段包括多种方式，绿色后处理是指选择最符合环境包装材料特性的处理方式，使包装处理后对环境造成的影响最小。目前包装废弃物的回收处理技术主要可分为回收再利用、焚烧获取能量或重获原料技术及填埋技术。回收再利用是采用不同的方法对材料进行再循环使用，是保护资源和环境的有效回收处理方法，可以分为回收循环复用、机械处理再生利用、化学处理回收再生 3 种方法[26]。焚烧法是一种最简单、最方便的处理废弃塑料和垃圾的方法，将不能用于回收的混杂塑料及其他垃圾混合在焚烧炉内燃烧，将其热量转化为能源（包括热能、电能等）[27]。填埋法是一种最消极又简单的处理废弃塑料的方法，是将废弃塑料填埋于远郊的荒地或者凹地里，使其分解，是最不理想的处理方法，目前在一些城市已经不采用这种方法，比如上海[28]。对于包装后处理，最佳处理方式优先选择回收再利用，其次是焚烧获取能源，最后是填埋。

四、结论

随着经济的发展和人类社会环保意思的增强，绿色包装已经成为必然趋势，我们需要从意识上不断推广绿色包装，践行绿色发展理念。在实际包装中，采用绿色包装材料，绿色设计、绿色物流，绿色后处理等推动绿色包装的发展，同时不断完善国内绿色包装的相关标准、法律法规[29,30]，进而实现社会的可持续发展，保护环境，节约资源。

参考文献

[1]　周肖舒 , 霍楷 . 基于知识图谱的我国绿色包装发展路径研究 [J]. 包装学报 , 2024,

16(2): 39-45.

[2] Shao FJ, Cui QB. Comparison of life cycle assessment for wooden pallet and different plastic pallets based on SimaPro, Pigment & Resin Technology, DOI 10. 1108/PRT-07-2023-0067.

[3] Shao FJ, Cui QB. Comparison of life cycle assessment for takeout meal packaging (kraft paper bowl and plastic bowl) based on SimaPro, Pigment & Resin Technology, DOI 10. 1108/PRT-10-2022-0113.

[4] 谭伟，欧盟包装与包装废物指令研究 [D]. 长沙：湖南大学，2010.

[5] 董夫银，卢体康，李和平等 . 欧盟新修订的包装和包装废弃物指令解读 [J]. 绿色包装，2019(1): 59-63.

[6] 费悦 . 循环经济原则下的商品包装法律问题研究 [D]. 北京：中国地质大学，2020.

[7] 张晓辉 . 绿色包装法律问题研究 [D]. 石家庄：河北地质大学，2019.

[8] 陈卓 . 快递包装回收中生产责任延伸制度的责任承担——德国新包装法的启示 [J]. 连云港职业技术学校学报，2021，34(4): 41-44.

[9] 崔润璇 . 政府契约驱动下快递包装回收模式研究 [D]. 西安：长安大学 , 2022.

[10] 高丽波 . 政府驱动快递包装绿色化问题研究 [D]. 长沙：湖南大学 , 2018.

[11] 印莲华 . 绿色包装政策国际经验及对我国的启示 [J]. 中国包装 , 2022, 42(9): 18-21.

[12] 蒋小花 . 基于循环经济的绿色包装制度研究 [J]. 中国包装工业 , 2013 (24): 43-44.

[13] 向艳 . 绿色包装标准对我国出口贸易企业的影响和应对策略 [J]. 标准科学 , 2023(12): 31-37.

[14] 车婧宜 , 罗凌峰 .《民法典》绿色包装义务研究 [J]. 法制博览 , 2023 (35): 55-57.

[15] 杨玉柱 . 绿色设计理念在包装设计中的渗透研究 [J]. 绿色包装 , 2023(3): 51-55

[16] 袁晓宝 , 刘雅婷 , 陈妮 , 等 . 绿色包装材料研究进展 [J]. 包装工程 , 2022, 43(7): 87-94.

[17] 孙克乙 , 王颖 , 蒋子龙 , 等 . 国外化企废塑料产业链值得借鉴 [J]. 中国石油和化工产业观察 , 2024(3): 40-41.

[18] 徐世豪 , 徐海萍 , 王静荣 , 等 . 可降解高分子材料研究进展及在快递绿色包装领

域的应用 [J]. 合成材料老化与应用 , 2020, 49(3): 117-120, 124.
[19] 岳江溢 , 岳标 . 探析绿色包装材料的现状与发展 [J]. 绿色包装 , 2022(7): 29-32.
[20] 马胜亮，刘文良，胡亮 . 可食性绿色包装膜的研究进展 [J], 包装工程 , 2020, 41(23): 90-97.
[21] 王涵 , 朱珺 . 绿色设计在包装设计中的实践——以无印良品个护产品包装为例 [J]. 设计 , 2024, 37(8): 55-57.
[22] 徐东 . 绿色包装应用与案例 [M]，北京：文化发展出版社，2022. 1.
[23] 杨华君 . 绿色制造技术在机械制造中的运用探析 [J]. 时代汽车 , 2022(21): 151-153.
[24] 李蔷 , 胡仁 . “双碳”背景下绿色物流的发展现状分析 [J]. 物流工程与管理 , 2023, 45(6): 1-3.
[25] 宗瑞华 . 绿色经济下的物流运输成本控制 [J]. 中国航务周刊 , 2023, (42): 54-56.
[26] Magalang A. Waste disposal system in Asia. Proceeding of the 2nd Workshop on Materials Cycles and Waste Management in Asia, Tsukuba, Japan December 2-3, 2003.
[27] 祝建中 , 陈烈强 , 蔡明招 . 塑料和橡胶类废物的热物理与焚烧特性研究的进展 [J]. 重庆环境科学 , 2002, 24(6): 34.
[28] 方长青 , 李铁虎 , 经德齐 . 包装废弃聚合物的回收及再利用技术研究进展 [J]. 材料导报 , 2007 (3): 47-49.
[29] 史庆轩 . 我国绿色包装法律问题浅析 [J]. 中国包装 , 2024, 44(2): 16-19.
[30] 周瓒 , 于游 , 王昊 , 等 . 转型与发展：快递绿色包装的法制规范研究 [J]. 现代商贸工业 , 2024, 45(7): 50-52.

第三章
行业标准及政策解读

构建中国快递包装绿色循环体系的逻辑理路与实施路径研究

杜欢政[①]　宋淑苇　陆莎

近年来，我国快递行业在电子商务的快速发展下呈现“井喷”态势，快递包装垃圾的体量也随之急速增长，成为生活垃圾增量和环境污染的主要来源。由此，做好快递包装体量的“减法”以及快递绿色循环利用的“加法”，是当前亟待解决的重要议题。以循环经济理念中的“3R”原则为出发点，基于快递包装垃圾增量大、回收率低、循环利用难的现实问题，在理论上提出系统性的逻辑理路，在实践上构建以“减少总体塑料包装使用量”“优化材料级回收利用方式”“提升产品级循环使用效率”为三大核心的快递包装闭路循环链条。在实施路径上，提出开展快递包装全链条减量治理，完善一次性快递包装的绿色回收与处置，再以循环快递箱的应用与推广为切入口，破解其回收链路上的实际问题，最终构建我国快递包装的绿色循环新体系。

近年来，随着移动互联网行业的迅猛发展，网络购物逐渐成为人们日常生活中不可或缺的一部分，我国快递行业在电子商务的带动下呈现“井喷式”发展，快递包装的生产量和废弃量也大幅增加。在中国特大城市中，快递包装垃圾增量占比生活垃圾增量的93%，部分大型城市则为85%～90%[1]，快递包装废弃物

① 杜欢政（1962—　），男，同济大学教授，博士研究生导师，主要研究方向：循环经济，区域经济，城市废弃物管理，再生资源回收体系等基金：国家社科基金重大项目“基于源头管控和区域协同的陆海统筹生态环境治理制度研究”（21ZDA087）；国家自然科学基金项目“城市固废资源循环利用的区域政策协同与空间物质流网络优化：以长三角为例”（71974144）。

已成为城市垃圾增量的主要部分。

由于快递包装本身成分构成复杂，流向网络复杂庞大，增加了其废弃物回收的难度。加之大量的塑料快递包装（如塑料薄膜袋、泡沫箱、胶带等）再生成本高、再生利润低，造成当前我国快递包装废塑料约 99%（质量比）混入干垃圾一同处置[2]。这不仅加剧了环境承载压力，也在无形中增加了社会管理成本。此外，石油基的废弃塑料包装无论是进入焚烧还是填埋处置系统，都会造成资源的严重浪费与环境的深度污染。因此，快递包装带来的经济和环境代价不容忽视。

随着快递包装所带来的环境问题日益显著，社会各界越来越关注绿色和可持续包装的理念，并将快递包装纳入快递物流业发展的相关规划、条例、指导意见等各类文件中，基本形成体系化的快递包装治理政策框架。特别是近几年，为了深入贯彻落实习近平总书记相关重要指示批示精神，各相关行业纷纷将快递包装业的绿色高质量发展作为侧重点开展具体工作。从政策发展历程来看，主要分为以下三个阶段：

第一阶段，快递包装绿色化标准萌芽（2012—2017 年）。随着我国互联网的普及与网购经济的崛起，快递治理主要围绕寄递保障等一般性服务，鼓励批发与零售的协同发展，在环保层面则主要关注有毒有害包装。2014 年开始，中国快递量超过美国，跃居全球第一位，与日俱增的快递量引发了包装的处置难题。2016 年工信部和商务部印发《关于加快我国包装产业转型发展的指导意见》，提出要“发展绿色包装材料、推广绿色包装技术”。2017 年十部委联合发布《关于协同推进快递业绿色包装工作的指导意见》，将每年 11 月第一周定为“绿色快递宣传周”，首次明确了快递业绿色包装工作要实现“绿色化、减量化、可循环”的三大目标。这一时期奠定了快递包装绿色转型的基调。

第二阶段，快递包装绿色化标准深化（2018—2020 年）。2018 年，国家质检总局、国家标准委对于 2009 年颁布的《快递封装用品》系列国家标准进行了修订，降低了快递封套用纸、塑料薄膜类、气垫膜类、塑料编织布类快递包装袋的厚度要求，也不再对单双瓦楞材料的选择作出规定，这为快递包装的减量化做了充分准备。2019 年 5 月 13 日，国家市场监督管理总局发布推荐性国家标准《绿色包装评价方法与准则》[3]，针对绿色包装产品低碳、节能、环保、安全的要求，规定了绿色包装评价准则、评价方法等，为快递包装指引绿色化发展方向。2020 年 9 月实施的修订版《中华人民共和国固体废物污染环境防治法》中，对快递行业的包装提出了绿色设计、减少包装、回收利用等方面的建议[4]，为快递业包装废弃物污染治理提供了法律依据。2020 年 6 月，国家邮政局等部门正式印发《邮件快件绿色包装规范》，具体明确了寄递企业邮件快件包装的选用要求和操作规范，加快快递行业绿色化、减量化、循环化的转型。2020 年 11 月，国家发改委等八部门发布《关于加快推进快递包装绿色转型的意见》，提出推进快递包装“绿色革命”，强调规范快递包装的绿色化标准，鼓励推行可循环快递包装的应用，激励快递行业新模式、新业态的发展。

第三阶段，快递包装全链条协同化治理（2021—2024 年）。2020 年末国家发改委等八部门发布的《关于加快推进快递包装绿色转型的意见》，标志着我国快递包装的“绿色革命”时代已然来临，快递包装也不再是一个简单的包装问题，而是关乎整个行业生态的系统性变革。2021 年 3 月 12 日起，我国首部关于快递包装治理的专项部门规章《邮件快件包装管理办法》开始施行，该规章围绕快递“用什么包”“怎么包”“怎么管”三个关键问题，明确了制度设计和条款内容，以期加快推进快递包装的绿色化发展与升级转型[5]，从而邮件快件包装治理转向行政手段和法律手段并重的治理阶段。2021 年 8 月，商务部等九部门印发《商贸物流高质量发展专项行动计划（2021—2025 年）》，强调探索构建开放式标准托盘、周转箱循环共用体系，推动货物包装和物流器具绿色化、减量化、可循环，支持建设绿色分拣中心，加快构建新型再生资源回收体系的步伐[6]。2021 年 12 月三部门发布《关于组织开展可循环快递包装规模化应用试点的通知》，明确推进可循环快递包装规模化应用，探索解决制约实际应用的难点堵点，培育循环模式。除此之外，在各大领域的“十四五”发展规划中，包括《“十四五”邮政业发展规划》《“十四五”电子商务发展规划》《“十四五”塑料污染治理行动方案》《“十四五”循环经济发展规划》等都对快递包装的全链条治理提出了明确的预期目标，快递包装治理已然成为国家关注、行业热议、公众关心的重要议题。由此，我国快递行业包装绿色发展的制度保障和政策引导力度不断加大，监督管理持续深化，快递包装协同治理体系进一步完善，呈现常态化、制度化、规范的发展趋势。

从研究现状来看，围绕快递包装绿色化循环化的相关研究主要聚焦“快递包装的绿色设计”和“快递包装的回收体系”两大领域。在“快递包装的绿色设计”方面，学者们主要侧重包装的源头设计，明确绿色包装设计呈现出减量化、智能化和人性化的趋势[7]，提出关于复用型绿色快递包装[8]、新型共享快递运输包装[9]、可重复使用的物流专用箱[10]等包装设计技术方案，为快递包装绿色化循环化体系的建设奠定了一定的包装技术基础。在“快递包装回收体系”方面，学者们主要侧重主体参与和行为激励，包括有无政府引导下的线性规划模型灵敏度分析[11], 多方主体博弈下回收最优激励策略[12]，环境认知、感知利益对消费者分类回收意愿与行为悖离的影响分析[13]，政府管理下网络众包模式创新[14]、专利保护与差别定价的政府补贴下的最优决策与协调机制[15]等，以此来布局绿色有效的快递包装逆向回收网络。

总体来看，已有研究主要聚焦技术开发与主体行为偏好，鲜有从宏观层面入手，综合性考量我国快递包装绿色化循环化体系构建这一战略性议题，全局性展望我国快递包装绿色化循环化体系发展趋势。因此，本文以循环经济理念中减量化（Reducing）、再循环（Recycling）和再使用（Reusing）的“3R”原则为出发点，在理论上提出系统性的逻辑理路，在实践上推进快递包装“绿色革命”的实施路径，明晰未来快递包装精准化、科学化的治理模式。

一、我国快递包装的绿色循环现状与难点

在这一场关乎经济运行、社会发展、观念更新等多个方面的快递行业“绿色革命”中，阵痛期不可避免，尚有多项瓶颈问题亟待解决，比如粗放发展方式尚未根本改变，全要素生产率和资源利用率不高，企业可持续发展驱动力不足等，等。因此，快递包装增量大、回收率低、循环利用难的顽疾依然存在，行业整体面临着生态环保趋势性压力和绿色低碳循环发展的双重挑战。

（一）增量大：电商市场快速扩张与过度包装问题显著

当前，我国快递服务需求持续旺盛，保持快递发展态势，快递包装使用规模的持续增长使得碳排放总量处于上行区间。根据《中国交通运输统计年鉴》历年数据整理显示，中国邮政业快递业务量从 2000 年至 2010 年增势趋于平缓，2010 年至 2020 年，中国邮政业快递业务量增势迅猛。截至 2020 年，我国快递业务量已达 833.6 亿件，其规模连续 7 年稳居世界首位（如图 3-1 所示）。

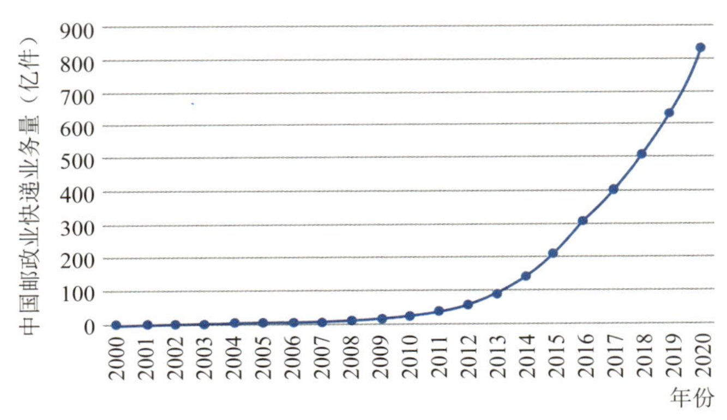

图 3-1　中国邮政业快递业务量（2000—2020 年）[①]

究其根本原因，一方面，是居民消费水平的显著提高，自 2000 年以来，我国居民消费水平指数呈现持续性稳步增势（如图 3-2 所示），可见随着我国经济社会的快速发展与综合国力的不断提升，居民收入持续增长，消费结构逐步升级，消费质量明显改善，为我国电商市场的快速扩张与快递业务量的迅速激增提供了一定的社会条件。另一方面，主要得益于以淘宝网、京东、拼多多为代表的 12 家主要电商平台的兴起，以及由顺丰、“四通一达”、京东物流、EMS 等 11 家快递企业组成的物流市场格局的形成，奠定了中国邮政业快速发展的市场基础。截至 2020 年，我国网络购物用户规模达 7.82 亿，占网民整体的 79.1%。自 2018 年起，我国已连续 8 年成为全球最大的网络零售市场。近 5 年来，全国实物商品网上零售额不断增长，连续五年保持两位数增速，且增幅有所放缓（如图

① 数据来源于历年《中国交通运输统计年鉴》。

3-3 所示）。据国家统计局统计数据，2015 年全国实物商品网上零售额 32423.8 亿元，2020 年已达 97590 亿元，5 年间增长了 201%。2018 年全国实物商品网上零售额占社会消费品零售总额 18.4%，2020 年占比已达 24.9%。总体来看，全国实物商品网上零售额在社会消费品零售总额中的占比不断提高。

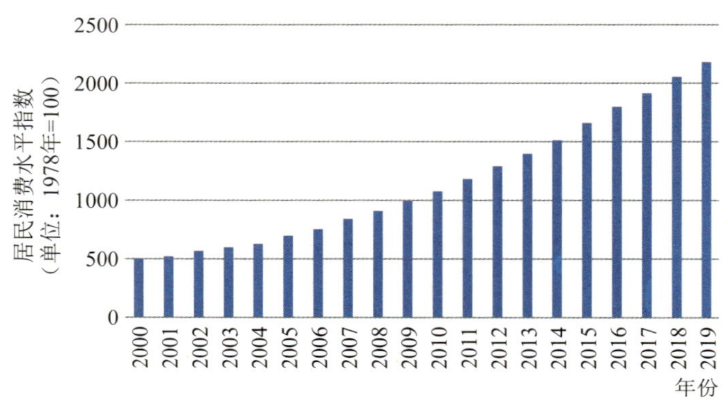

图 3-2 中国居民消费水平指数（2000—2019 年）①

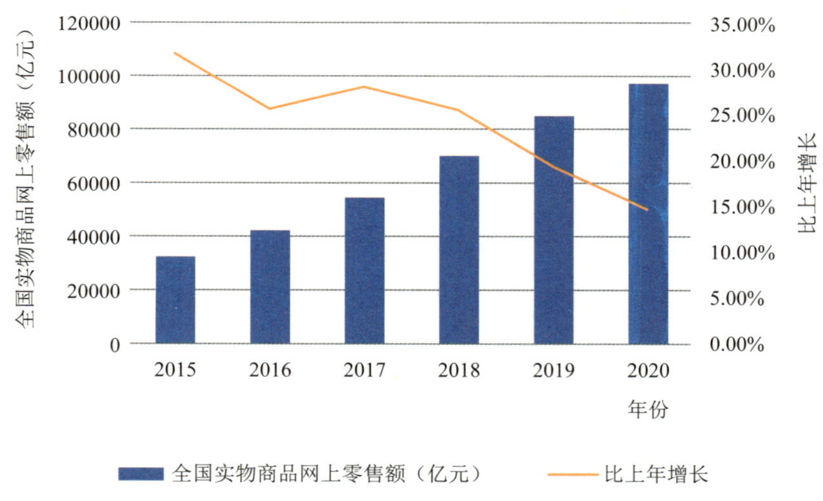

图 3-3 全国实物商品网上零售额（2015—2020 年）②

① 数据来源于历年《中国社会统计年鉴》。

② 数据来源于历年《中华人民共和国国民经济和社会发展统计公报》。

基于以上分析可见，居民消费水平的显著提高和电商市场的快速扩张是快递包装废弃物增量惊人的诱因。此外，当前电商平台与快递行业的过度包装问题也间接导致了包装废弃物逐渐成为生活垃圾增量和环境污染的主要来源。

随着快递业务量规模的不断扩大，对于快递中转环节可能存在的“暴力分拣”现象，商家为避免纠纷，持有多层包装才能保证产品的完好无损的心理[16]。他们常常通过不同程度的过度包装来降低产品运输过程中的损坏率，尽可能地避免经济损失。此类过度包装主要表现为过度填充和缠绕等。部分消费者也常常抱有一种“精美的多层包装更能体现产品价值”的消费观念。此类过度包装主要表现为包材量过度、装饰过度。这两类过度包装问题引发了快递包装废弃物体量的激增，成为环境污染的一大隐患。

（二）回收率低：快递包装回收体系尚未成熟

当前，我国快递包装的回收相对分散，且再利用率低。低附加值的快递包装废弃物（如塑料、泡沫、薄膜等）的经济价值低廉，常常被直接丢弃在自然环境中或进入焚烧或填埋体系，造成环境污染和资源浪费[17]。区别于其他低附加值的快递包装废弃物，纸箱类包装具有一定的市场价值。因此，目前纸类包装能够实现 99% 的有效回收。最常见的回收方式是个体从业人员上门直接进行回收，然后再集中送至当地的废品回收站，或是厂商采用以旧换新的方式。就塑料快递包装废弃物而言，回收还是相对分散，高价值再利用潜力仍未被充分挖掘，尚未形成一个规范性的回收网络。

一方面，源头投放环节没有做好细分类。目前，我国普遍推行的垃圾分类标准是干垃圾与湿垃圾两大类，低附加值的快递包装废弃物往往会被直接投入其他垃圾回收体系，而不是可回收物体系，最终只能同干垃圾一并进行填埋或焚烧处置。快递包装企业出于成本考虑，广泛采用难降解的 PVC 材料，其包装材质不易被微生物分解，填埋会造成土壤污染，焚烧则会产生大量刺鼻的有害气体和浓重生物烟雾，危害人类健康。

另一方面，回收主体不明确且权责划分不清。在实现快递包装绿色循环的体系中，应囊括包装企业、寄递企业、电商平台、消费者、包装回收企业等参与主体。然而现阶段，生产、物流和销售企业的参与度都较低。《邮件快件包装管理办法》规定，寄递企业应当积极参与回收利用环节。这一举措驱动了大型快递企业的绿色转型。诸如“菜鸟”网络的“绿动计划”[18]，在高校菜鸟驿站设立“绿色行动包材回收区”，规划在千所高校实现纸箱循环回收利用；京东重复利用周转箱，实行电子签收[19]，全面推广可降解快递包装等。这些做法虽然具有绿色引领作用，但是没有形成规模效应，效果并不理想。实际上，目前大部分的快递包装废弃物的回收，依然由市政部门以及专门的回收企业在承担，市场未能通过价格、供求、竞争等要素自发形成快递包装物市场回收机制，政府对快递包装物资源回收利用的引导调控存在不足[20]。由此，导致了生产者和消费者并未被纳入成本分摊的利益链条中来，加之他们对快递包装物的认知存在偏颇[20]、回收意识薄弱[21]，自然而然也就没有了参与的主动性与积极性。最终，各个参与主体间联动性很薄弱，大大降低了回收再利用效率。

（三）循环利用难：既有标准难以充分发挥行业规制性

快递包装绿色认证制度已建立并逐步实施，绿色快递包装企业也在加快培育。但是，绿色快递包装产业仍面临规模化程度低、成本高、上下游产业链协同弱等问题。

目前国家硬性标准不完善，具体法律制度缺乏激励性和强制性规则，责任分配失衡[20]，既有标准对循环利用指导性不强，难以充分发挥其行业规制性。在国家层面，《中华人民共和国固体废物污染环境防治法》《中华人民共和国邮政法》《可再生能源法》《循环经济促进法》和《快递暂行条例》等为快递包装指明了优化、减少、回收等理念的变革性发展方向，具有纲领性、原则性的属性，但针对性仍需提升。2018 年，国家质检总局、国家标准委发布了新修订的《快递封装用品》系列国家标准[22]，新版国家标准鼓励快递包装袋采用可降解塑料和倡导快递包装箱在符合标准的基础上实现可重复利用，并未进入强制性阶段，落地性较差。2021 年，据上位法的规定制定的首部关于快递包装治理的专项部门规章《邮件快件包装管理办法》正式施行，《办法》明确了快递包装管理的总体要求、包装选用要求、包装操作要求、监督管理规定等方面。然而，当前的法律法规依然以“鼓励”“建议”为主旋律，市场机制不配套，所以快递包装的绿色可循环依然停留在“纸上谈兵”的阶段，系统不配套影响了整体的推广效果。

具体来说，对于包装材质，《邮件快件包装管理办法》鼓励使用可循环、易回收、可降解的塑料替代产品，但是目前市场上缺乏针对快递的塑料包装的环保设计，导致“替代”难以有出路。并且，基于现实经济性问题的考量，塑料替代型产品（如对环境影响相对较轻的可降解塑料包装或纸质包装）也暂时难以大规模铺开，并形成较为成熟的商业模式。针对塑料材料使用，没有统一的规范，各种各样的包装材料更是加剧了快递包装回收利用的难度。对于包装尺寸，《办法》提及寄递企业应当根据包装箱内装物最大质量和最大综合内尺寸，选用合适的包装箱。虽然明确了寄递企业应当实现包装使用效率最大化，但是并未对行业内的箱规做出统一的标准规范，这会使得快递包装使用商仍以便利性来作为快递包装选择的最优解。繁多种类的箱规不仅降低生产效率，通用性也低。在包装监督管理方面，《办法》中提及邮政管理部门建立实施包装物编码管理制度，推动包装物溯源管理。但目前包装物的编码管理制度仅涉及绿色产品的认证环节，链条尚未延伸至后端再利用环节，难以真正形成快递包装物的闭路循环链。

二、构建我国快递包装绿色循环体系的逻辑理路

2020 年 9 月，习近平总书记宣布我国将提高国家自主贡献力度，力争 2030 年前实现碳达峰，2060 年前实现碳中和。实现“双碳”目标需要处理好发展和减排的关系，快递包装治理成为快递行业释放减碳效能的重要抓手。根据专业研究机构测算，2020 年我国快递包装碳排放总量为 2395.84 万吨 CO_2E[①]，其

① 中国石化.《2021—2030 中国快递业绿色包装碳减排潜力研究报告》[R]. 北京：中国石油化工股份有限公司化工事业部，2022.

中瓦楞纸、一次性塑料袋的原材料生产与加工环节对快递包装全生命周期碳排放的影响比重最大，将近占到86%，鉴于纸质制品的回收利用体系相对完善，塑料类快递包装废弃物的回收再生则成为构建快递包装绿色循环体系最棘手的难题。

循环经济是倡导建立在物质循环利用基础上的一种经济模式，根据资源输入减量化、使废物再生资源化、延长产品和服务使用寿命三个原则，把经济活动组织成一个“资源—产品—再生资源—再生产品”的循环流动过程，使得整个经济系统从生产到消费的全过程基本上不产生或者少产生废弃物，最大限度地减少废物末端处理。[23]

由此，基于“双碳”的战略目标，我国快递包装绿色循环体系的逻辑理路应当以减量化（reducing）、再循环（recycling）和再使用（reusing）的“3R”原则为出发点，“减量化”原则针对的是源头输入端，要求用较少的、无害的资源能源投入来达到既定的生产目的和消费目的；“再循环”原则针对的是末端输出环节，要求生产出来的物品在完成其使用功能后不能再次直接利用的情况下，通过加工处理，使其变为再生资源或能源，重新进入生产环节；“再使用”原则属于过程性方法，要求制造产品和包装容器以初始的形式被反复利用，延长使用周期。[24]在快递包装的应用场景下，需对应地构建以“减少总体塑料包装使用量”“优化材料级回收利用方式”“提升产品级循环使用效率”为三大行动核心的快递包装闭路循环链条，如图3-4所示。具体而言，即在健全快递绿色包装法律法规，提升快递行业包装规范程度的基础上，通过减量使用胶带、避免过度包装、强化包装设计、合理选择包装材料与尺寸来实现“总体减量化”；通过笼络多方参与回收环节、提升分拣、再利用技术，回收分类标准精细化等最终实现“材料级再循环”；通过循环利用一次性快递包装、探索循环箱推广模式来实现“产品级再使用”。

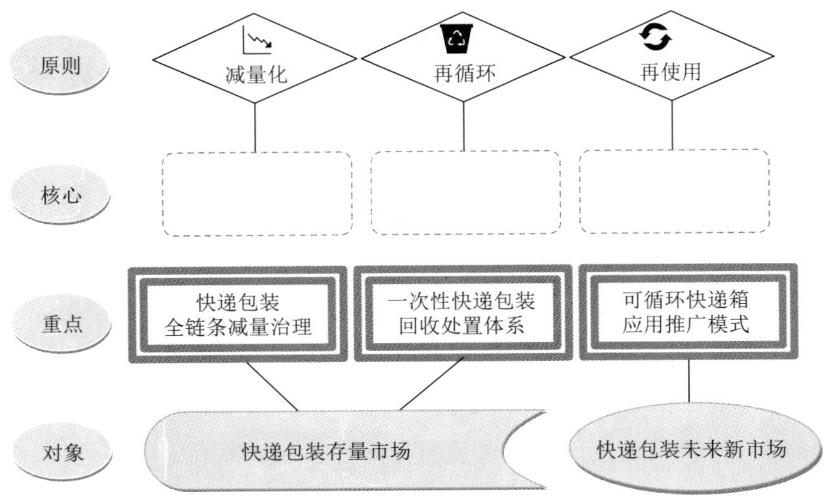

图 3-4　构建我国快递包装绿色循环体系逻辑理路

三、减量化：开展快递包装全链条减量治理

作为循环经济的首要原则，减量化要求快递包装在生产、流通和消费等过程中减少资源消耗和废物产生，通过从源头进行预防和控制，既能减少经济成本，又可以实现资源的节约利用和高效配置，达成“总体减量化”的治理目标。

（一）避免过度包装，强化绿色设计

快递包装全链条减量治理包括两大重点：一是减少过度包装；二是开展包装瘦身。一方面，减少过度包装主要是指避免电商快件在已满足物流环境要求条件下的二次包装；另一方面，开展包装瘦身主要是指在确保快递包装达到基本性能指标的基础上减少包装材料用量。为此，需要相关主体共同行动开展全链条减量治理。包装生产商要注重快递包装的细节设计，如防滑胶、易撕拉胶的使用，能够有效降低普通快递包装物的损耗，提高普通快递包装物的循环使用。注重牢固而合理可行的结构设计，能够保证快递内物运输过程中稳定性的同时，减少非必

要的泡沫塑料填充物的使用。寄递企业应该遵循快递业务包装的基本操作规范，根据内件物品的性质、尺寸、重量等来“量体裁衣”，进行合理包装，尽量减少包装层数、空隙率和填充物。同时，提倡自动化设备的推广运用，降低快递包装在分拣、运输、装卸过程中的破损风险，提升包装的安全性和规范性。

（二）完善减量细则，强化政策支持

政府联合国家标准化委员会、行业领头企业，本着简单、绿色、环保的原则，依据“快递包装空隙率”“快递包装层数”“快递包装材料使用数量”三大硬性指标[25]，尽快明确快递过度包装的标准界限，研究制定“绿色快件包装用品”等行业和国家标准，明确快递包装材料、工艺、仓储、配送、使用、操作、回收全流程标准，以及安全性、环保性、可靠性、可追溯性等技术标准，还包括包装废弃物从收集到最终处置的使用率、损坏率、回收率等量化标准。针对开展包装绿色循环利用的电商、寄递企业、快递网点、环保材料研发和生产企业，提供税收减免等政策支持和资金支持，引导社会需求向减量化包装倾斜，尽快形成规模效应，摊低生产成本，使快递包装循环利用企业实现可持续发展。

（三）倡导绿色消费，强化减量意识

消费者既是快递包装全生命周期的启动者，也是终结者。因此，消费者的绿色观念与行为对快递包装全链条减量治理起着至关重要的作用。在培育消费者快递包装减量化的意识与行动的进程中，需要电商平台、寄递企业、快递网点、社区物业等多方推动。其一，加强社会宣传，提升责任意识。加大力度向公众普及减量包装知识，以线上积分、信用加分、话费、流量、卡券、福利等多种方式，鼓励公众自觉抵制过度包装，减少一次性包装消费。其二，加强双向沟通，加强信息透明化。电商平台、寄递企业等与消费者加强沟通，公开包装材料规格相关信息，帮助消费者获取相关的环境影响和社会影响数据信息，引导使用简约

的绿色化包装。寄递企业联合快递网点、社区物业等设置橱窗展示和体验场所，开展现场体验拉链纸箱、废旧快递箱利用等创意活动，提升全民绿色消费的责任意识。

四、再循环：完善一次性快递包装回收与处置

回收环节是系统解决一次性快递包装逆向物流问题的第一步，也是关键的一步，其规范化程度直接影响一次性快递包装垃圾的后端处置与再利用水平。因此，针对消费废弃后难以直接进行产品级循环利用的一次性快递包装，需进行“材料级再循环”。

（一）明确回收责任，加强全程联动

在快递包装的供应链条中，生产企业、电商平台、商家、寄递企业和消费者等主体，都应承担相应的回收责任和经济成本。在生产环节，以生产者延伸制度为切入口，依循“谁生产谁负责”的原则，督促生产企业在考虑环境和资源成本的前提下，减少包装生产过程中及包装被消费后对环境的不利影响。在物流环节，寄递企业可与包装生产企业形成回收包装再利用的闭环管理模式。建立非环保包装的退出机制，逐步实现快递包装全面绿色化。在销售环节，电商平台与商家采取积极措施打破网络平台、行业、品牌之间的壁垒。在包装方面，弱化个性化的设计，向标准统一的趋势发展。在消费环节，可尝试针对消费者试行一次性快递包装的押金制，倒逼消费者积极参与快递包装回收，助力快递包装的绿色回收再利用体系的生成。

（二）协同回收方式，减少碳排放量

在再利用方式上，与传统的焚烧发电和化学回收相比，塑料废弃物的物理回收成本最低，且二氧化碳排放量最少，因此应该重视快递包装可回收设计，实

现同一场景下的单材化、同材化，将快递包装的物理回收作为首选路径。当然，光靠物理回收是远远不够的。针对质量差、成分杂、清洗难的塑料快递包装废弃物，可以利用化学循环的技术，将废塑料分解为化工原料，再重新制造塑料等化学品。根据国内权威研究组织的测算，以 10 万吨废塑料年处理量和 60 美元 / 吨国际原油的价格体系为标准，化学循环制造新塑料与焚烧发电相比，单位废塑料减排二氧化碳 21.5%，单位产值减排二氧化碳 75%[26]。因此，未来随着物理回收路径的不断畅通，化学回收的技术不断提升，将物理回收与化学回收协同起来，进行塑料快递包装的回收再利用，将进一步减少行业碳中和的压力，不断适应国家“双碳”目标的发展趋势。

（三）整合回收行业，赋能回收体系

传统回收行业的“小、散、乱、弱”的格局，造成了整个回收行业发展不均衡整体效率低下，问诊这一问题，形成了以“政府给予独家经营权，扶植龙头企业，区域内垄断资源”为特征的再生资源回收体系“1.0”版本。然而，这一运营模式下，政府无法针对大量离散的，甚至更为灰色化的个体或组织机构进行有效的联结监管，难以改善回收行业产业结构的问题；反之徒增了政府额外的资本投入。因此，亟须搭建快递包装回收利用信息服务平台，由专业的第三方主体进行主导管理，融合回收交易市场、征信、金融、物流等服务，在实现回收物可溯源的同时形成数字化可回收产业新生态。

五、再使用：加快可循环快递箱的应用与推广

从循环经济“3R”原则的角度出发，“箱替代”从源头上减少一次性塑料包装的使用，“箱体循环”提升了塑料包装的使用频次，“箱到箱”的材料级再利用实现了塑料闭环，是较为有效的商业模式，也是推进快递行业绿色化的重点方向。据相关研究报告数据显示，若能在整个长三角“包邮区”都采用循环包装，100% 应用循环快递包装，则可减塑 10.35 万吨，相当于 2019 年上海市 + 杭州市 +

苏州市 + 温州市的一次性快递包装塑料消耗总和。① 由此，将传统低效的一次性包装制造、流通和消费的模式拆解，构建循环快递箱的闭路循环模式，成为再使用原则在快递行业的典型体现，具体来说，将循环周转箱作为载体，嵌入绿色供应链，整合物流回收循环再生运营体系，联合绿色大数据网络，打造快递包装行业未来发展新趋势。

以行业内较具代表性循环快递箱运营企业为例，目前可循环快递箱市场化模式具有如下特征：从包装设计上来看，针对传统包装箱的高频使用存在耐久性不佳、易湿、易破、二次回收利用率低等诸多弊端，全生产线采用绿色环保的 PP 材料且兼具多样化的结构设计，产品整体采用塑料焊接工艺，无须胶水即可成型封箱，单一材料的使用将更有助于后端回收再利用。从循环回收链路来看，采用销售、租赁和运营的综合模式，搭建回收网络和完整供应链体系。循环箱可满足 B2B（企业与企业之间的商务模式）场景的使用，即自营仓库（转运中心）向电商平台、快消平台、商超、门店供给循环箱，在单次使用周期结束后再回收至工厂，配合自动化清洗等环节，不可再使用的进行重新造粒、回收再生。从循环成本上来看，循环快递箱的平均成本在 15 元左右，约为传统纸箱的 10 倍，但一个循环快递盒可使用 40 次以上，循环下来总成本相比传统纸箱成本则节省了 70%[27]，大大降低了快递包装的使用成本。

然而，尽管头部循环快递箱运营企业已经在产品设计、产品供给、物流服务、逆向回收等方面建立了较为完整的包装供应链体系和循环链路，与千亿级快递订单规模相比，可循环快递箱不管是在投放数量还是在循环使用次数上，目前都处于较低水平，规模不及快递业务量比例的千分之一。由此可见，可循环快递箱的规模化应用有待突破，依然面临着箱规繁多拉低生产效率、资金垫付加重运营成本压力、消费者快递箱循环回收意识不佳导致 B2C（企业与个人之间的商务模式）场景难跑通、参差不齐的 RFID 标准导致数据难精准管控等发展经营困境，同时这也成为构建循环快递箱闭路循环商业模式的一大梗阻。

① 中国石化 .2021—2030 中国快递业绿色包装碳减排潜力研究报告 [R]. 北京：中国石油化工股份有限公司化工事业部，2022.

所以，参考头部循环快递箱运营企业，总结行业共性问题，提出相应的建议，以期探索可循环快递箱规模化应用的长效机制，加快推进可循环快递包装箱规模化应用，实现再使用最大化。

（一）规范行业秩序，加快循环快递包装标准化制定

一方面，由于品牌个性化定制、包装功能性要求不同，循环箱运营商需要开发大量规格的模具进行生产。市场上流通的循环箱样式和印刷方案均不同，不同企业无法实现使用共享，行业通用性极低。另一方面，在整个循环过程中，循环箱运营商需要向电商平台支付额外的平台服务费用，包括人工管理费、场地租赁费、纸箱残值费等，并且每个平台的收费标准参差不齐，导致目前循环箱的回收成本已高于产品的本身价值。

因此，针对箱规繁多、收费标准不一等现实问题，建议规定循环箱的生产需要统一经过绿色环保认证。一是统一材质，避免不同材质回收的二次分拣。二是规范箱规，根据不同行业出台 5—10 款箱型指导。品牌商可根据箱规研发商品，提高循环箱整体共用率。三是协调收费标准，比如以循环箱克重为计量单位进行收费，或者结合生产者责任延伸制度，将费用分摊至各个相关利益主体。

（二）赋能行业生态，成立绿色快递包装行业资金池

目前在共建行业快递包装循环利用新机制的产业链上，循环箱运营商面临着运营上的资金压力。一方面，循环箱运营商面临前期垫资压力，参照 2020 年全国快递包裹总量 833.6 亿个，其中传统纸箱包裹占比约 44%[2]，假设纸箱全替代，预估循环箱市场需求为每天 1 亿个包裹。此外，基于行业 15 天循环一次的均值，全国需要投放约 15 亿个循环箱。因此，对于循环箱运营商来说，前期需要为生产如此大体量的循环箱垫付大量资金。另一方面，循环箱运营商面临资金周转压力。循环箱的服务合同通常为 1 ～ 2 年，账期长，资金回笼慢，现有的资金支持对于这个行业来说仍是杯水车薪。

因此，建议绿色环保组织成立“循环包装基金会”，纳入政府部门、原料供应商、循环包装制造企业、电商平台、快递企业、品牌生产企业等相关主体。政府发挥政府采购的导向作用，带头采购绿色包装和绿色物流服务，提供税收减免等政策支持和资金支持，建立补贴核算系统，对企业实行精准梯度补贴[28]。循环包装制造、服务和使用企业根据合同、订单，申请基金资金扶持，增加运营中的周转资金来源。对于基金会会员，给予一定比例的折扣优惠，非基金会员则需要按统一标准支付循环箱使用费用，这笔费用亦可回转到基金内，从而利于循环包装行业整体性发展，缓解绿色快递包装行业的运营成本痛点。

（三）拓展社会应用，延伸消费者端的包装回收渠道

由于消费者端的包装循环利用意识还有所欠缺，循环箱运营商的 B2C 场景依然难以拓展。首先，在循环箱的物权归属上，消费者通常会以传统观念认为循环箱物权归其所有，这将大幅度影响消费者端的循环箱回收率。其次，在循环箱的 C（个人）端回收渠道上，循环箱极易流入非法回收渠道，最终造成二次污染或被迫降级使用，直接削弱了循环箱闭环利用的价值最大化。

因此，建议纳入消费群体，共建快递包装循环利用新机制，如图 3-5 所示。首先，建设循环箱调动中心，指挥及协调箱体的运转。其次，寄递货物流企业与循环箱运营商协议形成循环机制，协调寄递网点，保障箱体的正向和逆向物流的畅通。再次，电商平台可在支付页面中加入“使用循环箱”的选项模块，并给予平台积分、折扣券等福利发放，以此激励 C 端消费者积极使用循环箱代替一次性快递包装。最后，平台之间打破壁垒，对接消费者环保信用等级积分体系，以此监督 C 端消费者的循环箱返还行为。

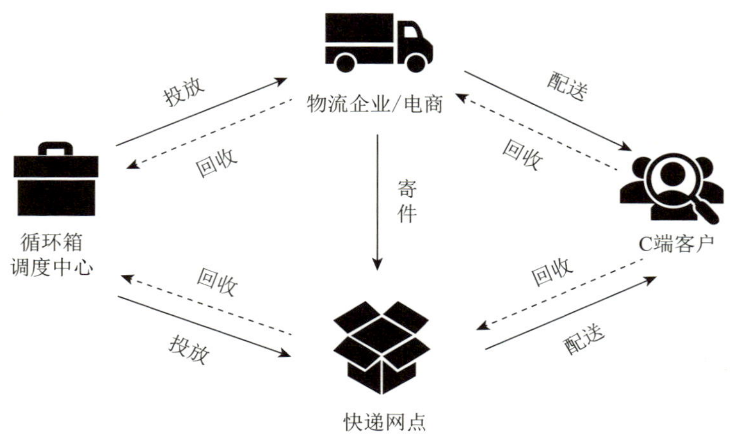

图 3-5　可循环快递箱 C 端拓宽的运营链路

（四）带动行业增效，建设循环箱流转信息数据平台

当前，亟须推动寄递信息与包装流转数据衔接，同步监控物流状态和箱体状态，实现可循环快递包装流向的全链条和实时监管，如图 3-6 所示。第一，在顶层建设数字化运行平台，使之成为信息化管理的总舵。引导相关企业和机构共建数字化物流包装循环利用平台，建立国家层面的数据库，对多平台数据进行统一的管控和对接，实现箱源动态实时监控、箱体定位及线路优化、货物丢失预警等综合功能。第二，为了提高数据读取的效率，避免参差不齐的读取结果，在行业内推广统一的电子标签（RFID、二维码等），通过 5G 的技术来实现全链路的追踪，同步实现数据协同和信息安全。第三，依托现有的寄递信息化系统，将循环箱调度中心和消费者重点纳入信息传输层，防止信息传导过程中的中断与缺失。第四，基于上述大数据的记录、传输、管理和监控机制，深入分析和归纳数据特征，转化为可供政策制定、企业运营以及消费者监督的物流指标、经济指标和减碳指标。

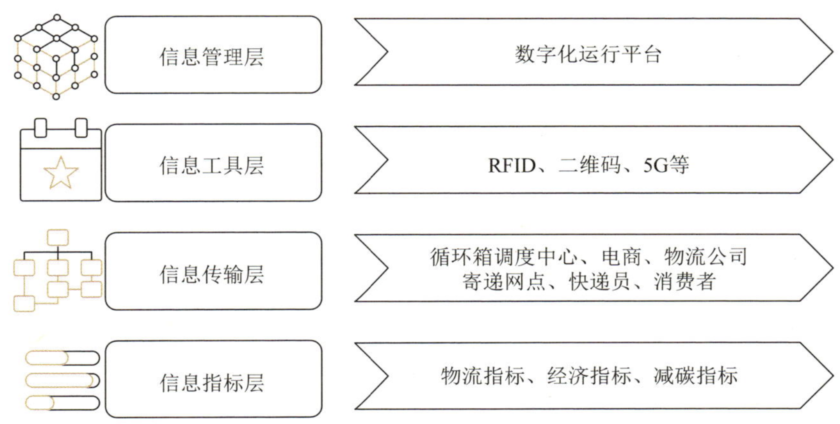

图 3-6　可循环快递箱流转信息数据平台建设

六、结语

党的第二十次全国代表大会报告中提出，站在人与自然和谐共生的高度谋划中国绿色发展的现代化道路，指出要坚定不移走生产发展、生活富裕、生态良好的文明发展道路。正处“十四五”时期，我国已开启减污降碳协同治理的新阶段，加快构建绿色低碳循环发展经济体系，完善生态文明领域统筹协调机制，为构建我国快递包装的绿色循环体系提供了坚实制度基础和良好治理环境。与此同时，市场越发关注企业社会、环境和治理等非财务业绩指标，消费者对绿色消费的诉求有所抬头，在此境况下，快递包装的绿色化转型已经刻不容缓。然而，仍需看到当前快递业包装垃圾增量大、回收率低、循环利用难等突出难题，亟待建立完善的循环利用产业链，构建绿色包装企业、快递企业、电商平台、消费者、包装回收企业有效衔接的新机制，完成一次快递包装领域的“绿色革命”。本文从循环经济“3R”原则入手，构建以“减少总体塑料包装使用量”“优化材料级回收利用方式”“提升产品级循环使用效率”为三大行动核心的快递包装闭路循环链条。对此，提出开展快递包装全链条减量治理，完善一次性快递包装的绿色回收与处置，着重布局可循环快递箱应用与推广等政策建议，旨在解决快递包装存量市场的基础上，开拓以绿色循环为核心的未来增量新市场，推动深化快递行业污染防治，充分释放快递行业的减碳效能，建立健全与绿色低碳循环经济体系相适应的发展模式，系统构建我国快递包装的绿色循环新体系。

参考文献

[1] 中华人民共和国固体废物污染环境防治法 [J]. 中华人民共和国全国人民代表大会常务委员会公报 , 2020(2): 414-430.

[2] 邮件快件包装管理办法 [J]. 中华人民共和国国务院公报 , 2021(12): 22-25.

[3] GB/T 37422-2019, 绿色包装评价方法与准则 [S].

[4] GB/T 39084-2020, 绿色产品评价 快递封装用品 [S].

[5] 中华人民共和国中央人民政府 . 商务部等 9 部门关于印发《商贸物流高质量发展专项行动计划（2021—2025 年）》的通知 [EB/OL]. 2021[2021-08-06]. http: //www. gov. cn/zhengce/zhengceku/2021-08/10/content_5630532. htm.

[6] 中国政府网 . 让快递包装“绿”起来 [EB/OL]. 2018[2018-10-10]. http: //www. gov. cn/xinwen/2018-10/10/content_5329142. htm.

[7] 陈彦卿 , 庞玲 . 基于绿色理念的快递包装设计趋势研究 [J]. 生态经济 , 2022, 38(12): 216-220, 229.

[8] 杨丽辉 , 覃京燕 . 复用型绿色快递包装设计理念探究 [J]. 包装工程 , 2016, 37(10): 39-42.

[9] 熊兴福 , 卞金晨 , 曲敏 . 基于绿色模块化理念的共享快递包装设计 [J]. 包装工程 , 2021, 42(10): 207-212.

[10] 张俊杰 . 网购时代下快递环保包装解决策略 [J]. 包装工程 , 2015, 36(20): 96-99.

[11] 郑卫彦 , 孟燕萍 . 政府引导下绿色逆向物流网络线性规划模型——以快递包装为例 [J]. 华中师范大学学报 (自然科学版), 2017, 51(4): 518-525.

[12] 郑克俊 , 邹小平 . 废旧快递包装回收最优激励策略研究 [J]. 包装工程 , 2022, 43(23): 305-314.

[13] 贾亚娟 , 张新奇 . 环境认知、感知利益对消费者参与快递包装分类回收意愿与行为悖离的影响 [J]. 资源科学 , 2022, 44(10): 2060-2073.

[14] 李正军 , 李恒 . 政府管理下网络众包的快递包装回收模式创新 [J]. 包装工程 , 2018, 39(21): 133-138.

[15] 李璐璐 , 田立平 , 李东宁 . 考虑差别定价和政府补贴的快递包装回收策略研究

[J]. 生态经济 , 2020, 36(9): 204-209.

[16] 邹筱 , 李玉琴 . 基于循环经济理论的快递包装回收体系构建 [J]. 包装学报 , 2016, 8(4): 60-66.

[17] 将铭，白语 . 快递包装绿色转型之快递企业包装减量及绿色循环行动评价 2021[R]. 广东：摆脱塑缚，2022.

[18] 国家邮政局发展研究中心 . 2020 年度中国邮政快递业绿色发展报告 [R]. 北京：国家邮政局发展研究中心，2021.

[19] 绿色和平，摆脱塑缚 . 中国快递包装废弃物产生特征与管理现状研究报告 [R]. 广东：摆脱塑缚，2019.

[20] 秦鹏 , 徐海俊 . 快递包装物回收利用的制度困境与规范进路 [J]. 南通大学学报 (社会科学版), 2021, 37(2): 109-121.

[21] 李正军 , 李恒 . 政府管理下网络众包的快递包装回收模式创新 [J]. 包装工程 , 2018, 39(21): 133-138.

[22] 张慧中 , 张悦 , 姜波 . 多国探索推进快递包装“绿色转型”[N]. 人民日报 , 2022-07-22(17).

[23] 解振华 . 大力发展循环经济 [J]. 求是 , 2003(13): 53-55.

[24] 李兆前 , 齐建国 . 循环经济理论与实践综述 [J]. 数量经济技术经济研究 , 2004(9): 145-154.

[25] 杜欢政 , 刘飞仁 . 我国城市生活垃圾分类收集的难点及对策 [J]. 新疆师范大学学报 (哲学社会科学版), 2020, 41(1): 134-144+2.

[26] 邮件快件包装管理办法发布：防止过度包装 鼓励包装物回收 [J]. 中华纸业 , 2021, 42(5): 3.

[27] 韦洪莲 . 加快塑料包装废物减量化，推进绿色低碳循环发展 [J]. 资源再生 , 2021(7): 13-15.

[28] 杜欢政 , 张挺 , 刘飞仁 . 低值可回收物补贴参照垃圾处置费“一刀切”合适吗 ?——基于上海的验证 [J]. 浙江工商大学学报 , 2021(1): 111-124.

《上海市绿色包装产品认证实施规则》系列标准的解析

郭金山　李勇锋[①]

《上海市绿色包装产品认证实施规则》系列标准的出台，为绿色包装产业的发展提供了科学指导和技术支持，有助于提升包装产品的环保性能，推动包装行业向低碳、绿色、可持续方向发展。本报告旨在详细解析《上海市绿色包装产品认证实施规则》系列标准，通过全面介绍其制定背景、特点、应用及推广等方面的内容，深入探讨其对绿色包装产业发展的指导意义和技术支持。

包装为商品的存储、流通起到保护、美化的作用，在日常经济活动中必不可少。《2022 年度中国包装行业运行情况报告》中显示，2022 年，我国包装行业规模以上企业 9860 家，全国包装行业规模以上企业累计完成营业收入 12293.34 亿元。中国商品不仅在质量上挺进世界一流，在商品包装上也已比肩世界先进水平。包装多属一次性消费品，寿命周期短，废弃物排放量大。据统计，包装废弃物年排放量在重量上约占城市固定废弃物的 1/3，而在体积上则占 1/2，且排放量以每年 10% 的速度递增，从而使包装废弃物对环境的污染问题日益突出，引起世界公众及环保界的高度重视，因此减少包装污染，提倡绿色包装成为全世界公众的共识。

绿色包装（Green Packaging）也称为“无公害包装”和“环境友好包装”，我国包装界引入这个新概念则始于 1993 年，采用环保的喻意，统称为绿色包

① 郭金山，上海市包装技术协会绿色包装专业委员会秘书长、上海数智绿色包装研究所副所长；李勇锋，博士，上海数智绿色包装研究所所长，上海市包装技术协会绿色包装专业委员会主任。

装。绿色包装概念深入人心，但对其概念的理解却参差不齐。随着国家禁塑令的颁布和对政策的不断完善和加强，许多人将关注点完全放在末端处理上，过于强调产品的减量化、可循环、可回收和可降解。而常常忽视了包装产品对环境的影响不仅在末端废弃物上，还包括包装产品的原材料采集、材料加工、生产制造、包装运输、应用等环节，因此对包装产品全生命周期评估评价才是最合理最客观的评价。

随着全球环境问题的日益严峻和资源的日益短缺，推动绿色环保成为社会各界的共识。包装废弃物特别是塑料包装对环境的负面影响越来越严重，亟须通过科学的标准和政策对包装废弃物回收进行规范和引导。《上海市绿色包装产品认证实施规则》系列标准的出台，正是在这一大背景下应运而生。该系列标准的制定不仅响应了国家环保政策的号召，也顺应了社会对绿色消费的需求，为上海市乃至全国的绿色包装产业发展提供了科学依据和技术支持。

一、标准制定背景介绍

2019 年 5 月 10 日，国家标准《绿色包装评价方法与准则》（GB/T37422—2019）由中华人民共和国国家市场监督管理总局、中国国家标准化管理委员会发布。2020 年 3 月 25 日，国家市场监督管理总局发布《市场监督总局国家邮政局关于开展快递包装绿色产品认证工作的实施意见》，以上说明了绿色包装的概念在不断完善和精细化，随着时代的发展，绿色包装的标准也要不断进步和改善，上海市包装技术协会结合上海市及周边长三角地区包装行业的特点，在原有相关标准的基础上，制定了《上海市绿色包装产品认证实施规则》系列标准。

上海市包装技术协会成立于 1978 年 10 月 28 日，是包装行业最早的行业协会之一，协会在大力推进包装行业发展的同时，非常重视包装行业绿色发展，并且成立绿色包装专业委员会和上海数智绿色包装研究所，应用推广绿色包装技术。根据包装领域的划分，《上海市绿色包装产品认证实施规则》系列标准拟制定，一通用规范、二塑料包装、三纸包装、四木制品包装、五金属制品包装、六陶瓷玻璃制品包装等系列标准，目前已经完成一总则、二塑料包装、三纸包装三项标准，其他标准也在与各个专委会协商沟通中，计划2025年内完成此项系列标准。《上海市绿色包装产品认证实施规则》系列标准见图3-7。《上海市绿色包装产品认证实施规则》认证标识见图3-8。

ICS 13.020.10
Z 04

团　体　标　准

T/SHBX 001—2021

上海市绿色包装产品认证实施规则
第1部分：通用规范

Certification Implementation Rules for Shanghai Green Packaging Product

Part 1：General specification

2021-07-26 发布　　2021-07-26 实施

上海市包装技术协会　发布

ICS 13.020.10
Z 04

团　体　标　准

T/SHBX 002—2021

上海市绿色包装产品认证实施规则
第2部分：塑料包装产品

Certification Implementation Rules for Shanghai Green Packaging Product

Part 2：Plastic Packaging Products

2021-07-26 发布　　2021-07-26 实施

上海市包装技术协会　发布

ICS 13.020.10
Z 04

团　体　标　准

T/SHBX 008—2022

上海市绿色包装产品认证实施规则
第3部分：纸包装产品

Certification Implementation Rules for Shanghai Green Packaging Product

Part 3：Paper Packaging Products

2022-10-17 发布　　2022-11-17 实施

上海市包装技术协会　发布

图3-7　《上海市绿色包装产品认证实施规则》系列标准

图3-8　《上海市绿色包装产品认证实施规则》认证标识

《上海市绿色包装产品认证实施规则》系列标准旨在为了从技术和相关标准角度客观明确包装产品的绿色包装技术。标准对包装产品的全生命周期进行了分解，其分解情况如下：

同时根据包装对环境的影响属性，对绿色包装技术也进行了分解归类，主要有以下 5 点：

①减少废弃物污染：减量化、可重复利用、循环再生，可生物降解（3R1D）等；

②碳减排：生物质原材料、清洁能源或可再生能源、节能措施、固碳技术等；

③ VOCs 减排：减排设施、水性涂层应用、高能固化涂层应用等；

④资源性节俭：减量化设计、水资源重复利用、热能重复利用等；

⑤安全健康性：粉尘、噪声等。

这些绿色包装技术零散地分布在包装制品的全生命周期中，也正是这些零散分布的绿色包装技术构成了完整的绿色包装标准来客观评判一个产品的绿色包装属性。

表 3-1　绿色包装全生命周期评价表

生命周期步骤	指标	指标要求
产品原材料及设计	包装产品设计及系统优化	符合 GB/T 16716.2 标准要求，评估内容包括包装产品设计、产品保护、包装制造过程、包装（灌装）过程、物流（包括运输、仓储和操作）、产品展示及营销、消费者（用户）接受度、信息、安全、法规等。
	包装材质和种类	鼓励使用经专业环保认证的材质或种类
	再生原材料使用	循环再生材料应符合 GB/T 16716.4 标准要求，根据行业和包装特点确定
	其他	根据行业和包装特点确定

续表

生命周期步骤	指标	指标要求
生产加工	温室气体排放	鼓励核算温室气体排放量
	清洁能源或可再生能源	鼓励采用清洁能源或可再生能源
	回收利用	符合 GB/T 16716.6 标准要求，评估范围包括包装材料及包装废弃物回收
	节能管理及技术	鼓励采用 GB/T 22336 规定的节能管理、节能技术
	生产环境质量	粉尘浓度、噪声等分别符合相关标准规定
	环境污染物	符合相关污染物排放的限量要求
	水的重复利用率	≥ 90%，或不用水
	其他	根据行业和包装特点确定，可按生产加工顺序或者生命周期管理中，“输入”和“输出”的顺序进行排列
应用及运输	包装层数或包装空隙率	根据行业和包装特点确定，食品和化妆品包装应符合 GB 23350 的规定
	包装方式或方法	根据行业和包装特点确定
产品属性	重复使用	符合 GB/T 16716.3 标准要求，考虑重复使用次数和周期
	产品回收利用率	根据行业和包装特点确定
	降解性能	降解产品应符合 GB/T 20197 或 GB/T 16716.7 的技术要求
	潜在危害物	根据行业和包装特点确定
	其他性能指标	根据行业和包装特点确定
产品末端处置	生产废弃物处置	应采用合理的方式或途径有效处置
	产品实际回收利用率	根据行业和包装特点确定

二、系列标准的特点

相对于目前已有的绿色包装产品标准，《上海市绿色包装产品认证实施规则》系列标准具有以下特点。

①《上海市绿色包装产品认证实施规则》系列标准对产品全生命周期的绿色属性进行了权值分解，并且给出了相应分值，最后根据最终分数判断是否为合格绿色包装产品，而且合格的绿色包装产品也根据绿色属性分值的大小分为 1 星级、2 星级、3 星级三个级别。

②《上海市绿色包装产品认证实施规则》系列标准对包装的绿色设计给出了明确的要求，一个产品是否为绿色包装产品，其产品设计阶段是重中之重，只有产品在设计阶段就引入了绿色理念才能是真正的绿色包装产品。因此此标准对产品的绿色设计理念给出了较大的权重，占到总分数的 25%。

③《上海市绿色包装产品认证实施规则》系列标准将纵向的产品全生命周期与横向的绿色包装技术有机的结合为一体，使得每一个用户能清楚明了的根据标准对自身包装产品的绿色属性和需要改进的方向给出明确的指导。

④《上海市绿色包装产品认证实施规则》系列标准既强调内容的权威、公正性，同时也保留了相对的开放和成长性，标准中每一条明确的绿色属性都有相对应的国标、行标等文件说明，确保绿色属性的权威性，同时我们也鼓励新型环保技术的应用，对于某些未知领域的环保技术，在公司提供相关权威说明材料，经相关专家评审认可后，亦可成为加分项，对新型绿色环保技术的应用推广有助推作用。

三、标准的应用及推广

目前在已公布的三项标准的基础上，上海市包装技术协会和上海数智绿色包装研究所已经开展针对塑料包装和纸包装产品的评测评价工作，认证流程如图 3-9 所示。

为确保上海市绿色包装产品评测评价的权威性、公正性、公平性，除了《上海市绿色包装产品认证实施规则》系列标准的保障外，上海市包装技术协会还专门成立了包装专家委员会，聘请材料、机械、工艺、应用、环保、后处理等各个行业的专家进行客观公平公正的评价，对客户的绿色包装产品绿色属性做出客观准确的评估评价。

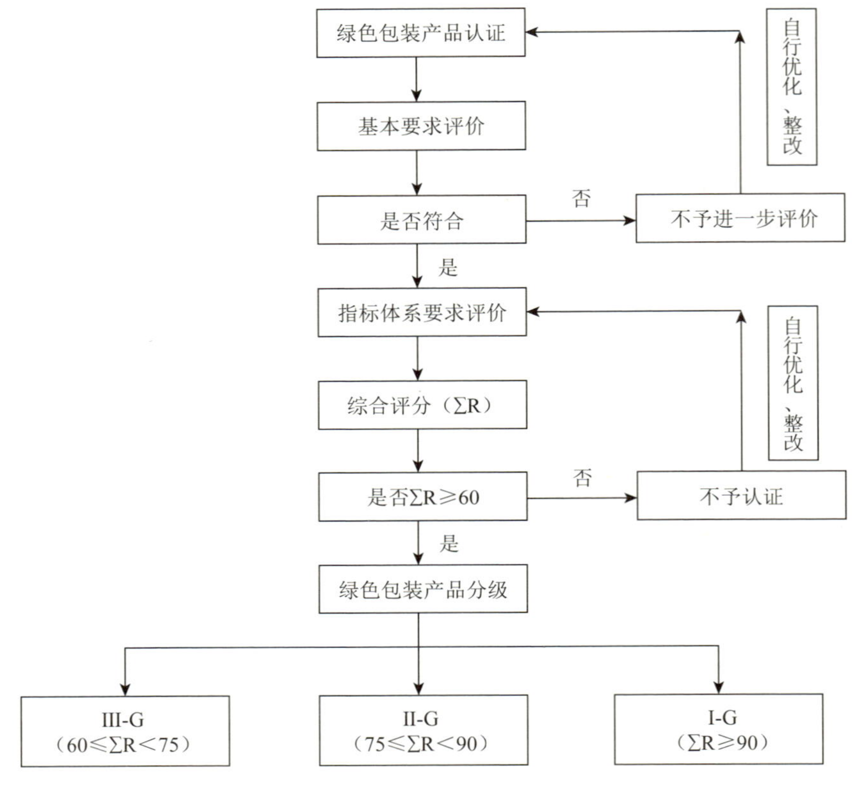

图 3-9　绿色包装产品认证流程

对于合格的绿色包装产品或方案，除了颁发相关评价证书外，也会被收录到上海数智绿色包装研究所绿色包装数据库中，以备相关企业尤其是终端包装用户查询，助推客户绿色包装产品和方案的应用推广。上海市绿色包装产品评价证书和入库证书如图 3-10 所示。

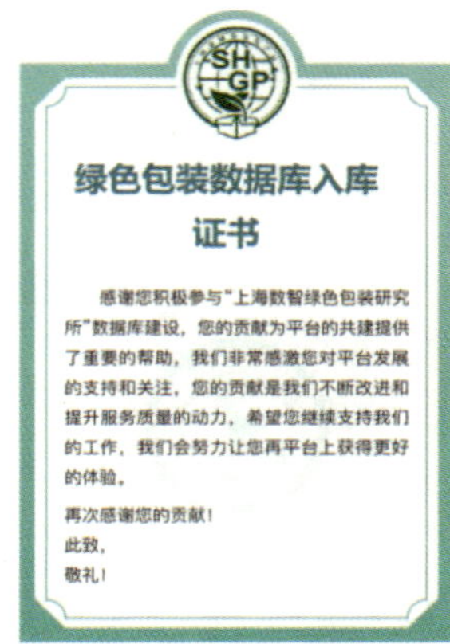

图 3-10　上海市绿色包装产品评价证书和入库证书

《上海市绿色包装产品认证实施规则》系列标准是我国绿色包装产业发展中的一项重要措施，对于绿色包装尤其是上海市地区的绿色包装发展具有重要意义，从包装产品的设计开始，就按照包装产品的全生命周期进行绿色属性评价是它的特色，在不同阶段，该标准存在的意义也有差别，就目前而言，该标准的实施就是为了提高社会公众对绿色包装的关注，鼓励相关企业发展绿色包装技术，为包装行业绿色化发展作出贡献，为我国“双碳”战略早日达成作出贡献。

GB 4806 系列标准更新解读

张华烨[①]

自中国加入世界贸易组织（WTO）以来，为了满足国际标准和市场需求，提高食品安全管理水平，相关部门开始着手制定和完善食品安全标准体系。GB 4806 标准作为其中的重要组成部分，从 2016 年到 2023 年经历了一次制定及一次更新，逐步形成了目前较为完备的科学标准体系。GB 4806 作为中国食品接触材料及制品的强制性国家标准，其修订与完善直接关系包装行业的可持续发展方向。2023 年的更新不仅强化了食品安全要求，还积极响应了全球绿色包装趋势，对促进环保材料的应用、提升包装循环利用率及减少环境污染等方面产生了深远影响。本报告聚焦于 GB 4806 系列标准的最新更新及其对绿色包装产业的推动效应。

一、GB 4806 系列标准更新—适用范围

2023 年更新发布的 GB 4806 新标准（部分更新标准为 2022 年及 2024 年发布）与 2016 年版的标准相比，具有覆盖面更广、专业性高、标准之间配套性更好及创新灵活度更高等特点。覆盖面更广体现在增加了管控品类，如《食品接触用竹木材料及制品》（GB 4806.12—2022）、《食品接触用复合材料及制品》（GB 4806.13—2023）、《食品接触材料及制品用油墨》（GB 4806.14—2023）及《食品接触用材料及制品用黏合剂》（GB 4806.15—2023）等。专业度高体现在

① 张华烨，女，上海乐朗检测技术有限公司合规及技术总监。

材料分类更为细化，如食品接触用硅橡胶将不再和橡胶使用同一标准管控；针对复合材料增加了微生物指标以及对重复使用的食品接触用材料及制品增加了迁移实验次数；复合材料制品应根据其涉及的具体材质和材料结构确定最终产品应符合的通用理化指标和其他理化指标要求等。标准之间的配套性更好体现在，新标准体系涵盖了从原料到成品的整个生产过程。这使得企业在生产过程中能够依据统一的标准进行质量控制，避免了因标准不一致而导致的质量问题；将不标准中的同一物质限值调整一致等。创新灵活性高体现在新标准体系加强了对新材料、新工艺和新技术的应用指导，例如明确规定我国允许使用于食品接触用品的高分子材料在不发生化学反应的情况下可共混使用，视为允许物质；明确了树脂合成所使用单体或其他起始物为酸、醇或酚类物质的，其钠盐、钾盐和钙盐（包括酸式盐和复盐）的使用原则等，细化明确有效阻隔的定义及验证要求等，以上更新促进了食品接触材料行业的创新和发展，为绿色食品接触用材料及制品研发和大规模生产提供了明确的技术及合规指引。

更新《食品安全国家标准 食品接触用纸和纸板材料及制品》标准（GB 4806.8）至 2022 版本，删除 2016 年版不适用于食品接触用再生纤维素材料及制品的范围描述，明确范围适用于食品接触用纸和纸板材料及制品。更新《食品安全国家标准 食品接触用塑料材料及制品》标准（GB 4806.7）至 2023 版本，修订纳入了食品接触用淀粉基塑料材料及制品的相关安全要求，明确范围适用于食品接触用塑料材料及制品，包括未经硫化的热塑性弹性体材料及制品，也适用于食品接触用淀粉基塑料材料及制品。

更新《食品安全国家标准 食品接触用橡胶材料及制品》（GB 4806.11）至 2023 版本，修订删除了硅橡胶材料及制品，标准仅适用于橡胶材料及制品；硅橡胶材料及制品将由其他标准另行管理。明确适用范围为食品接触用橡胶材料及制品。

新增《食品安全国家标准 食品接触用竹木材料及制品》标准（GB 4806.12—2022），适用范围为已经或预期可能与食品或食品添加剂接触，或其成分可能转移到食品中的，以以竹、木或软木为原料制成的各类食品接触材料及制品，包括软木塞和植物纤维板制品等。

更新《复合食品包装袋卫生标准》（GB 9683—1988）至《食品安全国家标准　食品接触用复合材料及制品》标准（GB 4806.13—2023），适用范围为扩大为所有食品接触用复合材料及制品。

新增《食品安全国家标准 食品接触材料及制品用油墨》标准（GB 4806.14—2023），适用于预期印刷在食品接触材料及制品上，直接接触食品或间接接触食品但其成分可能转移到食品中的油墨，也包括与油墨配套使用的光油。

新增《食品安全国家标准 食品接触材料及制品用黏合剂》标准（GB 4806.15—2024），适用范围为食品接触材料及制品用黏合剂。

二、GB 4806 系列标准更新的相关技术内容

《食品安全国家标准　食品接触用塑料材料及制品》（GB 4806.7—2023），修订纳入了食品接触用淀粉基塑料材料及制品的相关安全要求。标准针对此类材料规定了所用淀粉的种类及质量规格要求；考虑到对于淀粉含量较高的塑料材料及制品，其总迁移量和高锰酸钾消耗量的检测值主要受其中淀粉成分的影响，因此针对淀粉含量≥ 40% 的产品规定了总迁移量和高锰酸钾消耗量的特殊要求。明确植物纤维填料属于食品接触材料及制品用添加剂，应符合《食品安全国家标准食品接触材料及制品用添加剂》（GB 9685）的要求。

《食品安全国家标准　食品接触用纸和纸板材料及制品》（GB 4806.8—2022），删除高锰酸钾消耗量指标，并明确未经漂白和未添加着色剂的纸和纸板脱色不视为异常着色，允许天然木质素的轻微迁移，以适应应用越来越广泛的未漂白和未添加着色剂的本色纸的使用需求。增了 1,3- 二氯 -2- 丙醇（1,3-DCP）和 3- 氯 -1,2- 丙二醇（3-MCPD）的残留限量（主要产生于纸张生产中管饭使用的湿强剂的水解产物），以有效控制其污染；并要求相关生产企业应严格控制食品接触用纸和纸板材料及制品中氯丙醇的残留，保证其符合安全限量要求。

《食品安全国家标准　食品接触用竹木材料及制品》（GB 4806.12—2022），

制定了二氧化硫（竹木纸品在制作过程中可能会用硫磺熏、双氧水或硫酸钠浸泡漂白，导致产品含有大量二氧化硫，并通过竹木制品浸出到食物中，通过食物或口腔、皮肤接触进入人体可能会产生恶心、呕吐等胃肠道症状）、噻苯咪唑（杀菌防霉剂残留物）、邻苯基苯酚（杀菌防霉剂残留物）、抑霉唑（杀菌防霉剂残留物）、联苯（杀菌防霉剂残留物）残留量等安全指标。

《食品安全国家标准 食品接触用复合材料及制品》（GB 4806.13—2023）对食品接触用复合材料（包括天然材料及高分子材料的复合制品），本次修订删除原标准中具体理化指标的规定，仅规定原则性要求。复合材料及制品应根据其涉及的具体材质和材料结构确定终产品应符合的通用理化指标和其他理化指标要求，并针对预期与食品直接接触且不经消毒或清洗直接使用的复合材料及制品规定了微生物限量要求增加微生物指标。

三、GB 4806 系列标准更新对绿色包装产业的正面影响

新标准的实施促进了生物降解塑料、纸质包装、植物纤维材料等环保材料的研发与应用，推动了材料产业的技术革新。标准中的一些内容体现了对天然材料的鼓励。 为绿色食品接触用材料及制品研发和大规模生产提供了明确的技术及合规指引，加速绿色材料应用。明确的标准要求提高了绿色包装产品的市场准入门槛，通过科学合理的安全指标（包括关注由材料本身产生的有毒有害物质及生产材料及制品过程中的添加剂等带来的有毒有害物质）来淘汰落后产能，促进了产业结构优化升级，提升行业规范性。

（1）原料要求的变化。

新标准中增加了对原料的特定要求，如金属基材及镀层中杂质元素（砷、镉、铅、汞）含量要求，这可能导致企业需要采购更高质量的原材料，从而增加原材料成本。对于橡胶制品，尤其是经硫化的热塑性弹性体，新标准明确了基础原料的使用应符合特定规定，这也可能提高原料采购成本。

（2）生产技术的改进。

新标准中对理化指标的要求更为严格，如增加了芳香族伯胺迁移总量、N-亚硝胺和 N- 亚硝胺可生成物迁移总量的要求。为了满足这些要求，企业可能需要改进其生产工艺，采用更为复杂的生产技术或设备，这可能导致生产成本的上升。

（3）测试和验证的加强。

新标准中增加了对某些迁移物质的测试要求，如淀粉基塑料中的迁移物质测试，这要求企业加强对其产品的测试和验证工作。这包括增加测试设备和人员、提高测试频率等，都将增加企业的测试成本。对于重复使用的制品，新标准对重复使用产品要求进行更多次的迁移试验，这也将增加企业的测试成本。

（4）合规性和认证要求的提高。

新标准的实施需要企业进行额外的合规性和认证工作，如重新评估其产品和生产线的合规性、获取新的认证证书等。这些工作都需要企业投入额外的人力、物力和财力，从而增加其合规性成本。

综上所述，GB 4806 系列标准的更新在一定程度上会导致企业在原料采购、生产技术、测试和验证、合规性和认证以及市场竞争和供应链管理等方面面临成本上升的压力。然而，这些成本上升也将促进企业提高产品质量和安全性水平，保障消费者的权益和健康。企业需通过规模效应、技术创新等方式降低成本。

四、行业企业面临的挑战的应对策略

随着 GB 4806 系列标准的更新，绿色包装产业面临一系列挑战，这些挑战主要来自原料要求的变化、生产技术的改进、测试和验证的加强，以及合规性和认证要求的提高。从另一个角度讲，这些挑战也是推动行业进步的机会。面对新标准的挑战，企业加大在技术研发和生产设备改造上的投资，带动了整个产业链的技术进步，激励技术创新与投资，带活全产业链。

（1）优化原料采购与供应链管理。

企业应寻求与符合新标准要求的原料供应商建立长期合作关系，以确保原材料的稳定供应和质量。开发替代材料，加大对生物降解塑料、植物纤维材料等环保材料的研发投入，减少对高成本传统材料的依赖。

（2）提升生产技术与工艺。

投资先进设备和技术，引进和应用符合新标准要求的先进生产技术和设备，提高生产效率，降低不合格品率。通过精细化管理和工艺优化，减少生产过程中的污染和浪费，降低生产成本。企业可建立内部的测试实验室，配备必要的测试设备和专业人员，以快速响应新标准的测试要求。

（3）推动技术创新与研发。

支持新材料、新技术的开发，提升企业的技术创新能力。积极获取相关的认证证书，以强化产品的市场竞争力和消费者信任。加强产学研合作，与高校和科研机构合作，共同攻克技术难题，推动技术成果的产业化应用。

五、展望与建议

GB 4806系列标准的更新不仅是对食品安全的保障，更是对绿色包装产业的一次重要推手。它不仅促进了材料的绿色化、标准化，还为行业的可持续发展奠定了坚实基础。未来，随着技术的不断进步和消费者需求的不断变化，食品接触材料和绿色包装行业将迎来更加广阔的发展前景。面对挑战，建议政府加大政策支持和引导力度，企业则应积极适应新标准，加大研发投入，全行业共同参与通过规模效应、技术创新等方式降低成本，推进绿色包装产业的快速发展。同时，加强国际交流与合作，吸收国际先进经验，提升中国绿色包装产业在全球市场的影响力。

基于内容分析法的我国碳普惠政策研究

蒋志雄[①] 刘清越 王宇露[②]

我国目前正处在一个飞速发展的新时期，既要完成2025年的节能减排目标，又要在2030年实现“碳达峰”、2060年实现“碳中和”，可见降低碳排放的任务非常艰巨。然而，仅靠企业和政府的力量是不够的，公众对其的正确认知和自觉，发挥着至关重要的作用。因此，“碳普惠”这一“量化社会公众层面的减碳量并以碳惠积分形式进行奖励”的激励机制就变得非常重要。本报告以碳普惠政策为研究对象，在参考国内外学者的研究和相关文献的基础上，依据国内外多数学者公认的分类标准，利用政策工具法和内容分析法，构建包括政策工具、政策目标、政策作用倾向的分析框架，深入剖析了我国碳普惠政策在政策工具应用方面的过溢与缺失、政策目标方面的不足以及政策作用倾向方面的结构失衡等问题，最后为“碳普惠”提供政策发展的参考。

2020年9月21日，我国在第七十五届联合国大会上向世界着重承诺：2030年“碳达峰”，2060年“碳中和”，这就是如今广受关注的“双碳”目标。但在联合国《2022年排放差距报告：正在关闭的窗口期——气候危机急需社会快速转型》中显示：“随着气候变化的影响在全球范围内不断扩大，温室气体排放必须下降的信号是明确的。然而，国际社会远远没有达到《巴黎协定》的目标，尚无可靠路径将升温控制在1.5℃以内”。[1]很显然，基于我国庞大的人口数量，想要实现“双碳”目标，光靠政府和企业是远远不够的，还应该将所有公众都动员

① 蒋志雄，博士，上海电机学院讲师；
② 王宇露，博士，上海电机学院教授。

起来。所谓“碳普惠”，便是如此。

本报告以碳普惠政策为研究对象，首先使用内容分析法将“碳普惠”相关文献资料中固有的文字化逻辑转换成数据化逻辑，对政策条款进行分类统计，而后使用政策工具法建立了多维分析框架，对政策条例数量占比、政策工具使用频率等进行分析。研究采用了定性与定量分析相结合的方式，将我国各省市的碳普惠政策作为研究对象，构建了政策工具、政策目标及政策作用倾向三维分析框架，研究所选取样本中政策工具的选择与占比、政策作用的倾向与占比、政策目标的侧重与占比等方面存在的问题，而后在此基础上提出问题与建议，为我国碳普惠政策的发展提供参考。

一、碳普惠政策内容分析

为使本报告分析过程具有逻辑性和有效性，如上文所述，本报告构建政策工具、政策目标以及政策作用倾向三个维度的分析框架，如图3-11所示。

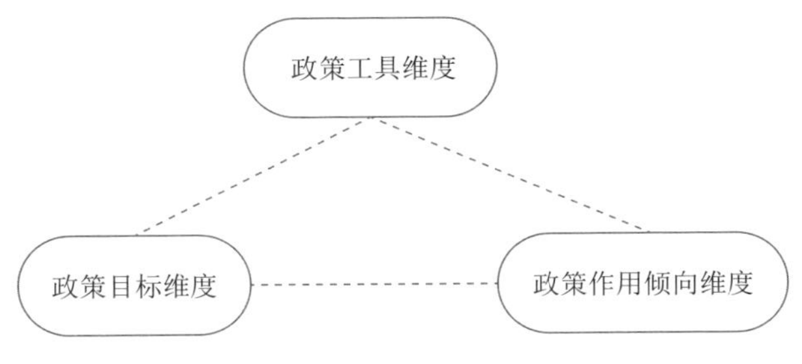

图3-11　论文分析框架

具体而言，本报告首先对选取的碳普惠政策样本进行编号分类，分析不同的政策工具在碳普惠领域中的应用并统计相应的数量和占比，再根据不同的政策目标进行归纳分类并统计所占比例，而后再分析政策涉及的不同作用倾向。最后，将三个维度两两结合起来分析，体现研究的系统性和客观性。

1. X维度：政策工具维度

本报告从政策工具的角度出发，参考Rothwell和Zegveld[15]的分类方式，将政策工具划分为供给、需求和环境三类。其中，供给与需求是直接推动和拉动碳普惠的，环境是间接影响碳普惠的。如图 3-12 所示。

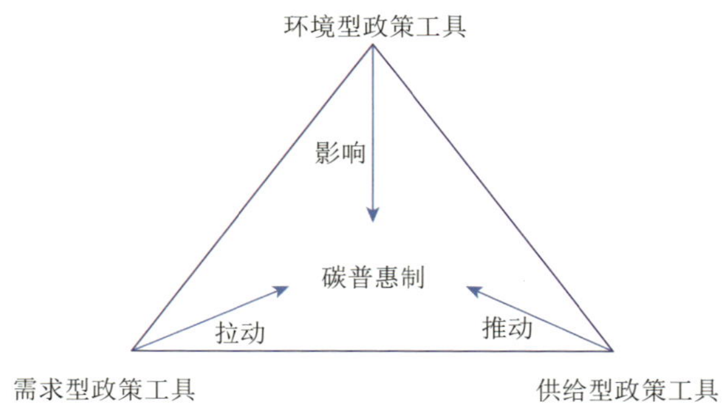

图 3-12　政策工具作用原理

供给型政策工具主要表现为政府采取设立机构、信息支持或资金支持等方式直接增加供给。供给型政策可以细分为“信息支持”“资金投入”和“公共服务”，具体见表 3-2。

表 3-2　供给型政策工具的分类与含义

政策工具名称	政策工具含义
信息支持	政府通过整合碳普惠有关信息，建立信息咨询平台，为碳普惠发展提供技术支撑和信息服务。
资金投入	政府直接以专项资金进行拨款，并在碳减排过程中投入相应资金或者发放补贴。
公共服务	政府提供相应配套服务，包括培养专业人才、设立负责机构等。

需求型政策工具是指：在宏观层面上对市场进行全面的调控，从而减少市场波动所造成的不确定因素，推动市场健康发展。其主要分为“政府采购”“外包”和“领域联动”三个方面，具体见表 3-3。

表 3-3　需求型政策工具的分类与含义

政策工具名称	政策工具含义
政府采购	政府通过直接购买相关科研技术的方式促进碳普惠产业发展和技术推广。

续表

政策工具名称	政策工具含义
外包	政府将相关碳普惠工作委托给第三方，即企业或者其他科研机构，目的是促进、加快技术研发工作。
领域联动	政府为了促进碳减排和碳普惠，出台鼓励拓展碳普惠领域至交通、林业、旅游等各种政策。

环境型政策工具是指通过创造良好的外部环境来间接影响碳普惠发展。具体包括："目标规划""法规管制""公众参与"等，具体见表 3-4。

表 3-4 环境型政策工具的分类与含义

政策工具名称	政策工具含义
目标规划	政府出台碳普惠相关战略规划、产业政策等，对目标做出总描述和规划。
税收优惠	政府对重点行业、有关公司和个人给予税收优惠。
金融支持	政府通过融资、贷款等多种方式促进碳普惠和减排。
法规管制	政府制定碳普惠方面的相关法规、制度以及行业规定等，目的是规范参与主体的行为。
公众参与	政府通过公告、宣传等形式引导社会各界积极有序参加碳普惠工作。
策略性措施	政府在各个阶段采取相应措施协助碳普惠发展，包括鼓励上下游企业参与碳普惠、建立评估机制、不断完善减排场景设计等。

2. Y 维度：政策目标维度

由于碳普惠领域中的文献在政策目标方面相关的研究并不多，因此，本报告参考、借鉴了一些节能减排领域的相关文献，最终基于张国兴、高秀林、汪应洛（2014）[17] 三位学者对政策目标名称与含义的界定，将政策目标分为"防治污染""推动产业升级""提升碳普惠效果"和"树立降碳理念"等，具体见表 3-5。

表 3-5 政策目标的分类与含义

政策目标类型	政策目标含义
防治污染	优化服务平台数据信息采集功能，鼓励绿色生活行为。
推动产业升级	完善行业准入门槛，支持绿色金融产业、引领长三角联合发展等。

续表

政策目标类型	政策目标含义
提升碳普惠效果	完善碳普惠相关管理办法，强化对碳普惠的监管和检查，完善方法学、挖掘上下游需求等。
优化能源消费结构	减少化石燃料的使用，鼓励研发和使用新能源技术，鼓励企业、个人能源循环利用等。
推动技术改造	完善相关碳普惠规范和标准，完善碳普惠数据库信息、完善碳普惠行为的识别和筛选，支持引进国外先进技术。
树立节能降碳理念	加大节能减排宣传力度和推广工作。

3. Z 维度：政策作用倾向维度

政策作用倾向是指政府通过综合运用各类政策手段，关注不同目标，从而达到碳普惠的目的。在制定和执行碳普惠政策时，政府会通过有效的手段来达到政策目的，但不同的碳普惠政策政府的关注点会各有不同，它可以是“普惠”，也可以是“减排”或是“综合”。

二、政策样本的选择

本报告研究的范围是全国，研究对象是现有的碳普惠政策。通过以下途径对政策条款进行筛选：第一，查询各省市的政府门户网站，如各省市环境保护局的网站、各省市统计局的网站、各省市财政部门的网站、发改委的网站等。第二，对碳普惠相关文献进行筛选，主要关注“碳普惠”“降碳”“节能减排”等关键字。第三，在政策选择上，重点关注法律法规、规划公告、意见建议等，对于已经多次修订的政策，以最新一次修订为准。第四，在对政策进行细致解读后，本报告从中挑选出了 2021 年以来发布的 24 个有效政策样本，详情见表 3-6。

表 3-6　有效政策样本表

序号	政策名称	发布年份
1	《重庆市“碳惠通”生态产品价值实现平台管理办法（试行）》	2021
2	《重庆市应对气候变化白皮书（2020 年）》	2021

续表

序号	政策名称	发布年份
3	《深圳碳普惠体系建设工作方案》	2021
4	《广东省碳普惠制试点建设指南》	2021
5	《北京市“十四五”生态环境保护计划》	2021
6	《河北省关于建立降碳产品价值实现机制的实施方案（试行）》	2021
7	《对省十三届人大五次会议第 698 号建议的复函》	2021
8	《关于省政协十二届四次会议 20211128 号提案的答复》	2021
9	《四川省关于加快发展经济培育壮大新动能的实施意见》	2021
10	《江西省生态文明建设促进条例》	2021
11	《湖北省生态环境保护“十四五”规划通知》	2021
12	《黑龙江关于 2021—2023 年度推动碳达峰、碳中和工作滚动实施方案》	2021
13	《上海市碳普惠体系建设方案》	2022
14	《广东省碳普惠交易管理办法》	2022
15	《广东省碳普惠制试点工作实施方案》	2022
16	《2022 年北京市交通综合治理行动计划》	2022
17	《北京市“十四五”时期交通发展建设规划》	2022
18	《山东省“十四五”应对气候变化规划》	2022
19	《江苏省生态环境厅 2022 年推动碳达峰碳中和工作计划》	2022
20	《关于完整准确全面贯彻新发展理念做好碳达峰中和工作的实施意见》	2022
21	《关于完整准确全面贯彻新发展理念做好碳达峰碳中和工作的实施意见》	2022
22	《海南省建立健全生态产品价值实现机制实施方案》	2022
23	《关于完整准确全面贯彻新发展理念做好碳达峰碳中和工作的实施意见》	2022
24	《山西省深化低碳试点推进近零碳排放示范工程建设实施方案》	2022

分析单元是内容分析法最基本的要素，本报告最基本的要素就是各省市碳普惠相关政策的条款，但碳普惠政策内容繁杂多样，一份政策样本可以覆盖多个层面，因此，本报告经过仔细梳理、筛选、合并，最终得到 107 条有效条款，然后

根据"政策编号—序号"的形式进行编码，最后按照上文 X-Y-Z 三维分析框架的类目进行分类整理（详见表 3–7）。具体完整编码表见附件。

表 3–7 我国碳普惠政策样本内容分析单元编码和分类表（部分）

序号	政策名称	政策条款内容	编码	归类
1	《上海市碳普惠体系建设方案》	出台《上海碳普惠体系管理办法》等政策文件及相关专项操作细则，明确上海碳普惠体系的顶层设计、技术规范、操作规则、业务流程、平台对接等，规范各参与主体的权利责任关系，为碳普惠体系的运行提供政策依据与保障。	1–1	环境型（目标规划）—推动产业升级—综合
2	《上海市碳普惠体系建设方案》	依托相关机构组建上海碳普惠管理及运营中心，承担上海碳普惠机制的管理和运营职能，包括组织专家对项目和场景减排量核算方法学的论证审定，项目及减排量的签发备案，个人低碳场景及减排量的管理，碳普惠减排量消纳，碳普惠平台建设、管理与运营等。	1–2	供给型（公共服务）–推动产业升级–综合
3	《上海市碳普惠体系建设方案》	依托"随申办"平台，运用区块链、大数据、物联网等数字技术，建立具备减排量核算、备案、签发、登记、交易等功能的安全、高效、便捷的碳普惠系统平台。在公平性与开放性基础上，引入商业资源，整合社会力量，广泛对接各类碳普惠项目和场景，尝试与商业碳积分平台连接。降低系统接入成本，提升碳普惠平台数据收集的准确性，保障参与方信息、数据的隐私安全，提升项目及场景的审核效率，提升用户操作的便捷度，并为管理部门决策提供有效支撑。	1–3	供给型（公共服务）–推动产业升级–综合
……	……	……	……	……
106	《黑龙江关于2021—2023年度推动碳达峰、碳中和工作滚动实施方案》	加强可再生能源、甲烷利用、林业碳汇等项目储备，建立低碳发展项目库。	23–2	需求型（碳排放相关领域联动）–提升普惠效果–减排
107	《黑龙江关于2021—2023年度推动碳达峰、碳中和工作滚动实施方案》	研究建立碳普惠机制，会同省碳排放权交易中心推进碳普惠及碳汇交易平台建设。	23–3	供给型（公共服务）–推动产业升级–普惠

三、我国碳普惠政策评价实证分析

1. X 维度：政策工具维度分析

本报告选取了 24 条有效政策样本，从中筛选出 107 条基本分析单元，表 3-8 显示了各个政策工具类型的统计结果。其中，供给型政策工具占 18.69%，需求型政策工具占 8.41%，环境型政策工具占 72.90%。研究结果表明，我国碳普惠政策的政策工具在使用类别和频率上存在显著的比例倾斜和差异。总体来看，环境型政策工具的数量最多，一共有 78 条，比其他两类政策工具要多得多，拥有着显著的数量优势，这表明了我国对于创造碳普惠良好外部环境的重视程度，而供给型和需求型政策工具数量分别只有 20 条和 9 条。

表 3-8　政策工具分布表

政策工具类型	工具名称	编码	共计	工具百分比	工具类型百分比
供给型	信息支持	1-6、1-22、16-1	3	15.00%	18.69%
	资金投入	4-19	1	5.00%	
	公共服务	1-2、1-3、1-7、1-20、3-2、4-1、4-2、4-17、6-1、6-2、6-3、6-4、6-6、15-1、23-1、24-3	16	80.00%	
需求型	政府采购	—	0	0.00%	8.41%
	外包	—	0	0.00%	
	领域联动	4-7、7-2、7-3、8-1、9-1、10-2、13-1、17-2、24-2	9	100%	
环境型	目标规划	1-1、1-4、1-12、1-13、1-16、1-17、3-1、4-9、4-10、4-11、10-1、17-1、18-1、19-1	14	17.95%	72.90%
	税收优惠	—	0	0.00%	
	金融支持	1-14、1-15、4-20、19-2、22-2	5	6.41%	

续表

政策工具类型	工具名称	编码	共计	工具百分比	工具类型百分比
	法规管制	1-24、2-6、2-7、2-8、2-9、4-3、4-5、4-6、4-12、4-21、5-1、5-2、5-3、5-4、24-1	15	19.23%	
	公众参与	1-18、1-19、1-23、2-5、4-13、4-14、4-22、10-3、14-1、14-2、14-3、15-5、16-2、16-3、20-1、21-1	16	20.51%	
	策略性措施	1-5、1-8、1-9、1-10、1-11、1-21、2-1、2-2、2-3、2-4、4-4、4-8、4-15、4-16、4-18、6-5、6-7、7-1、7-4、11-1、12-1、12-2、12-3、15-2、15-3、15-4、21-2、22-1	28	35.90%	

从以上数据可以清楚地看到，数量过溢的环境型政策工具挤占了供给型和需求型的空间，由此导致供给和需求型工具的比例都较低，特别是需求型政策工具，只有总量的 10% 不到，这在一定程度上反映出了碳普惠政策发展的不均衡。

具体来看，三类政策工具在细分类型内部的使用频率也存在不均衡的现象。政策工具的分布详情见图 3-13。

在条款数量最多的环境型政策工具中，占比最大的是“策略性措施”，其次是“公众参与”，分别占 35.90% 和 20.51%。其中“策略性措施”是指政府在各个阶段采取相应措施协助碳普惠发展，包括鼓励上下游企业参与碳普惠、提供多元化的路径选择、建立评估机制、不断完善减排场景设计等；“公众参与”是指政府通过公告、宣传等方式，引导并组织社会各界积极有序地参与到碳普惠工作中。从这可以看出，我国很重视创造良好的外部环境。除此以外，在环境型政策工具中，占比较大的还有“法规管制”和“目标规划”，分别为 19.23% 和 17.95%。这说明我国也很注重内部环境的约束、管制以及总体规划工作，力争做到内外平衡发展。但“税收优惠”和“金融支持”明显不足，特别是“税收优惠”，在各省市政策中并未有所涉及。

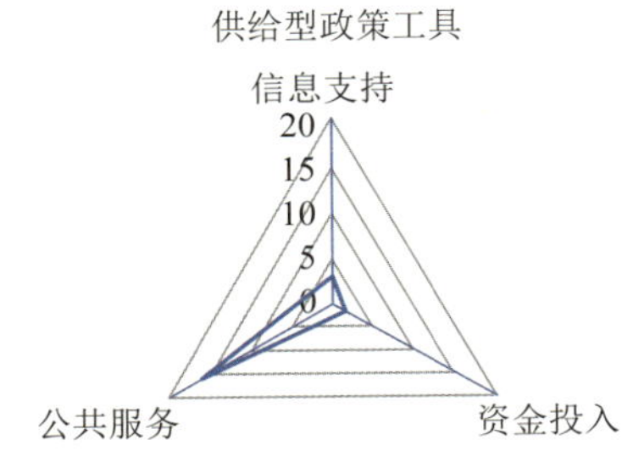

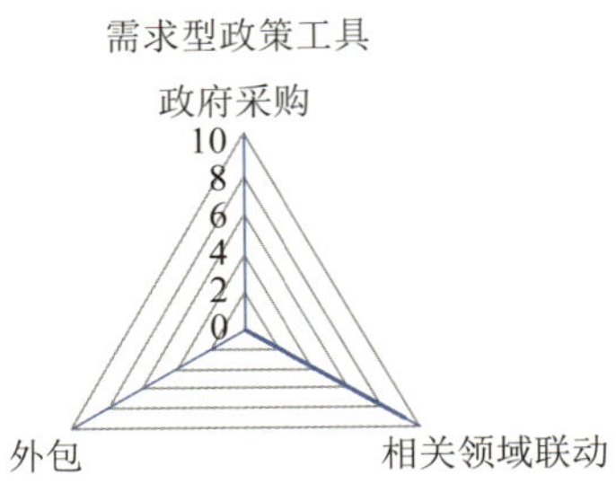

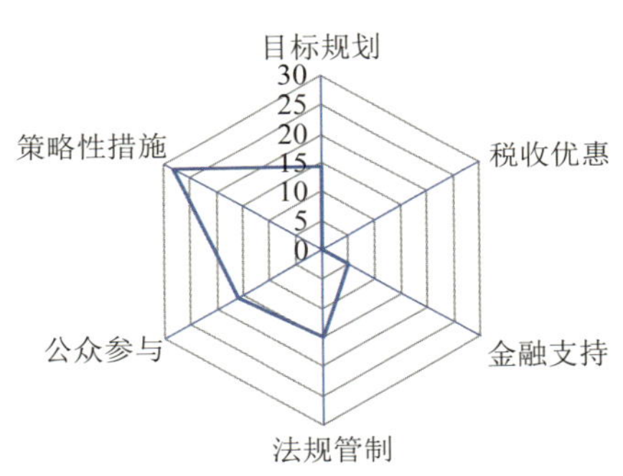

图 3-13　政策工具具体分布

综上所述，环境型政策工具的使用存在明显的分布不均现象。

在供给型政策工具中，占比最大的是“公共服务”，最少的是“资金投入”。可见，供给型政策工具内部也存在使用频率不平均的问题：各省市对于培养专业人才、设立负责机构等工作较为侧重，但是对于碳普惠专项资金补贴的侧重则较少。

在使用频率最低的需求型政策工具中，“领域联动”几乎占据了大多数，可见各省市都十分重视碳普惠与其他产业之间的联动效应，但是对于“外包”和“政府采购”来说，使用频率还是差距较大。因此，在碳普惠政策中，技术研发方面相关的工作仍然存在一定的局限性，这可能会限制碳普惠的可持续性发展。

2. Y 维度：政策目标维度分析

本报告借鉴了节能减排领域的相关文献后，将政策目标分为“防治污染”“推动产业升级”“提升碳普惠效果”等共六类，具体见表 3-9。

表 3-9 政策目标分布表

政策目标类型	编码	共计	百分比
防治污染	4-9、4-10、4-11	3	2.80%
推动产业升级	1-1、1-2、1-3、1-5、1-7、1-9、1-11、1-12、1-13、1-14、1-15、1-20、2-1、2-2、3-1、3-2、4-3、4-4、4-5、4-6、4-7、4-8、4-15、4-18、4-21、5-1、5-2、5-3、5-4、6-5、7-1、7-2、7-3、7-4、8-1、10-1、12-2、15-2、15-3、15-4、17-1、18-1、19-1、19-2、22-1、22-2、23-1、24-1、24-3	49	45.79%
提升碳普惠效果	1-4、1-8、1-17、1-18、1-19、1-21、1-24、2-5、2-6、2-7、2-8、2-9、4-1、4-2、4-12、4-14、4-19、4-20、6-1、6-2、6-3、6-4、6-6、11-1、12-1、12-3、13-1、15-1、17-2、24-2	30	15.89%
优化能源消费结构	14-2	1	0.93%
推动技术改造	1-6、1-10、1-16、1-22、2-3、2-4、4-16、4-17、9-1、10-2、16-1、21-2	12	11.21%
树立节能降碳理念	1-23、4-13、4-22、6-7、10-3、14-1、14-3、15-5、16-2、16-3、20-1、21-1	12	11.21%

具体来说，六类政策目标内部的使用频率也存在明显的差异。具体见图 3-14。

在以上细分类型中，占比最大的是“推动产业升级”，比例为 45.79%，可见各省市对于完善行业准入标准门槛、引领长三角内外联合发展等工作还是很重视的。其次最多的是“提升碳普惠效果”“推动技术改造”与“树立节能降碳理念”，分别占比 15.89%、11.21% 和 11.21%，可见各省市对于建立健全碳普惠相关管理办法、强化碳普惠的监管、加强低碳行为的遴选、加大节能降碳宣传力度等工作也有侧重，力求为碳普惠政策发展创造良性外部环境，但这三者的占比仍处于弱势，因此各省市在这三个方面仍有提升空间。表中占比最少的是“防治污染”“优化能源消费结构”，两者都在 5% 以下，“优化能源消费结构”甚至不足 1%。因此，若要完全实现“双碳”目标，各省市在开展量化绿色低碳行为的同时，也应鼓励小微企业和公众使用清洁、可再生能源。

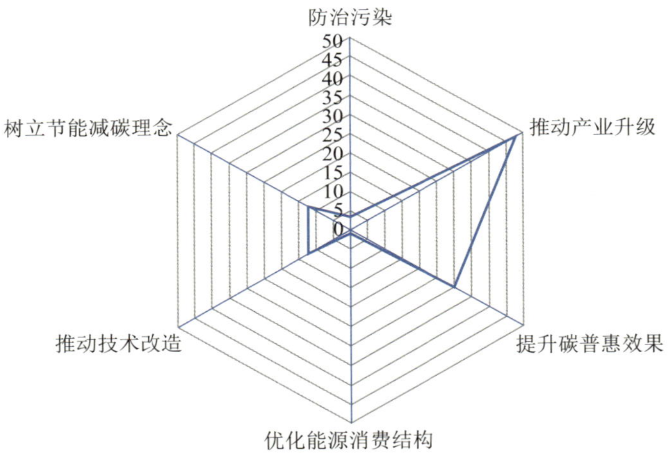

图 3-14　政策目标具体分布

3. Z 维度：政策作用倾向的维度分析

本段主要对政策作用倾向进行分析，意在客观、全面地反映各省市碳普惠政策的作用倾向。具体如表 3-10 所示，三个作用倾向的数量一次是 29、35、43，占比分别为 27.10%、32.71% 和 40.19%。

表 3-10　政策作用倾向分布表

政策作用倾向	编码	共计	百分比
减排	1-10、1-11、1-16、4-4、4-5、4-7、4-8、4-9、4-10、4-11、4-13、4-14、4-16、4-21、6-2、8-1、9-1、10-1、10-2、10-3、12-3、14-1、14-2、14-3、15-5、16-2、16-3、24-1、24-2	29	27.10%
普惠	1-7、1-9、1-12、1-13、1-14、1-15、1-19、1-20、1-21、1-22、1-23、1-24、2-4、2-5、3-1、4-12、4-15、4-18、4-19、4-20、4-22、6-1、6-4、6-5、6-7、7-1、7-2、7-3、11-1、12-1、12-2、18-1、22-2、23-1、24-3	35	32.71%
综合	1-1、1-2、1-3、1-4、1-5、1-6、1-8、1-17、1-18、2-1、2-2、2-3、2-6、2-7、2-8、2-9、3-2、4-1、4-2、4-3、4-6、4-17、5-1、5-2、5-3、5-4、6-3、6-6、7-4、13-1、15-1、15-2、15-3、15-4、16-1、17-1、17-2、19-1、19-2、20-1、21-1、21-2、22-1	43	40.19%

总的来看，“减排”与“普惠”作用倾向的比重之和与“综合”作用倾向比重接近，较为合理。

具体来说，三类政策作用倾向的使用频率较为平均。具体如图 3-15 所示。

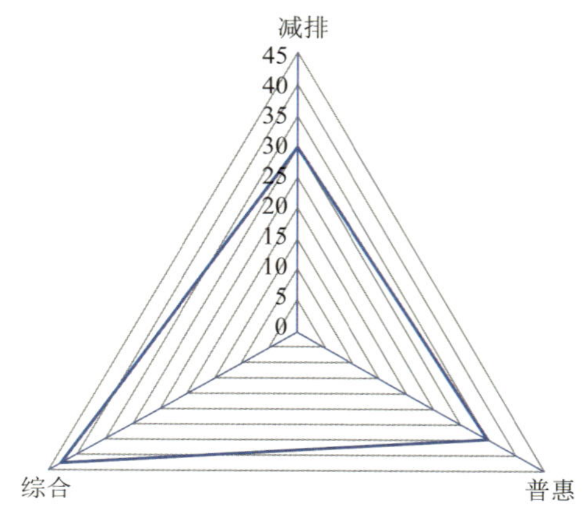

图 3-15 政策作用倾向分布

在三类细分类别中，占比最大的是“综合”类政策倾向，虽然未占到 50%，但也有 40.19%，这表明国家颁布的政策多为“减排”和“普惠”两者兼有的综合性作用倾向，可见国家更重视“减排”加“普惠”的综合性效果。而在单项政策倾向中，“普惠”的比例要高于“减排”，可见各省市更重视普惠方面的工作。虽然这在推行“碳普惠”时是比较合理的选择，但与此同时也不能忽视“减排”。

4. X-Y 维度：政策工具与政策目标维度的协同分析

在上述分析的基础上，本段将政策工具与政策目标维度相结合，进一步分析两个维度之间的协同关系，具体见表 3-11。

表 3-11 政策目标维度上政策工具分布表（X-Y 维度频数分布表）

政策工具类型		防治污染	推动产业升级	提升碳普惠效果	优化能源消费结构	推动技术改造	树立节能降碳理念
供给型	信息支持	0	0	0	0	3	0
	资金投入	0	0	1	0	0	0

续表

政策工具类型		防治污染	推动产业升级	提升碳普惠效果	优化能源消费结构	推动技术改造	树立节能降碳理念
供给型	公共服务	0	7	8	0	1	0
	共计	0	7	9	0	4	0
需求型	政府采购	0	0	0	0	0	0
	外包	0	0	0	0	0	0
	领域联动	0	4	3	0	2	0
	共计	0	4	3	0	2	0
环境型	目标规划	3	8	2	0	1	0
	税收优惠	0	0	0	0	0	0
	金融支持	0	4	1	0	0	0
	法规管制	0	9	6	0	0	0
	公众参与	0	0	4	1	0	11
	策略性措施	0	17	5	0	5	1
	共计	3	38	18	1	6	12

从表 3-11 中可以看出，对于不同的政策目标，政策工具使用情况各有差异。从政策目标维度来看，供给型政策工具中，应用最多的是“提升碳普惠效果”，频数为 9；应用最少的是“防治污染”“优化能源消费结构”和“树立节能降碳理念”。而使用环境型、需求型最多的是“推动产业升级”目标，分别为 38 个和 4 个使用频数；“优化能源消费结构”是使用频率最低的政策目标，为 1 个使用频数。具体见图 3-16。从政策工具维度来看，三种不同类型的政策工具对六大政策目标的应用有很大差别。

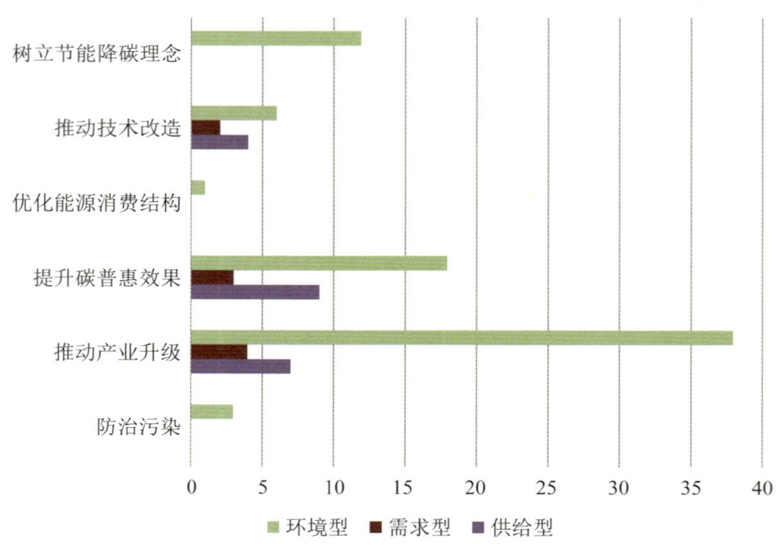

图 3-16 三类政策工具的目标领域频数统计

“防治污染”集中在“目标规划”这一政策工具中；“推动产业升级”重点运用“公共服务”“目标规划”和“策略性措施”等政策工具；“提升碳普惠效果”集中在“法规管制”和“公共服务”等工具；“优化能源消费结构”只集中在“公众参与”这一政策工具；“推进技术改造”侧重于利用“信息支持”和“策略性措施”等政策工具；“树立节能降碳理念”着重于“公众参与”和“策略性措施”的政策工具。

综上所述，一些政策工具的运用是较为合理的，如在产业升级方面注重“公共服务”“目标规划”和“策略性措施”，这可以引导碳普惠产业在宏观和微观两大方面协同发展。此外，在树立碳普惠概念中着重于“公众参与”和“策略性措施”则能够调动起公众的积极性，促使更多人参与到碳普惠工作中来，这也符合“碳普惠”的宗旨：让个人、社会、小微企业受惠。

从数据中还可以看出，“防治污染”与“优化能源消费结构”之中存在明显的不合理现象。各省市过分依靠“目标规划”来实现“防治污染”，使用频数为3，与之匹配的政策编码是【4-9、4-10、4-11】；“优化能源消费结构”目标只集中于“公众参与”，过于单一，使用频数为1，对应的政策编码为【14-2】。

5. X-Z 维度：政策工具与政策作用倾向维度的协同分析

本段将政策工具与政策作用倾向维度相结合，分析各种工具在作用倾向方面的应用情况，具体如表 3-12 所示。

表 3-12 作用倾向维度上政策工具分布表（X-Z 维度频数分布表）

政策工具类型		减排	普惠	综合
供给型	信息支持	0	1	2
	资金投入	0	1	0
	公共服务	1	6	9
	共计	1	8	11
需求型	政府采购	0	0	0
	外包	0	0	0
	领域联动	5	2	2
	共计	5	2	2
环境型	目标规划	5	4	5
	税收优惠	0	0	0
	金融支持	0	4	1
	法规管制	3	2	10
	公众参与	9	4	3
	策略性措施	6	11	11
	共计	18	21	25

基于以上数据可以看出，在三个不同作用倾向上，碳普惠政策工具的使用差异显著。

从供给型、需求型和环境型政策工具三大层面上看，供给型和环境型都有明显的“综合”作用倾向，总频数分别为 11 和 25。“减排”和“普惠”的作用倾向均侧重于环境型的工具，总频数为 18 和 21；而这两个倾向对需求型工具的使用是最少的，频数仅为 5 和 2。具体如图 3-17 所示。

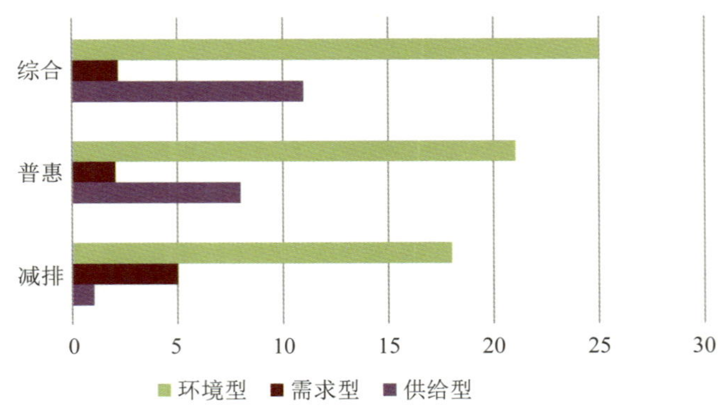

图 3-17 三类政策工具的作用倾向频数分析

从政策工具角度看，“普惠”作用倾向上大多数还是依赖于“公共服务”和“策略性措施”，频数为 6 和 11，对应的政策条款编码为【1-7、1-20、6-1、6-4、23-1、24-3】和【1-9、1-21、2-4、4-15、4-18、6-5、6-7、7-1、11-1、12-1、12-2】。

“减排”作用倾向在“公众参与”和“策略性措施”方面使用较为集中，频数达到 9 和 6，编码是【4-13、4-14、10-3、14-1、14-2、14-3、15-5、16-2、16-3】和【1-10、1-11、4-4、4-8、4-16、12-3】，但在“信息支持”“税收优惠”“金融支持”“资金投入”“政府采购”和“外包”方面有所缺失，使用频数均为 0。

在“综合”作用倾向上，其侧重于“策略性措施”和“法规管制”，使用频数分别是 11 和 10，对应的政策条款编码为【1-5、1-8、2-1、2-2、2-3、7-4、15-2、15-3、15-4、21-2、22-1】和【2-6、2-7、2-8、2-9、4-3、4-6、5-1、5-2、5-3、5-4】。

四、各省市碳普惠政策存在的问题分析

基于第三章所统计的数据，本章将针对各个维度中存在的不平衡与不足进行分析。

1. 政策工具维度：碳普惠政策工具应用存在过溢或过失现象

通过定量分析可以看出，我国碳普惠政策工具明显存在使用不够充分和过度集中的问题。其中最明显的一点是，环境型政策工具的使用比例明显超过了半数，达到了 72.90%。而使用比例最少的需求型政策工具仅为 8.41%。造成我国碳普惠政策不平衡的可能原因主要有以下几个方面：一是我国能源消费结构在很长一段时间内以化石能源为主，其中煤炭占主导地位，较为单一和局限。因此政府营造外围良好的政策环境虽有一定成效，但仍会受限于现有的能源消费模式。二是无法实现多地政府碳普惠平台联动。国内目前全国通用的只有“蚂蚁森林”这类将绿色出行方式转化为绿色积分回馈用户的平台，其他相关商业激励类积分回馈较少。在《中国碳普惠发展与实践案例研究报告》[12] 也可以看出虽然部分地区已经建立了自己的碳普惠平台，但各地政府对于“绿色低碳”行为的量化标准不同，这就导致了市场上的规模效应不能完全体现出来。

2. 政策目标维度：数据样本量不稳定、筛选标准不统一

各省市政府主要通过“推动产业升级”和“提升碳普惠效果”等措施来促进碳普惠市场和行业的发展，但“优化能源消费结构”和“防治污染”方面的不足将会导致碳普惠行业发展期间的基础不牢固，各类碳普惠项目或平台的企业与个人的节能减碳数据样本量不稳定、不足够，进一步导致碳普惠项目运转受阻，致使碳普惠政策无成效。此外，由于各省市对于碳普惠行为的量化与筛选标准也各不相同，这将导致各省市之间的碳普惠数据无法连通且最终汇总全国数据时还需要进一步处理，进而影响总体工作的进程。

3. 政策作用倾向维度：“普惠”“减排”倾向存在失衡

从上文的数据分析可以看出，“普惠”倾向数量大于“减排”倾向，说明各省对碳普惠的发展给予了足够的重视，但要达到“普惠”和“减排”的均衡，还需要在二者之间寻找一个平衡点。因此，有必要加大“减排”在政策作用中的比例，避免一边倒、两极不平衡。相对来说，“综合”倾向的政策数量较为合理，所占比重大致相当于“节能”和“减排”的总和，但要全面实现“双碳”目标，在未来发展过程中仍需不断调整单一政策倾向与综合政策倾向之间的比重，使其

达到一个相对平衡。

4. 政策协同维度：不同政策工具在目标和倾向的应用上存在偏差

在政策工具 - 政策目标维度上，“防治污染”在“信息支持”“资金投入”“领域联动”等众多工具上出现了缺失，“推动产业升级”在“信息支持”“资金投入”“政府采购”“税收优惠”等工具上有不足之处，“优化能源消费结构”只在“公众参与”方面有所应用，“推动技术改造”在需求型和环境型政策工具中都出现了缺失，“树立节能理念”除了“公众参与”和“策略性措施”之外都有所欠缺。在政策工具 - 政策倾向维度上，“减排”在“资金投入”“信息支持”“外包”“金融支持”等方面不够完备；“普惠”在“税收优惠”“政府采购”和“外包”等方面有所欠缺；“综合”在“资金投入”“政府采购”和“税收优惠”等方面都有待健全。

五、我国碳普惠政策发展的对策与建议

1. 完善供给、需求和环境型政策工具的内外部结构

从市场的角度来看，只有在供求关系比较均衡且外部条件比较好的情况下，才能形成一个健康有序的市场。但从上述章节的分析可以看出，当前我国碳普惠政策的供给型政策工具仍多于需求型政策工具，且环境型的数量远大于其他两类。所以，建议各省市后续可以减少环境型政策工具这类间接影响因素，将更多的空间让渡给供给型和需求型工具，尤其是需求型政策工具。

从细分角度来看，三个维度各自内部结构也并不均衡。

在供给型中，“公共服务”类数量最多，其次是“信息支持”，“资金投入”这一类是占比最少的，可见其内部明显存在头重脚轻的现象。因此，建议各省市减少“公共服务”的比重，腾出更多的空间给资金的投入，因为碳普惠还是一个新兴事物，各项技术和服务仍处于发展阶段，其开发研究还需要大量的资金支持，所以建议各省市政府可以加强资金方面的投入，加速碳普惠行业的发展进程。

在需求型内部，三个细分类别所占的政策条例数都不高，其中“领域联动”类所占比重最大，其他两个类别所占比重为0。“碳普惠”作为一种对社会、个人和企业的低碳环保行为进行量化后给予奖励的激励方式，它依赖于各种数据的采集、数据的转换和积分的分配等信息化工作，这对“碳普惠”的应用平台的要求是非常高的，所以建议各省市政府可从以下两个方面展开工作：一是政府可以向一些企业或个人购买技术或软件，而后将其运用到碳普惠领域中，这样一方面可以提高企业的销售利润、提升企业的市场竞争力，另一方面可以起到“示范带动”的作用，吸引更多的市场主体加入到技术研发中来；二是政府也可以有选择地将部分技术研发或碳普惠工作委托给私人公司或研究机构进行专门的技术改造和人员培训，这样既能提高市场的活力，又能加速技术的进步；

在环境型内部，虽然各细分类别基本都有涉及，但“税收优惠”这一类的使用频数仍为0，“金融支持”类占比也较少，最多的是“策略性措施”。鉴于碳普惠政策面向的是个体和小微企业，而小微企业在实施绿色、低碳的生产方式以及技术转型过程中很有可能会出现资金链断裂的问题，所以建议各地政府在未来政策制定的过程中降低宏观层面上的策略性措施，将更多税收优惠与财政支持措施纳入政策中。例如，通过税收减免的手段鼓励小微企业通过“绿色信贷”“碳普惠产业基金”等渠道融资以渡过难关，尽快进入碳普惠的行列之中。

2. 优化碳普惠平台数据样本收集，提升政策效果

从上文的分析可以得出各省市在“优化能源消费结构”和“防治污染”两个方面仍有欠缺。因此，在未来的政策制定中，除了通过“推动产业升级”和“提升碳普惠效果”等措施促进碳普惠，还应该鼓励企业和个人多多践行“绿色低碳”的生产生活方式、多多使用碳普惠平台，从而提高平台的样本数量。此外，还应抓紧统一各省市对于碳普惠行为量化与筛选的口径标准，进一步加快数据的分析处理，进而加速碳普惠的工作进程。

3. 政策作用倾向维度：调整“普惠”“减排”倾向比例

基于上文的分析可以看出，我国碳普惠政策中“普惠”的比重要大于“减排”的比重，这有利于我国尚处于起步阶段的碳普惠产业的发展，但“普惠”也不能忽视“减排”，因此建议各省市政府在对小微企业、社会及个人的绿色、低碳行为进行量化的同时，还要不断激励全社会积极参与节能降碳的工作，积极宣传节能降碳的理念，为实现碳普惠创造良好的基础条件。

4. 政策协同维度：提高政策协同的多样性

本报告从政策目标与政策的作用倾向两个维度探讨了各种政策工具的整合使用情况，并对各维度的碳普惠政策进行了综合评估。研究结果显示，目前碳普惠政策存在政策目标使用的工具过于集中以及作用倾向普遍缺少“税收优惠”“政府采购”和“外包”等问题，因此建议各省市在增加专项资金投入、增添小微企业税收激励政策数量、规范使用统一量化衡量标准以提高市场信息数据流转速度外，还应对碳普惠相关或专项政策的条例内容进行深入分析，匹配合适的政策目标和倾向，提高政策实施效果。

参考文献

[1] United Nations Environment Programme. Emission Gap Report 2022[R]. 2022.

[2] 赵梦霏，冯连勇．个人碳普惠势在必行 [J]. 能源，2021(9): 28-30.

[3] 王继龙，冉霞．促进形成绿色低碳生活方式的市场化新机制——碳普惠在北京市应用的研究 [J]. 节能与环保，2023, 342(1): 26-28.

[4] 刘航．碳普惠制：理论分析、经验借鉴与框架设计 [J]. 中国特色社会主义研究，2018(5): 86-94, 112.

[5] 梁建龙，吴炜，邹新强．碳普惠标准化的路径探索 [J]. 中国标准化，2023, 622(1): 60-64.

[6] 潘晓滨，都博洋．“双碳”目标下我国碳普惠公众参与之法律问题分析 [J]. 环境保护，2021, 49(Z2): 69-73.

[7] 王中航，张敏思，苏畅等．我国碳普惠机制实践经验与发展建议 [J]. 环境保护，2023, 51(4): 55-59.

[8] 高尚．“双碳”视角下我国居民碳普惠：内涵、框架体系与政策建议 [J]. 南华大学学报（社会科学版），2022, 23(3): 37-42.

[9] 刘飞，周飞．个人碳普惠：实践模式、理论溯源及政策思考 [J]. 西南金融，2023, 501(4): 46-56.

[10] 周韦，王鹏．浅析“双碳”背景下的碳普惠制建设 [J]. 节能与环保，2023,

344(3): 30-32.

[11] 王楚君．“双碳”目标下江苏省碳普惠体系探索 [J]. 中国商论 , 2023, 874 (3): 109-111.

[12] 靳国良 . 碳交易机制的普惠制创新 [J]. 全球化 , 2014, 40(11): 45-59, 134.

[13] 潘晓滨 , 都博洋 . 我国碳普惠制度立法及实践现状探究 [J]. 资源节约与环保 , 2021(4): 138-139.

[14] 中国互联网基金会 . 中国碳普惠发展与实践案例研究报告 [R]. 成都 , 2023.

[15] Rothwell R, Zegveld W. Industrial Innovation and Public Policy: Preparing for the 1980s and the 1990s[M]. London: Frances Printer, 1981.

[16] Howlett, Michael, and M. Ramesh. Studying Public Policy: Policy Cycles and Policy Subsystems[M]. Oxford: Oxford University Press, 1995.

[17] 张国兴 , 高秀林 , 汪应洛等 . 中国节能减排政策的测量、协同与演变——基于 1978-2013 年政策数据的研究 [J]. 中国人口·资源与环境 , 2014, 24(12): 62-73.

第四章
行业技术论述

绿色环保型高阻隔塑料包装材料的应用研究

陈凯朗[①]　季宗备　樊建军　张钊明　项坚强

包装材料对商品具有一定保护作用，在一定程度上影响着商品销售及市场流通。本文从高阻隔包装材料分类与发展出发，分析常见的高阻隔塑料包装材料在食品包装、医药卫生等领域中的具体应用，以期为研究绿色环保型高阻隔塑料包装材料提供借鉴。

在商品包装材料中，塑料包装凭借其轻便、美观等优势，以及能够为内容物提供保护作用，易于生产等特性，获得了广大印刷包装厂家的青睐。随着技术水平的不断提高，消费者的需求也进一步提高，这促使塑料包装性能逐步得到改善。如今，塑料包装不仅能满足耐热、防腐抗菌以及保鲜等要求，还具备高阻隔性能，适用于各类商品的外包装材料。塑料包装的阻隔性能指的是包装产品，如包装袋、塑料薄膜以及容器等，阻止热能、气体以及光线从一侧渗透到另一侧的能力。阻气性等都是衡量包材材料质量的重要性能之一[1]。特别是在电子元件、食品及药品的包装中，对阻隔材料的要求尤为严格。不仅需要阻止有机气体、氧气、微生物和水蒸气的渗透，还要有效地阻止光及热能的传递。同时，这些材料必须具备良好的防潮及防污性能，以确保食品或药品的品质不受影响。早期开发的阻隔性材料种类繁多，如乙烯乙烯醇共聚物（EVOH）、聚偏二氯乙烯（PVDC）、聚酰胺（PA）以及聚对苯二甲酸乙二醇酯（PET）等，但大多是单一成分，不仅机械性能欠佳，阻隔性也存在一定局限性，并且难以满足印刷包装的要求，因而在市场上并未得到广泛应用。

①　陈凯朗，金华市伸华包装材料有限公司工程师，研究方向为新型高分子材料应用技术开发。

一、高阻隔包装材料的分类与发展

高阻隔塑料包装材料同时具备高阻渗性、阻氧性和阻水性能，可以用于产品保质及保鲜材料，材料透气性能大多取决于其自身的化学结构及聚集态结构[2]。由相似相容理论可知，非极性高分子材料对非极性气体具有良好的通透性。例如，丙烯（PP）、聚苯乙烯（PS）、聚乙烯（PE）和乙烯 - 醋酸乙烯共聚物（EVA）等材料，都具有良好的透气性能。而聚酰胺（PA）、乙烯 - 乙烯醇共聚物（EVOH）、聚丙烯腈（PAN）、聚偏氯乙烯（PVDC）、聚乙烯醇（PVA）、聚对苯二甲酸乙二醇脂（PET）、聚氯乙烯（PVC）等阻隔性包装材料，都属于极性高分子材料，因而普遍缺乏良好的透气性。

相比传统的单层透气食品包装材料，高阻隔包装材料优势更加显著。有研究数据显示，世界各个国家每年的高阻隔包装膜总量高达 4×10^6 吨以上，其中大约 1.5×10^6 吨为透明类材料，而非透明类阻隔膜则占据了 2.5×10^6 吨。在各类行业中，肉制品行业对高阻隔包装膜的需求最大，主要使用的材料包括铝箔、PVDC、PVA、EVOH 和 PA6。这类材料大多用作包装材料的阻隔层，例如，用于包装火腿片和腊肠片的 PVDC，以及火腿肠外包装的 EVOH。这类材料中，PET/EVOH/PE 和 PP/PA/EVOH/PA/AD/PE 等阻隔性能最佳，可以有效延长肉类产品保质期[3]。近年来，市面上出现的新型氧化物镀膜材料具有出色的综合性能，即常见的透明铝箔，是包装高档食品的主要阻隔材料。随着科技的不断进步，这类材料的需求量也在逐渐上升，未来可能成为包装材料中发展最快的一种。随着大众生活品质的不断提升，消费者对材料的抗菌性、阻隔性、可降解性、保鲜性和耐热性提出了更高的要求，促使高阻隔塑料材料逐渐向绿色环保型发展，从而开发出符合环保要求的高性能高阻隔塑料材料。

二、常见的高阻隔塑料材料

1. 聚偏二氯乙烯（PVDC）

聚偏二氯乙烯（PVDC）薄膜具有良好的阻隔性能，早在 20 世纪 30 年代就开始在防潮包装领域得到应用，主要起到防氧化的作用。在所有塑料包装材料中，PVDC材料的阻隔性能最为出色。此外，由于其无毒性，也符合绿色环保的要求。PVDC分子具有卓越的凝聚力，使其能够快速形成结晶。其中的氯原子具有出色的疏水性能，很难形成氢键。同时，PVDC分子对氧分子及水分子活性具有一定的抑制作用，从而更好地阻隔氧气和水分。这一优势能够确保食品在保质期内不会发生氧化，从而最大限度地延长食品的保质期[4]。

在国内，PVDC材料的应用主要集中在火腿肠的外包装上。这是由于使用PVDC薄膜作为包装材料，可以降低材料成本和能耗，同时减少废弃物的产生，有助于实现绿色环保的理念。目前，这种加工技术已经得到广泛应用，并常见于军需品、食品、药品等行业。国内在生产PVDC树脂方面，大连塑料研究所有限公司、巨化公司和北京化工大学的研究最具突破性[5]。另外，PVDC能够与PE、PET、PP、PA等材料联合使用，提高材料阻隔性能，如阻氧性和阻水性等。当前，全球多家科研机构及生产企业正在研究PVDC与其他树脂材料的复合层压技术，并将其作为主要研究方向。

2. 聚乙烯醇（PVA）

聚乙烯醇（PVA）是一种新型水溶性材料，最早在德国被发现，后来成为众多学者主要的研究内容。聚乙酸乙烯酯（PVAC）经过水解处理后形成。聚乙烯醇（PVA）。起初，PVA为半结晶体，其工艺性能受到水解度、含水量以及分子量等多种因素的影响。与EVOH相似的是，PVA分子链中含有大量极性羟基，这些羟基可以形成氢键，从而提高分子间的相互作用力，加快结晶速度，进而提升材料的阻隔性能。另外，PVA薄膜不但具有良好的隔油和抗腐蚀性能，还具备耐磨和抗静电作用。当PVA薄膜燃烧时，其产物仅为水和二氧化碳，不会产生对环境和人类健康有害的化学物质，从而表现出良好的环保性能。相较于干燥后的PVDC，PVA薄膜的气密性更为优良，它能够渗透水蒸气，但对有机溶剂蒸汽、氢气以及稀有气体的通透性较差。

在发达国家，PVA薄膜主要用于包装矿物添加剂、化肥、洗地机、农药或者清洁剂等产品。在全球范围内，销售PVA薄膜的企业主要包含日本的合成化学公司、美国的 W.T.P 和 C.C.L.P 公司以及法国的 GRENSOL 等。

PVA 材料不仅可以作为玩具或服装等产品的外包装材料，还可以作为阻透层使用，有利于保存档案、食品、文物、香料、化妆品和茶叶等物品。这种材料能够有效阻止氧气渗透到包装内层，从而防止产品氧化变质。同时，PVA 薄膜还能阻隔气体，如香气和二氧化碳气体等，防止产品味道变淡，最大限度地提升产品品质[6]。与此同时，PVA 薄膜能够自行降解，符合环保要求。在中国包装总公司科技部的大力支持下，株州工学院和广东肇庆方兴包装材料公司联合开发出水溶性薄膜，并研制出配套的生产设备。目前已经投产，弥补了我国在这一领域的空白，并逐渐向市场化发展。此外，国内多家研究结构针对 PVA 薄膜的加工工艺及生产设备展开深入研究，并已经获得了一定的成果。目前，仍有部门研究机构针对 PVA 的复合改性、配套生产设备以及加工工艺进行更深入的探究。

3. 聚萘二甲酸乙二醇酯（PEN）

聚萘二甲酸乙二醇酯（PEN）最初在 20 世纪 60 年代被发现，但由于萘二甲酸（NDA）的来源不明确，直至近几年才开始逐渐商业化。它属于功能聚合物材料，具有良好的使用性能。随着 NDA 材料应用领域的不断扩大，PEN 材料也得到了快速发展。PEN 分子结构与 PET 类似，只需将萘环替换 PET 中的苯环，即可形成 PEN。尽管二者的结构相似，但 PEN 的性能优于 PET。这是因为 PET 中的苯环在刚性和共轭性方面均不如 PEN 中的萘环。

近年来，国内对 PEN 材料的研究逐渐深入，但仍处于探索阶段，需要继续努力。仪征化纤股份有限公司对 PEN 的合成生产工艺进行了深入研究，而桂林电科所则将 PEN 的合成工艺作为主要研究课题。然而，国内 PEN 材料的发展受到技术不够成熟的限制。虽然许多研究机构将其作为重点研究对象，但并未获得具有代表性的研究成果。因此，一些企业尝试借助国外的合成技术生产 PEN 原材料。由于 PET 与 PEN 结构具有一定的相似性，一些学者试图通过 PEN 和 PET 的共聚或共混方式来改变这一局面。这不仅能充分利用 PEN 材料的阻隔性能，还能提高其经济价值，因而成为现阶段 PEN 研究的主要方向。当前，国内对

PEN/PET 的共聚研究已经获得了一定的成绩，有学者通过研究发现，增加 PEN 含量，可能导致二者共混后的产物在玻璃化转变过程中的温度上升，并且会降低其熔点。

三、绿色环保型高阻隔塑料包装材料的应用领域

1. 食品包装

食品包装材料应具备良好的阻隔性能，以防食品变质，从而确保食品安全并提升企业经济效益。影响食品存储质量的因素多种多样，而且不同种类的食品所采用的生产模式也存在一定的差异。如果空气、微生物、水蒸气、异味、光线和热能渗透到外包装内部，就可能会导致食品产生化学反应，甚至发霉变质，从而严重危害人体健康。

食品外包装材料的阻隔性能，通常取决于材料本身特性。应用于不同食物类型时，对于阻隔性能的要求也各不相同。在食品包装行业中，高阻隔塑料材料的应用较为广泛，其中 PVDC 薄膜同时兼具阻水性、收缩性和阻氧性，即使经过微波加热也不会受到影响，因而常被用于生产保鲜膜。而 PVDC、HIPS、PE 和 PP 等材料因为具有良好的拉伸性能，主要用于包装果酱及真空奶制品，能满足产品对于容积的要求。另外，EVOH 的阻隔性能较为突出，因而常用于香肠或者牛奶的包装材料。

2. 医药卫生

药品包装是使用合适的容器及材料，通过先进的包装生产工艺，对成品或半成品药品进行包装、分灌及封装的过程。这一过程旨在确保药品品质不受运输等外界因素影响药品品质。作为药品安全的最后一道防线，药品包装材料必须具备出色的机械性能、阻隔性能和加工性能，以满足包装生产工艺的要求，并符合药品安全性标准。无论外表如何变化，材料的阻隔性能式中是评估其质量的重要指标。高性能的包装材料能够确保药品性质不会在保质期内发生改变。随着医药包装行业的发展，高阻隔性包装材料的应用越来越广泛。针对不同药品对包装材料

的不同要求，应选择合适的包装材料。例如，PVC、PVDC和PE材料具有出色的防潮性能，适用于包装易吸潮及易挥发的药品；而EVOH则因其良好的阻氧性能，成为溶剂类药品包装的理想选择。

3. 其他领域

除了在食品和医药领域的应用，高阻隔塑料材料还可以用于电子元件、化学品以及军用品包装。例如，在工业产品、家用产品以及汽车产品的包装中，可以选择腈基树脂。而PVDC则主要用于包装精密仪器、火药以及炸药等敏感材料，以避免受潮影响使用效果。

树脂基复合材料是由树脂经过加工复合而成，具有良好的物理特性。与同类复合材料相比，其热膨胀系数较低，因而广泛应用于航空制造和工业生产过程中。随着生产工艺的不断更新，深加工水平也得到一定的提高，树脂基复合材料逐渐取代国内工业生产中的传统材料。例如，通风管道、医院或教室窗户等各种建筑材料，以及楼梯、门把手、游泳池和栅栏等，经常采用复合材料制作而成，其中玻璃纤维是最常见的材料之一。

PVA塑料薄膜材料是一种新开发的绿色包装材料，主要由聚乙烯醇制成。根据不同的加工和提取工艺，可以生产出不同类型的产品。化学级聚乙烯醇具有明显的致癌作用，能够破坏人体免疫细胞，严重危害人类身体健康。相比之下，医用级PVA则不会对人体产生不良影响。水溶性PVA材料是一种加工工艺较为特殊的材料，不会危害人体健康，是一种理想的绿色环保材料，因而在包装领域中得到了广泛应用，尤其是农业生产过程中，被普遍应用于包装各种农产品。此外，在农药、种子以及添加剂等领域也有所应用。这种材料可以隔绝人体与化工产品的直接接触，保护人体受到危害。在食品行业中，PVA塑料薄膜材料主要用于包装油脂食品的材料，如动物油、矿物油以及植物油等。而在医疗行业中，通常将其用作洗涤包装袋，用于装入污染衣物，并将其投放到洗衣机中，以防直接与污染衣服接触。

四、结语

绿色环保理念已成为包装行业的必然发展趋势。提升包装材料使用性能，可以为生态环保提供重要支持。当前市场上，环保材料种类繁多，包装行业应深入挖掘绿色材料的应用价值，并逐渐取代传统材料，以降低传统材料加工生产期间对环境的影响。在设计包装时，应从宏观角度出发，优化设计理念，并高度重视绿色材料的价值，为建立环保社会提供重要基础。然而，与发达国家相比，我国在绿色环保型高阻隔塑料包装材料方面的研究仍显滞后，产品性能水平有待提高。在产品加工方面，目前仅限于聚偏二氯乙烯（PVDC）或者聚酰胺（PA）材料的研究与应用，而对于 PVA 和 PEN 类型材料的研究几乎为空白，主要依赖进口。此外，食品及药品包装材料的研发尚需深入挖掘，与西方发达国家相比仍存在一定差距。随着环境问题日益严重和资源逐渐枯竭，大众对包装材料的绿色环保性能和阻隔性能给予了高度重视。因此，相关领域应持续开展对这些材料的深入研究，扩大研究范围并加大投入力度，以提高国内科技水平。

参考文献

[1] 寿梦伟 , 王立军 . 淀粉 /PP 基发泡包装材料静态缓冲性能分析 [J]. 塑料 , 2023, 52 (5): 16-21, 26.

[2] 朱欣然 . 浅谈药品包装材料的优化应用及新材料发展趋势 [J]. 中国包装 , 2022, 42(1): 30-34.

[3] 唐赛珍 . 关于我国塑料包装材料环境无害化的思考 [J]. 新材料产业 , 2021(6): 5-9.

[4] 王富玉 , 郭金强 , 张玉霞 , 等 . 塑料包装材料的减量化与单材质化技术 [J]. 中国塑料 , 2021, 35(8): 136-145.

[5] 袁梦杰 . 高阻隔高韧性 PLA/PBF 食品包装复合材料的制备与性能研究 [D]. 郑州 : 郑州大学 , 2021.

[6] 陈联 . 生态理念下的包装设计策略 [J]. 包装工程 , 2023, 44(14): 320-322, 418.

上海市闵行区包装印刷业 VOCs 治理与减排研究

李静 [①]

基于含挥发性有机物（VOCs）原料用量、VOCs 产生量、VOCs 排放量等数据，分析了上海市闵行区包装印刷业 VOCs 排放区域分布情况、原料使用情况、不同印刷工艺和处理工艺下 VOCs 产排污情况，从源头预防、过程控制、末端治理 3 个方面，提出了闵行区包装印刷业 VOCs 治理与减排对策，供业内人士参考。

挥发性有机物（Volatile Organic Compounds,VOCs）是形成 $PM_{2.5}$ 和 O_3 的重要前体物，个别 VOCs 还被列入空气中有毒有害污染物（Hazardous Air Pollutants, HAPs）名单，会对人体健康造成一定的危害。与 SO_2、NO_X、颗粒物的污染控制相比，VOCs 的污染治理相对薄弱，已成为目前我国大气环境治理的短板 [1]。VOCs 的来源主要分为天然源和人为源。天然源是指森林、草原、海洋等植物排放；人为源又可分为工业源、移动源和生活源等，其中工业源排放量占比最大 [2]。本文选取 VOCs 排放量和企业数量均排名第一的包装印刷业展开研究，期望通过分析上海市闵行区包装印刷业原料使用情况、污染治理情况、产排污情况，挖掘闵行区 VOCs 总量减排潜力，为实现 VOCs 持续减排提出有效建议。

① 李静，女，上海市闵行区辐射与固体废物监督管理站助理工程师，研究方向为环境管理。

一、数据来源

包装印刷业的主要数据包括原料用量、VOCs 产污系数、VOCs 去除效率、VOCs 产生量、VOCs 排放量等，数据均来源于第二次全国污染源普查数据。

二、结果与分析

1. 包装印刷业 VOCs 排放区域分布情况

上海市闵行区包装印刷业 VOCs 排放总量约 1 800 吨，由图 4-1 可知，包装印刷业 VOCs 污染源一半以上集中分布在莘庄工业区、梅陇镇（吴泾工业基地）两个区域，莘庄工业区、梅陇镇两个区域的包装印刷业 VOCs 排放量占全区 90% 以上。

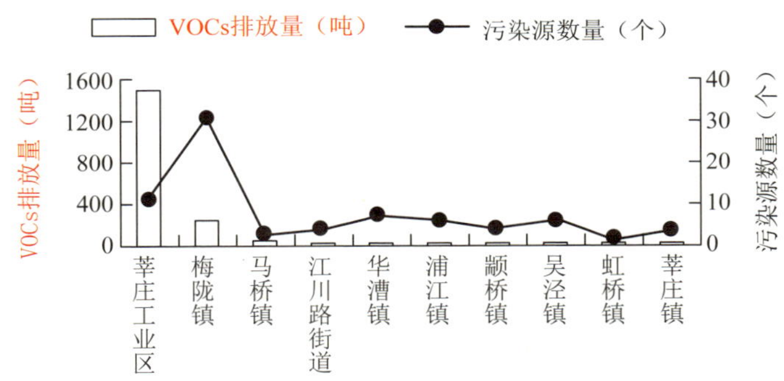

图 4-1　上海市闵行区包装印刷业 VOCs 排放区域分布

2. 包装印刷业含 VOCs 原料使用情况

包装印刷业 VOCs 排放主要集中在印刷、烘干、复合和清洗等生产工艺过程中，主要来源于油墨、稀释剂、润版液、胶黏剂、涂料、光油、清洗剂等含 VOCs 原辅材料的自然挥发和烘干挥发[3]。由表 4-1 可知，上海市闵行区包装印刷业约 99% 的 VOCs 产生于稀释剂、溶剂型油墨、溶剂型覆膜胶、溶剂型油墨清洗剂、溶剂型上光油、溶剂型涂布液、溶剂型润版液、溶剂型胶黏剂等，相比之下，水性油墨、UV 油墨、植物大豆油油墨、水性覆膜胶、水性油墨清洗剂、水性上光油、UV 上光油、水性涂布液、无醇润版液、水性胶黏剂等只产生少量的 VOCs。

表 4-1　上海市闵行区包装印刷业部分含 VOCs 原料使用情况

原料名称	VOCs 产污系数 /%	原料用量 / 吨	VOCs 产生量 / 吨
稀释剂	100	2 859.06	2 859.06
溶剂型凹版油墨	65	1 577.11	1 025.12
溶剂型凸版油墨	60	195.03	117.02
溶剂型平版油墨	60	15.81	9.49
溶剂型孔版油墨	45	0.17	0.07
溶剂型覆膜胶	37	1 575.78	583.04
油墨清洗剂（溶剂型）	95	1 197.30	1 137.44
上光油（溶剂型）	60	53.72	32.23
涂布液（溶剂型）	40	49.69	19.88
润版液（普通型）	20	9.45	1.89
胶黏剂（溶剂型）	30	1.80	0.54
水性凸版油墨	4.7	288.61	13.56
水性平版油墨	1.3	51.81	0.67
水性凹版油墨	11.4	3.04	0.35
UV 油墨	1.9	79.98	1.52
植物大豆平版油墨	1.4	136.13	1.91
水性覆膜胶	3.2	85.48	2.74
油墨清洗剂（水基型）	12	36.75	4.41
上光油（水性）	2.5	362.65	9.07
上光油（UV）	4.3	79.67	3.43
涂布液（水性）	2.5	3.15	0.08
润版液（无醇）	7.9	19.55	1.54
胶黏剂（水性）	1.3	890.55	11.58

3. 不同印刷工艺下 VOCs 产排污情况

上海市闵行区包装印刷业印刷工艺主要为凹版印刷、平版（胶印）印刷、凸版（柔版）印刷、孔版（丝网）印刷、数字印刷、印后整理等。由图 4-2 可知，凹版印刷工艺 VOCs 排放量最高，占比 74.58%，对闵行区包装印刷业 VOCs 排放量影响最大，印后整理次之。

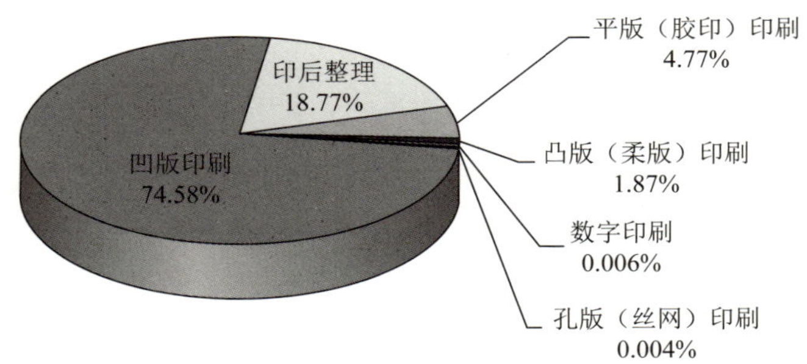

图 4–2　上海市闵行区包装印刷业不同印刷工艺下 VOCs 产排污情况

4. 不同处理工艺下 VOCs 产排污情况

上海市闵行区包装印刷业采用集气罩收集方式的企业超过 60%，由表 4–2 可知，全部密闭—蓄热式热力燃烧法处理工艺 VOCs 去除效率最高，其次为全部密闭 – 催化燃烧法，50% 以上的 VOCs 产生量采用全部密闭—冷凝法，VOCs 去除效率仅有 62%。

表 4–2　上海市闵行区包装印刷业不同处理工艺下 VOCs 产排污情况

VOCs 处理工艺名称	VOCs 去除效率 /%	VOCs 产生量 / 吨	VOCs 排放量 / 吨
全部密闭 – 蓄热式热力燃烧法	89	2 054.85	226.03
全部密闭 – 催化燃烧法	81	59.34	11.27
全部密闭 – 冷凝法	62	3 355.35	1 275.03
全部密闭 – 低温等离子体	37	28.31	17.83
全部密闭 – 光催化	16	5.20	4.36
全部密闭 – 活性炭法	14	7.91	6.80
外部集气罩 – 吸附 / 催化燃烧法	34	1.94	1.28
外部集气罩 – 冷凝法	26	6.00	4.44
外部集气罩 – 低温等离子体	16	224.42	188.52
外部集气罩 – 光催化	7	2.14	2.00
外部集气罩 – 光解	7	0.10	0.09
外部集气罩 – 活性炭法	6	72.97	68.64

三、上海市闵行区包装印刷业 VOCs 治理与减排对策

上海市闵行区包装印刷业 VOCs 治理与减排可通过源头预防、过程控制、末端治理 3 种途径来实现。

（1）源头预防。严格建设项目环境准入，严格限制包装印刷业高 VOCs 排放建设项目，将使用溶剂型 VOCs 原料的包装印刷业建设项目列为严格准入的范围 [4]。上海市闵行区包装印刷业 VOCs 排放主要集中在莘庄工业区和梅陇镇，应严格控制这两个区域的高 VOCs 排放建设项目；深化产业结构调整，进一步淘汰工业产值低、污染排放严重、难以治理的企业；选用绿色环保印刷设备，通过采用新的干燥方式，解决传统 UV 油墨在凹版印刷机上的应用，实现凹版印刷 VOCs 零排放，进一步开拓高端市场 [5]。闵行区包装印刷业 VOCs 主要来源于凹版印刷工艺，选用 VOCs 零排放凹版印刷设备，将大幅削减 VOCs 排放总量；对含 VOCs 原料实施源头替代，使用低（无）VOCs 含量原料替代溶剂型涂料、油墨、胶黏剂、清洗剂等有机溶剂，倡导绿色包装，从源头减少 VOCs 产生 [6]。闵行区包装印刷业 VOCs 主要产生于溶剂型有机溶剂的使用，实施源头替代后，将大幅减少 VOCs 的产生。

（2）过程控制。针对现有生产过程中产生 VOCs 的环节进行改造，提高各环节的密闭性，将含 VOCs 的原料密闭储存，对调配、使用、回收含 VOCs 原料环节采取车间环境密闭负压改造或安装高效集气装置措施，对有机溶剂输送采取密闭管道或密闭容器措施，在烘干环节采取循环风烘干技术，对废水站进行加盖密闭处理等，减少无组织排放 [7]。闵行区包装印刷业大多数企业采用集气罩收集方式，若用密闭管道、密闭负压改造等措施替代集气罩收集方式，可进一步提高废气收集效率，减少 VOCs 排放。

（3）末端治理。采用物理或化学方法对生产过程排放的 VOCs 进行收集、治理，VOCs 末端治理技术主要分为回收和氧化分解两大类，回收技术是通过物理的方法将含 VOCs 的废气通过特有装置将其各组分进行分离，以起到净化的作用，如冷凝、膜分离、吸收、吸附等；氧化分解技术是通过化学的方法将 VOCs

降解为无毒、无味的气体，是一种破坏性的方法，如催化氧化、热氧化、光氧化、生物降解等[8]。不同的治理技术对应的处理效率差异较大。例如，蓄热式催化燃烧技术（RCO）或蓄热式热力燃烧技术（RTO）等燃烧技术的处理效率可以达到 97% 以上，而低温等离子体、光催化、光解、臭氧氧化等技术的处理效率一般在 10% 左右，上海市闵行区包装印刷业 VOCs 减排治理应重点关注现有冷凝技术，逐步升级为催化燃烧或蓄热式热力燃烧技术，将大幅削减 VOCs 排放总量，实现 VOCs 排放量的减排目标。

四、结语

目前，工业源 VOCs 治理已成为大气污染防治工作的重点和难点，上海市闵行区要做好工业源 VOCs 精准治理工作，确保大气环境质量全面达标，切实改善环境空气质量，必须抓好包装印刷业这一 VOCs 高排放行业的污染治理，从源头预防、过程控制和末端治理 3 个途径入手，优先考虑使用低（无）VOCs 含量原辅材料，采用密闭管道、密闭负压等集气措施，加强 VOCs 无组织排放控制，推广使用沸石转轮吸附和蓄热燃烧等高效治理技术，进一步提高 VOCs 的治理效果，为实现 VOCs 排放量持续下降，全面推进绿色高质量发展，深入打好“蓝天保卫战”保驾护航。

参考文献

[1] 张琰 , 李好管 . 挥发性有机物 (VOCs) 治理 : 技术进展及政策研究 [J]. 煤化工 , 2022, 50(6): 1-10.

[2] 杨亚美 . 中国西部某工业城市 VOCs 污染成因及减排对策和建议 [D]. 兰州 : 兰州大学 , 2021.

[3] 李建军 . 包装印刷行业 VOCs 管控政策与治理技术 [C]//2017 第十八届中国辐射固化年会论文报告集 . 北京：中国感光学会辐射固化专业委员会，2017: 9.

[4] 何校初 . “十三五”包装印刷业 VOCs 管控与减排探讨 [J]. 印刷技术 , 2018(8): 37-38.

[5] 田红旗 . 印刷行业 VOCs 零排放技术缘何遇冷 [J]. 中国经济周刊 , 2017(33): 56-57.

[6] 陈宝华．“十四五”时期广东省工业源挥发性有机物精准治理的路径探析 [J]. 中国资源综合利用 , 2022, 40(12): 126-129.

[7] 窦德星 , 于宏兵 , 张艳芳 , 等．包装印刷业 VOCs 污染特征分析 [J]. 化工环保 , 2019, 39(3): 342-348.

[8] 修光利 , 吴应 , 王芳芳 , 等．我国固定源挥发性有机物污染管控的现状与挑战 [J]. 环境科学研究 , 2020, 33(9): 2048-2060.

循环经济中纸和纸板的化学安全性研究

李洁君[①]　李海燕　石鎏杰

将使用过的食品包装回收处理为新的食品包装时，需要重点关注过程中的安全问题。使用可回收食品包装不仅增加了污染源产生的概率，而且通常会增加可能从包装迁移到食品中的化学物质的数量和程度，从而可能影响人类健康。本文概述了纸和纸板回收处理中产生的污染物，总结了减少迁移的方法，以期对相关课题的研究具有一定的参考价值。

纸和纸板主要用于干燥食品的包装和二次包装。此外，有涂层或蜡层的纸和纸板的应用已经扩展到湿和油腻食品类型的包装和供应。自 1960 年以来，越来越多的纸和纸板被许多国家回收处理并制成新的纤维产品。回收材料通常比由新鲜纤维制成的纸和纸板更受消费者青睐，因为回收可以减少浪费并节省原材料和能源。为了成功回收，世界上很多地区已经建立了纸和纸板的单独收集系统，以防食物垃圾造成的污染。然而，与某些类型的塑料相比，纸和纸板在回收前被分成食品级和非食品级的情况并不常见。再生纸和纸板的生产类似于原生纤维的生产过程，但需要额外的步骤：将回收的纸和纸板分离成规定的技术等级；与水混合制成纸浆；去除钉书钉、纺织品和胶带等非纤维部分；将纸浆注入分散机中研磨；在鼓式过滤器或螺旋提取器中去除水；通过化学、热处理 / 机械处理清洁纤维；进行漂白和脱墨处理以优化最终产品的外观；将缠结的纤维与新鲜纤维混合以保持质量，并在生产最终材料的纸（板）机器上进行加工。

在上述加工步骤中可以看出，各种来源的化学物质通常存在于废纸中，最终

① 李洁君，女，上海市质量监督检验技术研究院高级工程师，研究方向为食品包装材料检测。

会被带入再生产品中。这些化学物质包括在生产过程中被引入并通常保留在纸制品中的添加剂中，如填料、助留剂、施胶剂、杀菌剂、合成黏合剂以及涂料等。此外，纸张通常要经过印刷、染色、胶合、标记等工艺，导致水纸中存在印刷油墨、黏合剂、光引发剂、溶剂、增塑剂、表面活性剂和颜料等物质。由于纸张和纸板容易吸收化学物质，在使用或废物管理过程中可能会引入污染物。用作初级或次级食品包装的再生纸和纸板通常由相当不确定来源的材料制成。

一、纸和纸板中的污染物

Pivnenko 和 Bossuyt 等 [1-2] 分别汇编列出了 9000 多种和 6000 多种专门的化合物，这些化合物可能用于（印刷）纸和纸板，并可能被带入再生材料中，从而表明再生纸和纸板可能发生的化学迁移的程度和多样性。到目前为止，这些化合物中的数百种化学物质已在由再生纸和纸板制成的包装中和在相应的包装食品中进行了测定。在食品包装用再生纸板中，已被确定的可能与健康相关的成分有 250 多种 [3]，而完全鉴定和毒理学评估被认为是不现实的 [4]。

2016 年，Vápenka 等 [5] 在捷克市场的 132 个纸质食品包装样品中发现了 101 种化学物质。在这项研究中，比较了再生纤维的质量分数低于 10% 和高于 90% 的普通纸中 10 种典型污染物的质量分数，即蒽醌、双酚 A、4- 甲基二苯甲酮、二苯甲酮、邻苯二甲酸二丁酯、邻苯二甲酸二（2- 乙基）己酯、邻苯二甲酸二异癸酯、邻苯二甲酸二异壬酯和两种二异丙基萘异构体。除蒽醌外，在质量分数大于 90% 的再生纸浆的样品中，所有污染物质量浓度均显著升高，该研究为再生纸和纸板包装中典型污染物含量升高提供了证据，如表 4-3 所示。

表 4-3　纸和纸板中典型污染物的来源和示例

典型污染物	可能的来源	示例
矿物油碳氢化合物	矿物油基印刷油墨、黏合剂、蜡和加工助剂	矿物油饱和烃、矿物油芳烃
双酚	热敏纸收据、油墨和胶水	双酚 A 和双酚 S

续表

典型污染物	可能的来源	示例
邻苯二甲酸酯	油墨、油漆、黏合剂	邻苯二甲酸二(2-乙基)己酯、邻苯二甲酸二丁酯、邻苯二甲酸二异丁酯、邻苯二甲酸苄丁酯、邻苯二甲酸二乙酯、邻苯二甲酸二异癸酯、邻苯二甲酸二异壬酯
二异丙基萘	无碳复写纸	2,6-二异丙基萘、2,7-二异丙基萘
光引发剂	紫外固化油墨	二苯甲酮、4-甲基二苯甲酮、1-苯甲酰苯甲酸甲酯、异丙基噻吨酮异构体
无机元素	油漆、颜料	—
其他污染物	非食品级纸和纸板的回收物、加工助剂、反应产物、各种添加剂	2-苯基苯酚
		菲、芘、蒽、芴

（一）矿物油碳氢化合物

近年来，人们特别重视纸和纸板中矿物油碳氢化合物的迁移[6]。矿物油碳氢化合物通常由矿物油饱和烃和矿物油芳烃的高度复杂混合物组成[7]。这些化学物质在许多由再生纸和纸板制成的食品接触材料以及包装食品中经常被检测到，并且浓度很高[8-10]。使用矿物油基油墨印刷的报纸的回收已被确定为矿物油碳氢化合物的最重要来源[11]，但黏合剂、蜡、助剂和其他未知来源可能会进一步加重再生纸和纸板中的矿物油碳氢化合物污染[12]。张宜彩等[13]利用气相色谱——氢火焰离子化检测法和气相色谱——质谱法研究了快餐包装纸中矿物油向固体食品模拟物的迁移，但并未建立相应的迁移模型。

（二）双酚

研究表明，双酚存在于再生纸和纸板中，证实了双酚通过纸张回收传播[14-15]。例如，对来自不同生活垃圾的 15 种纸张进行分析，分别在 100% 和 73% 的样本中检测到双酚 A 及其结构相似的替代双酚 S[16]。这两种化学品在热敏纸收据中的浓度最高，因为其中许多含有未结合的双酚 A 和双酚 S。回收系统中双酚 A 的其他来源是涂布在纸制品中的油墨和胶水[17]。刘丽艳等[18]采用超声提取法对纸制品中双酚 A 进行提取，使用反向色谱柱，以甲醇—水（50%+50%）为流动相，用二极管阵列检测器进行检测。

（三）邻苯二甲酸酯

通常可以从由再生纸和纸板制成的食品包装中测出邻苯二甲酸盐，回收纸浆中邻苯二甲酸酯的典型来源是油墨、油漆和黏合剂[19-20]。除此以外，邻苯二甲酸二（2- 乙基）己酯、邻苯二甲酸二丁酯、邻苯二甲酸二异丁酯、邻苯二甲酸苄丁酯经常在再生纸和纸板样品中被发现，它们的迁移会影响食品中的邻苯二甲酸盐含量[21-29]。

（四）二异丙基萘

近几年的迁移研究表明，再生纸和纸板包装中的二异丙基萘迁移仍然很常见[30-32]。二异丙基萘的混合物用作无碳复写纸的溶剂，替代了以前使用的多氯联苯。因此，办公用纸在食品包装中的回收利用是包装和包装食品中频繁检测到二异丙基萘的主要原因。中国出入境的行业标准采用气相色谱—质谱法对食品接触材料纸和纸板进行二异丙基萘测定[33]。

（五）光引发剂

光引发剂是一类能在紫外光区或可见光区吸收一定波长的能量，产生自由基、阳离子等，从而引发油墨中的单体组分发生聚合、交联、固化的化合物，是紫外固化油墨中不可替代的成分[34]。原本通过印刷过程可将其消除，但由于反应不完全，光引发剂仍有残留。Aparicio 等[35]报道了从食品包装中迁移的 20 多种不同的光引发剂，其中二苯甲酮和 4- 甲基二苯甲酮在再生纸和纸板中最为常见[36]。8 种光引发剂从纸板包装转移到不同的食品类型中，从而转移了包装中测量总量的 24%[37]。

（六）无机元素

油漆和颜料已被确定为纸张和纸板中无机污染物的主要来源[38]。由新鲜纤维制成的食品包装所含铝、铜、钼、钡和铅的浓度低于再生纸和纸板[39]。回收瓦楞纸板样品中含有重金属铅、镉、锌和铜。Parry 等[40]的研究表明，从 10 个再生纸和纸板样品中迁移到食品中的锌和铁含量很低。Castle 等[41]在选定用于食品接触的纸和纸板材料中测量了镉、铬和铅，但没有说明再生材料的含量。2018 年，赵冉等[42]在山西省 11 个地市的超市、便利店、专营店以及农贸市场共采集 112 份纸杯、纸盒、纸碗、纸桶、纸盘、纸袋和一次性餐纸等纸质食品包装材料样品，铬和铅的检出率均为 100%，其余砷、镉、锑、汞的检出率分别为 60.7%、79.5%、11.6% 和 33.9%。2015—2019 年，罗娜等[43]对辽宁省鞍山市 6 类食品及食品接触用纸的 410 份样品中铅、镉、总砷和总汞 4 种重金属进行检测，结果铅、镉、总砷和总汞的检出率分别为 91.0%、86.8%、59.0% 和 39.3%，合格率分别为 97.6%、98.8%、99.3% 和 100.0%。

（七）其他污染物

Votavova 等[44]在 23 份食品包装用纸材样品中检测到 20 份样品中有 2- 苯基苯酚，其可用作抗菌剂、杀菌剂、表面消毒剂以及颜料和橡胶添加剂的原料，与再生纸浆中的含量相关，菲也是一种多环芳烃，通常存在于印报油墨的黑色颜料中，在所有回收纸板制成的样品中都能检测到，在这项研究中，在常规测量回收材料中的芘时，偶尔发现蒽和芴。

全氟烷基物质是一组持久性化学物质，可使纸和纸板具有不黏性、拒油性和拒水性，已在纸和纸板食品包装中测得[45-46]，但目前尚不清楚回收利用是否提高纸张和纸板中全氟烷基物质的含量。

二、减少纸和纸板中污染物的迁移的方法

纸和纸板中污染物的频繁检出引发了关于更安全解决方案的讨论。技术和监管方面的改进已经实现，但问题尚未普遍得到解决。大多数纸张和纸板的回收过程包括脱墨步骤，将印刷油墨从纸纤维中分离出来，并将它们从纸浆中去除。尽管脱墨显著降低了某些污染物的含量，但不足以保证再生纸和纸板的化学安全性[47]。用植物基油墨等完全替代矿物油印刷油墨可能最终会降低再生纸和纸板中的矿物油碳氢化合物含量。但是，这种解决方案并不能快速解决迁移问题，从长远来看，只会减少矿物油碳氢化合物的含量。为了避免对再生纸和纸板进行广泛的分析和毒理学测试，替代技术旨在最大限度地减少迁移。这可以通过使用内袋、在包装的内表面施加阻隔层或在纸板中加入吸附剂来实现。内袋功效的测试结果表明，纸袋或聚烯烃袋几乎不能减少迁移，而塑料多层能有效减少迁移[48]。

三、结语

目前，对于分析已知的纸和纸板中污染物较为容易，但由于缺乏参考标准，对于未知的纸和纸板中污染物存在较多困难。尽管脱墨显著降低了某些污染物的含量，但不足以保证再生纸和纸板的化学安全性。对纸和纸板中化合物分析研究仍需进一步深入和拓展，以便为后续制定污染限值以及科学评估对人体健康的影响提供依据。

参考文献

[1] PIVNENKO K, ERIKSSON E, ASTRUP T F. Waste paper for recycling: overview and identification of potentially critical substances[J]. Waste Management, 2015, 45(11): 134-142.

[2] BOSSUYT M, HOECK E, HAECKE T, et al. Printed paper and board food contact materials as a potential source of food contamination[J]. Regulatory Toxicology and Pharmacology, 2016, 81(11): 10-19.

[3] 张雪，张红杰，程芸，等 . 纸基包装材料的研究进展、应用现状及展望 [J]. 中国

造纸 , 2020, 39(11): 53-69.

[4] 杜威 , 许燕君 , 张奇 , 等 . 纸质食品包装产品的风险分析及质量控制 [J]. 食品安全导刊 , 2019(15): 109-113.

[5] VAPENKA L, VAROUS A, VOTAVOVA L, et al. Contaminants in the paper-based food packaging materials used in the Czech Republic[J]. Journal of Food and Nutrition Research, 2016, 55(4): 361-373.

[6] 王鸿远 , 孙彬青 , 李志礼 , 等 . 食品接触纸制品中的有害物分析及迁移研究进展 [J]. 天津造纸 , 2021, 43(1): 6-11.

[7] 李冰宁 , 刘玲玲 , 杨梦奇 , 等 . 2 种方法检测食品模拟物中矿物油含量的比较研究 [J]. 食品安全质量检测学报 , 2021, 12(10): 3894-3901.

[8] LORENZINI R, BIEDERMANN M, GROB K, et al. Migration kinetics of mineral oil hydrocarbons from recycled paperboard to dry food monitoring of two real cases[J]. Food Additives&Contaminants, 2013, 30(4): 760-770.

[9] LORENZINI R, FISELIER K, BIEDERMANN M, et al. Saturated and aromatic mineral oil hydrocarbons from paperboard food packaging: estimation of long-term migration from contents in the paperboard and data on boxes from the market[J]. Food Additives & Contaminants, 2010, 27(12): 1765-1774.

[10] VOLLMER A, BIEDERMANN M, GRUNDBOCK F, et al. Migration of mineral oil from printed paperboard into dry foods: survey of the German market[J]. European Food Research and Technology, 2011, 232(1): 175-182.

[11] BIEDERMANN M, GROB K. Is recycled newspaper suitable for food contact materials?Technical grade mineral oils from printing inks[J]. European Food Research and Technology, 2010, 230(5): 785-796.

[12] 朱丽娴 , 林勤保 , 陈胜 , 等 . 再生纸与原纸中矿物油成分的 LC-GC-MS 检测及鉴别 [J]. 分析测试学报 , 2020, 39(5): 569-576.

[13] 张宜彩 , 林勤保 , 王亮 , 等 . 快餐包装纸中矿物油向固体食品模拟物的迁移 [J]. 食品科学 , 2021, 42(14): 286-292.

[14] LIAO C, KANNAN K. Widespread occurrence of bisphenol A in paper and paper products: implications for human exposure[J]. Environmental Science and Technology, 2011, 45(21): 9372-9379.

[15] PEREZ-PALACIOS D, FERNANDEZ-RECIO MÁ, MORETA C, et al. Determination of bisphenol-type endocrine disrupting compounds in food-contact recycled-paper materials by focused ultrasonic solid-liquid extraction and ultra performance liquid chromatography-high resolution mass spectrometry[J]. Talanta, 2012, 99(9): 167-174.

[16] PIVENKO K, PEDERSEN G A, ERIKSSON E, et al. Bisphenol A and its structural analogues in household waste paper[J]. Waste Management, 2015, 44(1): 39-47.

[17] PIVNENKO K, OLSSON M E, GOTZE R, et al. Quantification of chemical contaminants in the paper and board fractions of municipal solid waste[J]. Waste Management, 2016, 51(2): 43-54.

[18] 刘丽艳，白洁，王亚文，等．高效液相色谱法测定厨房用纸中双酚 S[J]. 理化检验—化学分册，2019, 55(5): 584-590.

[19] FIERENS T, SERVAES K, HOLDERBEKE M, et al. Analysis of phthalates in food products and packaging materials sold on the Belgian market[J]. Food And Chemical Toxicology, 2012, 50(7): 2575-2583.

[20] POCAS M F, OLIVEIRA J C, PEREIRA J R, et al. Consumer exposure to phthalates from paper packaging: an integrated approach[J]. Food Additive and Contaminants A, 2010, 27(10): 1451-1459.

[21] SUCIU N A, TIBERTO F, VASILEIADIS S, et al. Recycled paper-paperboard for food contact materials: contaminants suspected and migration into foods and food stimulant[J]. Food Chemistry, 2013, 141(4): 4146-4151.

[22] AHMADKHANIHA R, RASTKARI N. Identification of suspected hazardous chemical contaminants in recycled pastry packaging[J]. Acta Science Polymer Technology Aliment, 2017, 16(1): 33-41.

[23] BONONI M, TATRO F. Identification of diisobutyl phthalate(DIBP)suspected as possible contaminant in recycled cellulose for take-away pizza boxes[J]. Packaging Technology and Science, 2009, 22(1): 53-58.

[24] BRADLEY E L, BURDEN R A, LEON I, et al. Determination of phthalate diesters in foods[J]. Food Additive and Contaminants A, 2013, 30(4): 722-734.

[25] GARTNER S, BALSKI M, KOCH M, et al. Analysis and migration of phthalates in infant food packed in recycled paperboard[J]. Journal of Agricultural and Food

Chemistry, 2009, 57(22): 10675-10681.

[26] GIANNETTI V, BOCCACCI M M, MANNINO P. Monitoring of contaminants in recycled paperboard for food contact applications[J]. Journal of science of food agriculture, 2017, 97(7): 2191-2198.

[27] POCAS M F, OLIVEIRA J C, PEREIRA J R, et al. Consumer exposure to phthalates from paper packaging: an integrated approach[J]. Food Additive and Contaminants A, 2010, 27(10): 1451-1459.

[28] SUMMERFIELD W, COOPER I. Investigation of migration from paper and board into food-development of methods for rapid testing[J]. Food Additive and Contaminants A, 2001, 18(1): 77-88.

[29] VAVROUS A, VAPENKA L, SOSNOVCOVA J, et al. Method for analysis of 68 organic contaminants in food contact paper using gas and liquid chromatography coupled with tandem mass spectrometry[J]. Food Control, 2016, 60(1): 221-229.

[30] MARIANI M B, CHIACCHIERINI E, GESUMUNDO C. Potential migration of diisopropyl naphthalenes from recycled paperboard packaging into dry foods[J]. Food Additive and Contaminants A, 1999, 16(5): 207-213.

[31] STURARO A, RELLA R, PARVOLI G, et al. Contamination of dry foods with trimethyldiphenylmethanes by migration from recycled paper and board packaging[J]. Food Additive and Contaminants A, 2006, 23(4): 431-436.

[32] ZHANG K, NOONAN G O, BEGLEY T H. Determination of 2, 6-diisopropylnaphthalene(DIPN)and n-dibutylphthalate(DBP)in food and paper packaging materials from US marketplaces[J]. Food Additive and Contaminants A, 2008, 25(11): 1416-1423.

[33] 中华人民共和国国家质量监督检验检疫总局 . 出口食品接触材料纸和纸板二异丙基萘 (DIPN) 测定气相色谱—质谱法 : SN/T 2831-2011[S]. 北京 : 中国标准出版社 , 2011.

[34] 武青青 , 沈虎峻 , 邓明森 . 可见光引发剂研究进展 [J]. 涂料工业 , 2020, 50(8): 71-80.

[35] APARICIO J L, ELIZALDE M. Migration of photoinitiators in food packaging: a review[J]. Packaging Technology and Science, 2015, 28(3): 181-203.

[36] ANDERSON W A C, CASTLE L. Benzophenone in cartonboard packaging materials and the factors that influence its migration into food[J]. Food Additive and Contaminants A, 2003, 20(6): 607-618.

[37] CASTLE L, DAMANT A P, HONEYBONE C A, et al. Migration studies from paper and board food packaging materials. 2. Survey for residues of dialkylamino benzophenone UV-cure ink photoinitiators[J]. Food Additive and Contaminants A, 1997, 14(1): 45-52.

[38] MERTOGLU E G. The effect of colorants on the content of heavy metals in recycled corrugated board papers[J]. Bioresources, 2017, 12(2): 2690-2698.

[39] VAPENKA L, VAVROUS A, VOTAVOVA L, et al. Contaminants in the paper-based food packaging materials used in the Czech Republic[J]. Journal of Food and Nutrition Research, 2016, 55(4): 361-373.

[40] PARRY S J, ASTON D S J. Migration of inorganic contaminants into dry food from packaging made from recycled paper and board[J]. Food Additive and Contaminants A, 2004, 21(5): 506-511.

[41] CASTLE L, OFFEN C P, BAXTER M J, et al. Migration studies from paper and board food packaging materials. 1. Compositional analysis[J]. Food Additive and Contaminants, 1997, 14(1): 35-44.

[42] 赵冉，王莉．2018 年山西省纸质食品包装材料中重金属的污染调查 [J]. 实用医技杂志，2020, 27(3): 321-322.

[43] 罗娜，甘宁．2015—2019 年鞍山市售 6 种食品及食品接触用纸中重金属污染状况 [J]. 中国卫生工程学，2020, 19(6): 836-843.

[44] VOTAVOVA L, HAUSOVA K, VAPENKA L, et al. Occurrence of 2-phenylphenol in food paper packages[J]. Central European Journal of Chemistry, 2014, 12(11): 1162-1168.

[45] BEGLEY T H, HSU W, NOONAN G, et al. Migration of fluorochemical paper additives from food-contact paper into foods and food stimulants[J]. Food Additive and Contaminants A, 2008, 25(3): 384-390.

[46] TRIER X, GRANBY K, CHRISTENSEN J H. Polyfluorinated surfactants(PFS)in paper and board coating for food packaging[J]. Environmental Science and Pollution Research, 2011, 18(1): 1108-1120.

[47] JAMNICKI S, HANDKE T, HARTING M, et al. Deinking possibilities in the reduction of mineral oil hydrocarbons from recovered paper grades[J]. Cellulose Chemistry and Technology, 2015, 49(7-8): 677-684.

[48] RICHTER L, BIEDERMANN B S, SIMAT T J, et al. Internal bags with barrier layers for foods packed in recycled paperboard: recent progress[J]. European Food Research Technology, 2014, 239(2): 215-225.

智能发光包装的原理、技术及应用

廉吉庆[①]

智能发光包装是一种新型的包装，具有智能化和交互性的特点。它不仅保护产品，还能满足消费者更高的期望，如环境变化检测、图案显示、音乐特效照明等功能。特别是在食品和医药领域，这种包装具有显著优势。本文从概念与分类、器件原理、关键技术、应用与前景四个方面，全面介绍了智能发光包装的研究现状和发展趋势。提出未来智能发光技术将向更加轻量化、可靠性发展，并将与人工智能、虚拟现实等技术相结合，创造更多独特体验。这些趋势表明，未来智能发光包装将渗透许多行业。

一、引言

近年来，由于消费者对产品包装的新的需求，智能发光包装成为一个备受关注的应用领域。传统的包装只提供基本的保护和审美功能，而现代消费者则要求更具互动性和易用性，具有更丰富功能的新型包装。利用新技术和材料创新创造新的产品包装模式，带动了智能发光包装领域的发展。随着人工智能、物联网、5G 等技术的快速发展，智能发光包装领域具有更加广泛的应用前景。其可实现环境变化检测、音乐特效、灯光效果、图案显示等功能，在食品、医药等行业具有独特的优势。本文从概念与分类、器件原理、关键技术、应用与前景四个方面

① 廉吉庆，工学博士，上海出版印刷高等专科学校印刷与包装工程系教师，上海市绿色包装工艺与装备专业技术服务平台兼职研究员。

介绍了智能发光包装的研究与应用进展[1-3]。

（一）智能发光包装

智能包装是一种基于智能技术、材料和设计理念的高级包装形式。通过满足消费者对保护、便利、环保、审美的需求，为产品提供全方位的保护和增值服务。与传统包装相比，智能包装能够实现与消费者互动，基于生产数据库实时跟踪产品信息，提供更加个性化的服务和体验。智能发光包装是以电子元器件、传感器件、程序控制为核心技术的新兴产业。通过内部信息采集、交互、适配等功能，实现高品质的包装、视觉识别效果和商业价值的大幅提升。具有广阔的市场应用前景[4-9]。同时，智能发光包装还具有绿色、可持续的特点。可基于可再生、可生物降解的环保材料设计，实现消费者对可持续发展和环保的追求。通过不断加强技术创新和市场推广，深入挖掘智能发光包装的商机，不断提升其性能，丰富其功能模块，未来在包装领域将创造更大的价值[10]。

（二）智能发光包装的分类

智能发光包装是一种新型的包装，种类较多，具有智能化、交互性等特点。下面将深入分析智能发光包装的分类。

依据光的类型分类，智能发光包装可分为白光发光包装和彩色发光包装两种。白光发光包装可利用冷暖光源、中性光源等不同颜色的灯光展示产品信息，展示效果自然柔和；而彩色发光包装采用彩灯与成像相结合的设计，增加了产品的色彩层次感，并且可以通过变换颜色来达到呈现不同场景的目的。发光包装实例如图 4-3 所示。

依据产品形态分类，智能发光包装可分为三类：立式智能发光包装盒、卧式智能发光包装盒、其他智能发光包装。其中，立式智能发光包装盒是指产品在包装中立体展示，更适用于高端产品的包装；卧式智能发光包装盒是指设计成卧式或不粘底卡纸盖盒的形式。随着盒子的打开，被包装物实现微小震动带动发光二极管（LED）光源发光，呈现出浪漫多彩的展示效果；其他智能发光包装包含需要组合部件进行制造，并完成相应的外形设计的复杂包装。立式智能发光包装盒和卧式智能发光 LED 包装盒如图 4-4 所示。

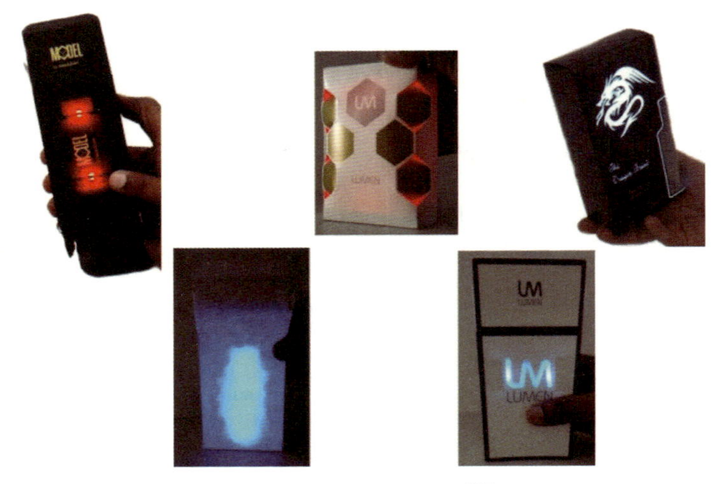

图 4-3　发光包装实例[12]

图 4-4　立式智能发光酒瓶（左）和卧式智能发光 LED 包装盒（右）[13]

依据显示形式分类，智能发光包装可分为三类：动作信息提示类、彩虹 / 闪烁效果产品类、情感表征类。其中，动作信息提示类主要用于业务咨询、交通备忘、医疗提醒和紧急救援；彩虹 / 闪烁效果产品类一般为季节性节日设计，如春节主题智能发光包装；而情感表征类则更关注人性、人生价值观等问题，比如送给父亲一件三维立体（3D）工艺品，作为未来家庭档案的永恒记忆。发光 OLED 瓶标签见图 4-5。

从以上对智能发光包装的各种分类可见，智能发光包装是一种多元化、极具创新性的新型材料。各类智能发光包装围绕不同需求进行设计，更加贴近用户的生活、工作和娱乐需求，满足用户对包装材料的新颖性、趣味性和实用性的要求。

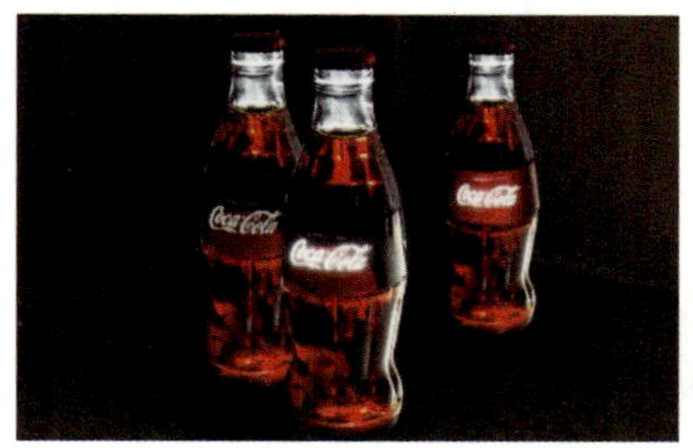

图 4-5　发光 OLED 瓶标签 [14]

（三）国内外研究

智能发光包装是一种应用于日用品、商品、礼品领域的新型包装技术。国内外学者和企业对智能发光包装进行了大量的研究。

（1）材料研究。针对智能发光包装中的材料问题，学者们已经取得了一些进展。例如，使用先进的新材料如聚合物材料和石墨烯来增强包装系统的耐用性和硬度 [12-14]。还利用生物医学技术将纳米材料应用于智能发光包装，以实现更好的密封、杀菌和吸附氧化剂 [11-12]，见图 4-6。

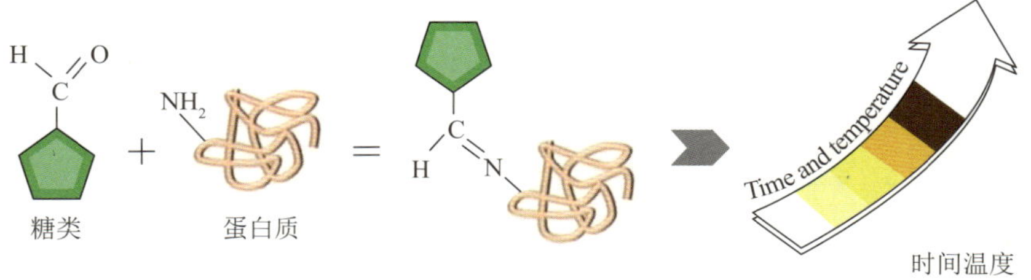

图 4-6　美拉德反应应用（随着时间和温度变化，糖类和蛋白质反应导致颜色变化）[11]

（2）技术集成研究。为了提升智能发光包装产品的整体竞争力，科研人员也开展了大量的技术集成方面的研究。例如，传感器技术、电路板技术等技术的融合，使得智能发光包装能够实现更加精细化的操作和反馈响应，并根据客户提供个性化定制服务，给智能发光包装的应用提供了技术基础[13]，见图 4-7。

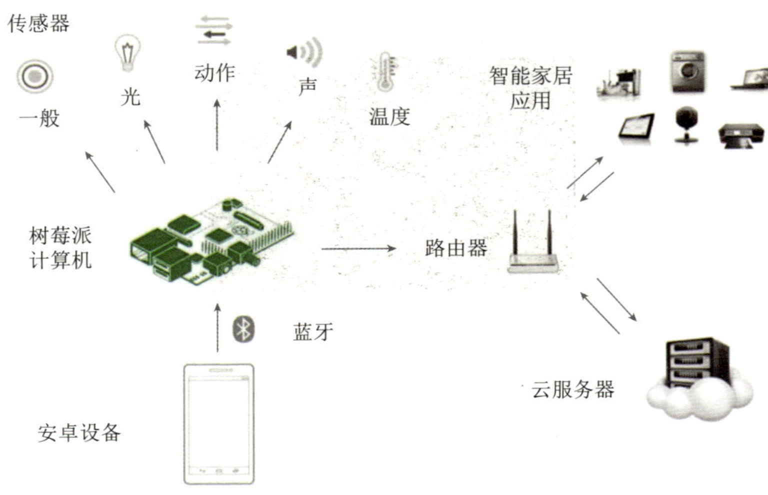

图 4-7 基于树莓派（Raspberry Pi）和安卓（Android）设备的智能家居系统模型助推智能包装应用[13]

（3）智能控制技术。近年来，智能控制技术被广泛应用于智能发光包装的设计与制造。例如，利用无线通信技术和云计算技术，实现对包装材料的远程管理和监控，根据客户提供快速高效的支持和服务[14-16]，见图 4-8。

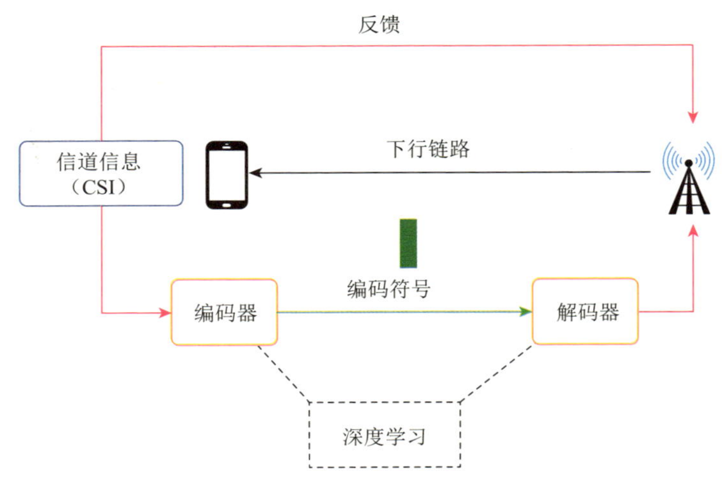

图 4-8 基于深度学习的信道信息（CSI，channel state information）反馈实现远程信息互动[16]

（4）产品应用研究。由于智能发光包装具有普遍的应用价值，已被成功应用于诸多商品、物品和礼品中。例如，利用 LED 材料和氧化锌纳米线技术，设计出醒目、美观且有利于信息传递的智能发光封装产品[17-19]。智能发光包装的研究已经涉及材料、技术集成、智能控制和产品应用等方面，具有很大的发展与应用前景，需要技术人员继续深入探索，不断创新和完善。

二、智能发光包装的器件原理

智能发光包装是一种应用新材料、新工艺和先进电子技术的功能性包装。它以高亮度 LED 为核心部件，通过电路板设计和控制器实现可见光下的发光效果，使产品包装在夜间或光线较暗的地方也具有较强的视觉冲击力和观赏性。下面从发光原理、电路设计、控制器、传感器四个方面进行分析。

（一）发光原理

光源是智能发光包装的核心部件，其作用是通过调节光源的颜色、亮度和闪烁速度来实现不同的发光效果。常见的光源包括 LED、激光器、有机发光二极管（OLED）等[19-22]。

（1）LED。LED 是目前最流行的智能发光封装光源，它具有以下优点：效率高、寿命长、色彩丰富、色彩鲜艳不易褪色、功耗低。LED 通常由红 / 绿 / 蓝三基色组成，在不同电压下能够改变颜色、亮度等参数，产生多种发光效果[22-23]。

（2）激光。激光是一种方向性很强的光源，其发光原理是利用基本单元的自发辐射发光，通过激发的方法使基态原子或离子在介质激光的作用下跃迁到高能级。激光器具有紧凑、高亮度和多种颜色的特点，适用于需要精细控制和高速变化的应用场景[24]。

（3）OLED。OLED 发光薄膜是由有机材料制成，在电场、电流等作用下，通过载流子复合发出不同波长和颜色的光，其发光功率高，反应速度快，亮度均匀，观感自然，更接近自然光源，能为窄带滤波提供更好的条件。在智能发光封装中，OLED 可实现图案显示、多种功能，应用前景巨大[20、25]，见图 4-9。

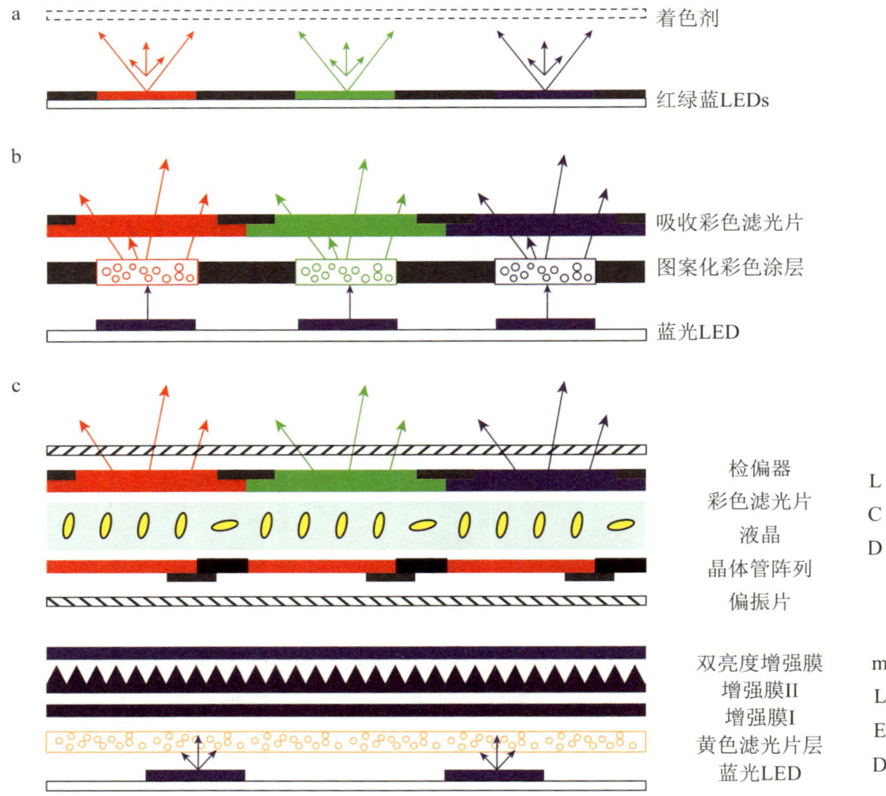

图 4-9　不同膜层显示器的发光原理[21]

a：一种基于 RGB 芯片的 mLED/μLED/OLED 发光显示器。b： CC MLED/μLED/OLED 发光显示器。c：迷你 LED 背光液晶显示器[21]。

（二）电路设计

在 LED 设计电路中，主要包括电源、限流电阻和过压保护等。电源的选择很重要，在小功率 LED 应用中，通常由 CR2032（一种常见的纽扣电池）的小电池供电；在大功率 LED 应用中，由于电流较大，需要选择与电源输出电压相匹配的转换器，以保证 LED 压降为固定电流。同时，电路中还应加入阻值合适的限流电阻，以避免电流过大而损坏 LED[26,27]。

（三）控制器

智能发光包装利用控制器实现夺目的互动效果，控制器负责驱动和控制光源，是实现智能化的关键部分。控制器类型多为单片机或数字集成电路，也可采用 FPGA（Field Programmable Gate Array，现场可编程门阵列）或 DSP（Digital Signal Processor，数字信号处理器）来满足不同的特效需求，通常由输入端子、动态扫描和信号处理三个模块组成。输入端子接收信息，动态扫描模块逐级点亮 LED 形成画面，信号处理负责数据和视频的流畅。为了实现更复杂的视觉效果，可以采用 PWM（Pulse Width Modulation，脉冲宽度调制）调光芯片、TM1638 数码管驱动芯片（一款带键盘扫描接口的 LED 驱动控制专用芯片，内部集成有 MCU 数字接口、数据锁存器、LED 高压驱动、键盘扫描等电路）、WS2812 多彩灯系列芯片（一种多彩灯系列芯片，通常用于 LED 灯带和点阵屏的驱动）等专用芯片，对色彩、亮度、闪烁频率等因素进行控制。控制器是智能发光包装展现变化和情感的核心技术之一。目前市场上常见的控制器主要有硬件和软件控制器两种 [27]。

（四）传感器

传感器是智能发光包装的重要组成部分，它可以感知周围环境的变化，并将其转化为电信号输出，从而实现对光的控制 [27-28]。目前，市场上常见的传感器主要有以下几种类型。

（1）光传感器。光传感器测量外部光源的亮度和强度，以实现内部光源的调节和自适应控制。例如，当周围较亮时，光传感器会降低智能发光包装的亮度；当周围环境暗淡时，光传感器将增加发射的光的亮度 [29-30]。

（2）红外线传感器。红外传感器是一种基于红外线的被动探测器，可以从远处探测物体或距离，并将其转换为信号输出。通过红外传感器的二次开发，可以实现智能发光包装在人机交互方面的更多应用。新鲜度传感器示意图见图 4-10。

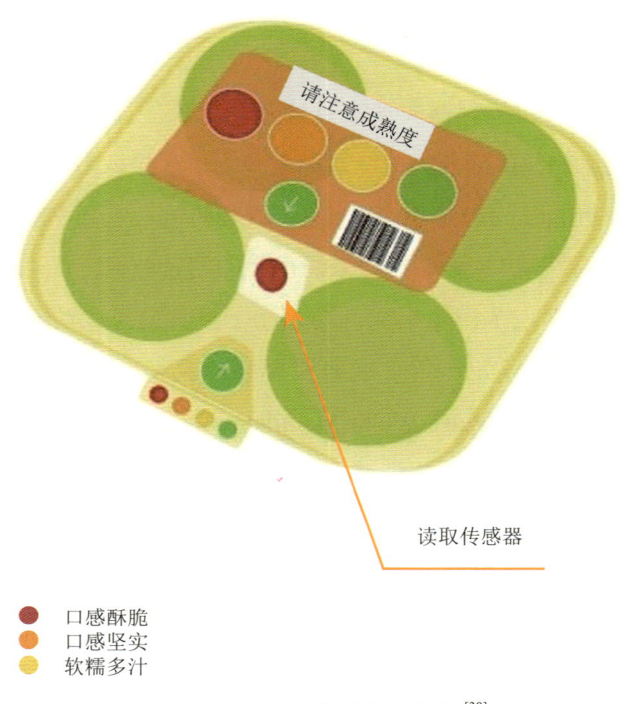

图 4-10　新鲜度传感器示意图[30]

（3）声音传感器。声音传感器是一种将环境中的声音转换为电信号的设备。声音传感器广泛应用于音频捕捉和分析，也可与智能发光包装结合，进行语音应答和交互。

三、智能发光包装关键技术

智能发光包装是将 LED、电路、控制器等技术应用于包装材料，通过改变各部分的电流亮度和频率，实现包装效果的动态呈现。下面就智能发光包装的关键技术进行深入分析。

（一）制备工艺

（1）原材料的选择。在普通纸张的基础上，加入聚酰亚胺（PI）薄膜，制成绿色、彩虹色和紫色三种颜色的发光单元。此外，导电涂层、控制器和微型电池等材料[31-33]。

（2）制造 LED 芯片。在实际生产中，可以采用先制作 LED 芯片，再将其镶嵌在纸上的生产工艺。LED 芯片制造需要生产主轴，然后生产晶圆，最后使用切割机切割成小块。成品 LED 芯片具有体积小、发光稳定、能量低的优点[34]，如图 4-11 所示。

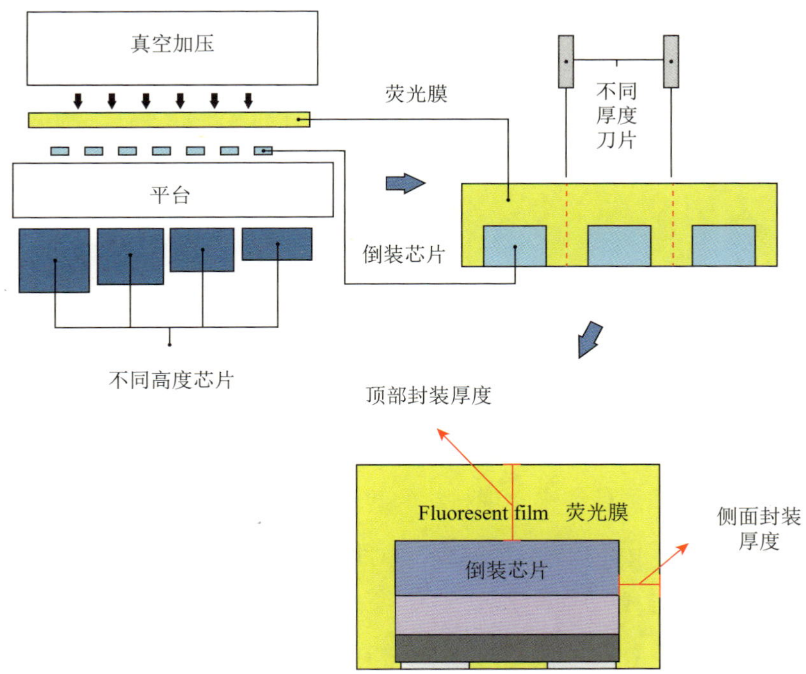

图 4-11 CSP（芯片级封装）LED 的制备工艺[34]

（3）制作导电线。智能发光包装需要一个控制器，在接触开关或按钮时调节颜色和亮度。在基于白光和三色的光源方案中，需要在不同的位置通过导线和控制器分别控制它们。因此，必须在纸上制作相应的导线以便于信号传输[35-36]。

（4）组装生产。智能发光包装具有异形结构，不仅能给消费者带来美观的视觉效果，还能保证产品质量，防止出现故障。组装过程一般包括将 LED 芯片和导线固定在纸上，并将控制器和微型电池安装组装。

（5）测试过程。测试过程需要验证能够承受修理和转移过程的耐久性；需要在生产前对产品进行完整的测试，以确保每时每刻各种行为的高质量和长期稳定的运行。只有经过充分验证，高质量的产品才能得以应用。

（6）加工密封。智能发光包装可以通过压制和软连接技术实现密封效果。其中，压制手段可以利用高温或高压将复杂结构的各个部分进行立体固定，加入特殊胶水也可以达到物理密封的效果；软接合是利用柔性材料对载板平台进行缓冲、固定和保护，制作包装。

智能发光包装的制备是一个多环节的复合过程，需要对异质界面和不同材料之间进行处理，使其具有良好的性能和可持续性。通过严密设计，制造出符合市场需求的智能发光包装产品[2，37]。

（二）技术要点

智能发光包装是高新技术领域的一种新型技术，随着该技术在商业应用中的普及，其研发也存在一些难点和痛点。具体如下：

（1）模块化设计。对于复杂的智能发光包装，需要外部嵌入多个微组件（如 LED、传感器和无线通信）来实现材料的智能功能。然而，由于组件之间的相互绑定关系非常复杂，因此在进行模块化设计时，不可避免地会遇到组件匹配、封装、挂载策略和相互操作性等问题。

（2）功耗控制。在智能发光封装中，组件和电源都存在功耗问题。在传感器和 LED 等设备的运行过程中，需要大量的能量输入，而这些能量很容易受到限制，导致功率和空间效率降低，使用寿命缩短。因此，未来需要加强平衡功耗、降低能耗的相关技术研究。

（3）复合过程。智能发光包装是一种复合结构，材料的生产加工过程也成为智能发光包装研究的一大瓶颈问题。在实际和市场适用性测试中，需要考虑材料和涂层、电路和接头的平衡，以及双切割等协调工艺的平衡[38]。

（4）多模态交互。智能发光包装的多模态交互是难点之一。不仅涉及个人喜好，更考验科研手段的复杂性和综合效益的落实。将视觉、触觉、声音和其他多维信号集成到一个集成系统中需要对跨学科专业知识和集成[39-40]进行综合应用研究。

（5）生态环境友好。随着社会的发展和消费观念的升级，越来越多的消费者对智能发光包装的生态环境和健康安全有了要求。因此，在智能发光包装的研究中，其生态环保和环境可持续的特性不容忽视，如使用更安全环保的材料、优化包装设计、将智能材料融入环保生活等[41]。

未来智能发光包装的研究痛点主要存在于模块化设计、功率控制、复合材料工艺、多模态交互、知识产权保护和生态环境友好等领域。需要不断的技术创新和实践探索，逐步解决这些瓶颈问题，推动智能发光包装更快更好地发展[42]。

四、智能发光包装的应用及未来展望

智能发光包装是一种集视觉、声音、光线等技术于一体的高科技包装技术。通过添加适当的材料和电器元件，实现了自动感应、互动显示等功能特性。智能发光包装已广泛应用于医疗、食品、化妆品、电子产品、家居用品、儿童玩具等领域。

（一）智能发光包装的应用领域

（1）医学领域。在医疗方面，智能发光包装不仅能赋予药品防伪功能，还能为患者提供充足的照明，并提示用药时间和方法。例如，口服液的包装上标注了服用时间、剂量、服用方法等相关信息，以及每次服用前需要摇瓶等，更方便患者使用。同时，为了防止盗版和假冒，还可以在药品包装中加入智能发光材料，通过扫码技术或变色快速识别验证真伪[43-44]。

（2）食品领域。在食品领域，智能发光包装主要用于保护食品的新鲜度和保质期，同时也可以增加其视觉效果和提示作用。例如，在发光环境中，智能发光包装会呈现出绚丽的光影效果，吸引消费者的目光。智能发光材料还可用于食品保险柜，根据情况变化实时报警。此外，智能传感技术可以检测食品在流通过程中的温度和湿度，防止食品被污染或损坏。智能发光标签可用于食品超市等场所的信息传递，如在货架上设置数字显示屏，实时显示产品数量、价格、生产日期等信息，见图 4-12。

图 4-12　本课题组设计的夜光酒瓶效果图

（3）化妆品领域。在化妆品领域，智能发光材料可以通过反射彩妆产品的颜色，提升产品品质和视觉效果。例如，在口红、眼影、指甲油等化妆品的塑料盒或塑料管中加入智能感应材料，呈现出不同的节拍、火光、喷花效果。同时，智能发光材料还可用于化妆品包装的安全验证。通过添加识别码或传输条，消费者可以通过扫描产品包装上的物品编号来确定产品真伪，并辅助了解产品的使用方法，见图 4-13。

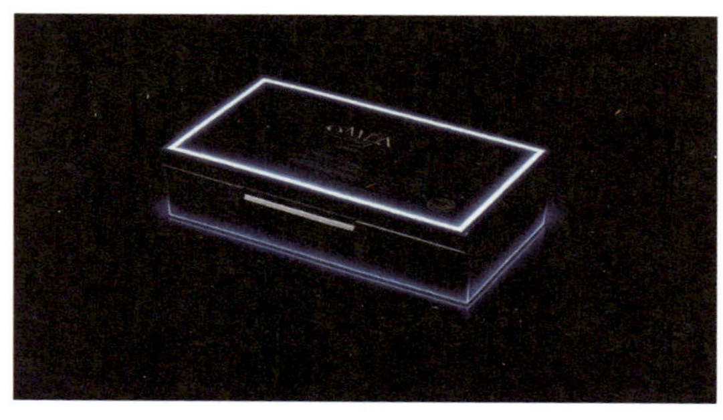

图 4-13　本课题组设计的化妆品发光包装盒示意图

（4）电子产品。在电子产品领域，智能发光包装可广泛应用于手机、平板电脑等设备的外壳。这些设备使用炫目和流行的图案来吸引消费者的眼球，而发光效果可以让这些图案在黑暗的环境中看起来更好。此外，智能传感器还具有实时报警功能。例如，在建筑物和公共场所张贴标志，当灯光关闭时，自动发送光标指示不同区域，为人群提供便捷的导航服务[47]。

（5）家庭用品领域。在家居产品领域，智能发光主要应用于夜光防撞门槛、出风口、小夜灯等增加光线的产品。智能发光材料还可以播放音乐、发出警报、调节家庭智能系统中的灯光和亮度等，提高生活质量[40]。

（二）智能发光包装的未来发展趋势

智能发光包装作为一种新的包装形式，应用领域将不断拓展，未来技术趋势将更加凸显。未来，智能发光技术将更轻更可靠，人工智能技术也将加入其中。虚拟现实与发光包装相结合，也将创造令人惊叹的特殊体验。

（1）创新材料技术。智能发光包装的未来需要在材料上取得突破，开发出更加环保、廉价、高效的材料。例如，生物降解材料将成为发展重点，帮助行业构建绿色可持续的新型包装体系。

（2）提高产品可靠性。随着消费者对质量和安全要求的不断提高，未来智能发光包装需要通过更加精细的设计和制造工艺来提升其可靠性和稳定性，以满足市场需求。例如，利用新型传感器技术和监控系统，实现了包装材料的溯源和预警功能，保证了包装材料的全程安全和真实性。

（3）加强数字化应用。智能发光包装的未来将进一步与数字技术紧密结合，打造符合现代消费者需求的全新包装系统。例如，加大互联网技术的运用，让在线购买和交易成为可能，优化客户体验，让整个采购和使用过程更加便捷。

（4）推广领域多元化。未来，智能发光包装将广泛应用于各个领域，成为新的普惠产品。除了高端商品，智能发光包装还可用于家居、医疗等行业。这就要求企业加大营销投入，推进供应链整合和协同创新。

智能发光包装作为一种新兴的智能包装形式，具有交互性、适应性、信息采集与处理等特点，受到包装行业的普遍关注。智能发光包装是一种新型的智能包装，其创新技术和材料应用不仅为商品包装提供了个性化、定制化的服务，也丰富了消费者的体验。未来，我们需要进一步探索让智能发光包装更环保、更可靠、更安全的技术路线和商业模式，以实现高附加值、可持续发展。

参考文献

[1] Young, E., Mirosa, M., Bremer, P.: A Systematic Review of Consumer Perceptions of Smart Packaging Technologies for Food. Frontiers in Sustainable Food Systems 4(2020).

[2] Schaefer, D., Cheung, W. M.: Smart Packaging: Opportunities and Challenges. Procedia CIRP 72, 1022-1027 (2018).

[3] Madhusudan, P., Chellukuri, N., Shivakumar, N.: Smart packaging of food for the 21st century – A review with futuristic trends, their feasibility and economics. Materials Today: Proceedings 5(10, Part 1), 21018-21022 (2018).

[4] 吴伟 : 全印制柔性应变传感器的原理与智能包装应用 [J]. 包装工程 , 41(11), 156-165 (2020).

[5] 王展 : 柔性印刷电子技术与智能包装 [J]. 中国自动识别技术 , (3), 46-49 (2020).

[6] 陈克复 , 陈广学 : 智能包装——发展现状、关键技术及应用前景 [J]. 包装学报 , 11(01), 1-17+105 (2019).

[7] 陈广学 , 陈琳轶 , 俞朝晖 : 智能包装技术的探索与应用 [J]. 今日印刷 , (05), 25-27 (2018).

[8] 李路海 , 辛智青 , 刘世丽 : 从印刷电子看功能印刷 [J]. 印刷杂志 , (06), 5-9 (2016).

[9] 柯胜海 : 智能发光包装设计研究 [J]. 装饰 , (09), 76-77 (2016).

[10] Ganeson, K., Mouriya, G. K., Bhubalan, K.: Smart packaging – A pragmatic solution to approach sustainable food waste management. Food Packaging and Shelf Life 36, 101044 (2023).

[11] Siddiqui, J., Taheri, M., Alam, A. U.: Nanomaterials in Smart Packaging Applications: A Review. Small 18(1), e2101171 (2022).

[12] Baig, N., Kammakakam, I., Falath, W.: Nanomaterials: a review of synthesis methods, properties, recent progress, and challenges. Materials Advances 2(6), 1821-1871 (2021).

[13] Davidovic, B., Labus, A.: A smart home system based on sensor technology. Facta universitatis - series: Electronics and Energetics 29(3), 451-460 (2016).

[14] Xu, J., Gu, B., Tian, G.: Review of agricultural IoT technology. Artificial Intelligence in Agriculture 6, 10-22 (2022).

[15] Kaur, S., Singh, P., Tripathi, V.: Recent trends in wireless and optical fiber communication. Global Transitions Proceedings 3(1), 343-348 (2022).

[16] Wu, H., Li, X., Deng, Y.: Deep learning-driven wireless communication for edge-cloud computing: opportunities and challenges. Journal of Cloud Computing 9(1), (2020).

[17] Seo, J., Jeon, G., Jang, E. S.: Preparation and properties of poly(propylene carbonate) and nanosized ZnO composite films for packaging applications. Journal of Applied Polymer Science 122(2), 1101-1108 (2011).

[18] Sharma, D. K., Shukla, S., Sharma, K. K.: A review on ZnO: Fundamental properties and applications. Materials Today: Proceedings 49, 3028-3035 (2022).

[19] Zhuo, Y., Brgoch, J.: Opportunities for Next-Generation Luminescent Materials through Artificial Intelligence. J Phys Chem Lett 12(2), 764-772 (2021).

[20] Ravaro, L. P., Zanoni, K. P. S., de Camargo, A. S. S.: Luminescent Copper(I) complexes as promising materials for the next generation of energy-saving OLED devices. Energy Reports 6, 37-45 (2020).

[21] Huang, Y., Hsiang, E. L., Deng, M. Y.: Mini-LED, Micro-LED and OLED displays: present status and future perspectives. Light Sci Appl 9, 105 (2020).

[22] Cho, J., Park, J. H., Kim, J. K.: White light-emitting diodes: History, progress, and future. Laser & Photonics Reviews 11(2), 1600147 (2017).

[23] Zhang, J., Ye, H., Jin, Y.: Recent Progress in Near-Infrared Organic Electroluminescent Materials. Topics in Current Chemistry 380(1), 6 (2021).

[24] Wang, Z., Xie, D., Zhang, F.: Controlling information duration on rewritable luminescent paper based on hybrid antimony (III) chloride/small-molecule absorbates. Science Advances 6(48), eabc2181.

[25] Xiang, H., Wang, R., Chen, J.: Research progress of full electroluminescent white light-emitting diodes based on a single emissive layer. Light Sci Appl 10(1), 206

(2021).

[26] Yang, B., Ma, D., Zheng, E.: A self-rechargeable electrochromic battery based on electrodeposited polypyrrole film. Solar Energy Materials and Solar Cells 192, 1-7 (2019).

[27] Yousefi, H., Su, H. M., Imani, S. M.: Intelligent Food Packaging: A Review of Smart Sensing Technologies for Monitoring Food Quality. ACS Sens 4(4), 808-821 (2019).

[28] Martinez-Olmos, A., Fernandez-Salmeron, J., Lopez-Ruiz, N.: Screen printed flexible radiofrequency identification tag for oxygen monitoring. Anal Chem 85(22), 11098-11105 (2013).

[29] Ghaani, M., Cozzolino, C. A., Castelli, G.: An overview of the intelligent packaging technologies in the food sector. Trends in Food Science & Technology 51, 1-11 (2016).

[30] Fuertes, G., Soto, I., Carrasco, R.: Intelligent Packaging Systems: Sensors and Nanosensors to Monitor Food Quality and Safety. Journal of Sensors 2016, 1-8 (2016).

[31] Guo, Q., Zhang, X.: A review of mechanochromic polymers and composites: From material design strategy to advanced electronics application. Composites Part B: Engineering 227, 109434 (2021).

[32] Liu, Y., He, K., Chen, G.: Nature-Inspired Structural Materials for Flexible Electronic Devices. Chem Rev 117(20), 12893-12941 (2017).

[33] Kholghi Eshkalak, S., Chinnappan, A., Jayathilaka, W. A. D. M.: A review on inkjet printing of CNT composites for smart applications. Applied Materials Today 9, 372-386 (2017).

[34] Jiang, N., Liu, H., Zou, J.: Packaging design for improving the uniformity of Chip scale package (CSP) LED luminescence. Microelectronics Reliability 122, 114136 (2021).

[35] Cano-Raya, C., Denchev, Z. Z., Cruz, S. F.: Chemistry of solid metal-based inks and pastes for printed electronics – A review. Applied Materials Today 15, 416-430 (2019).

[36] Yuan, W., Lin, J., Gu, W.: Preparation of flexible and stretchable circuit via

printing method based on silver nanowires. Scientia Sinica Physica, Mechanica & Astronomica 46(4), 044611 (2016).

[37] Cheng, H., Xu, H., Julian McClements, D.: Recent advances in intelligent food packaging materials: Principles, preparation and applications. Food Chemistry 375, 131738 (2022).

[38] Shrivas, K., Ghosale, A., Bajpai, P. K.: Advances in flexible electronics and electrochemical sensors using conducting nanomaterials: A review. Microchemical Journal 156, 104944 (2020).

[39] Chang, L., Wang, H., Zhang, Z.: A Dual-Environment Active RFID Tag Antenna Mountable on Metallic Objects. IEEE Antennas and Wireless Propagation Letters 15, 1759-1762 (2016).

[40] Poyatos-Racionero, E., Ros-Lis, J. V., Vivancos, J. -L.: Recent advances on intelligent packaging as tools to reduce food waste. Journal of Cleaner Production 172, 3398-3409 (2018).

[41] Vanderroost, M., Ragaert, P., Devlieghere, F.: Intelligent food packaging: The next generation. Trends in Food Science & Technology 39(1), 47-62 (2014).

[42] Rydzkowski, T., Wróblewska-Krepsztul, J., Thakur, V. K.: Current trends of intelligent, smart packagings in new medical applications. Procedia Computer Science 207, 1271-1282 (2022).

[43] Borchers, A., Pieler, T.: Programming pluripotent precursor cells derived from Xenopus embryos to generate specific tissues and organs. Genes (Basel) 1(3), 413-426 (2010).

[44] Madhusudan, P., Chellukuri, N., Shivakumar, N.: Smart packaging of food for the 21st century – A review with futuristic trends, their feasibility and economics. Materials Today: Proceedings 5(10), 21018-21022 (2018).

[45] Kerry, J. P., O'Grady, M. N., Hogan, S. A.: Past, current and potential utilisation of active and intelligent packaging systems for meat and muscle-based products: A review. Meat Sci 74(1), 113-130 (2006).

[46] Qian, X., Su, M., Li, F.: Research Progress in Flexible Wearable Electronic Sensors. Acta Chimica Sinica 74(7), 565 (2016).

改进分散搜索算法求解包装废弃物回收路径规划问题

张琦琪[①]

绿色包装产业发展是加快推进我国生态文明建设的重要一环。2020年11月，国家发展和改革委员委、国家邮政局等八部门联合发布了《关于加快推进快递包装绿色转型的意见》，明确提出“规范包装废弃物回收和处置”及“提升快递包装可回收性能”等要求。这一举措明确了推进绿色包装的战略意义和操作方向，旨在降低包装废弃物对环境的负面影响，推动包装行业向更加环保和可持续的方向发展。废弃包装品回收路径规划属于逆向物流车辆路径问题，是对传统车辆路径问题的扩展，具有重大社会意义。快消连锁餐饮网点的食品级包装固废具有材料同质、回收量小、批次多且分布不均的特点，企业对包装固废的回收循环利用从一定程度上缩减了生产中的物料成本，在提升经济效益的同时实施绿色制造，实现了社会效益的增长。

本文针对连锁餐饮快消企业对低值固废包装品的回收需求，以最小化车辆运输成本、回收中心发车成本及时间窗提前或拖期惩罚为联合优化目标，建立整数规划模型，基于运输与回收协同的理念，引入“车辆剩余空间回收能力”改进节约里程算法求得初始解，然后利用局部搜索策略对初始解进行多样化处理，最后根据分散搜索框架设计基于初始解改进的分散搜索算法进行求解。

① 张琦琪，上海出版印刷高等专科学校印刷与包装工程系副教授，上海市绿色包装工艺与装备专业技术服务平台兼职研究员。

一、问题描述与模型建立

（一）问题描述

可以将连锁餐饮企业低值废弃包装回收问题抽象为一个考虑时间窗约束的带回路的逆向物流车辆路径问题。具体描述如下：完全连接网络 $G=(J_0,\ E)$，其中节点集合 J_0，节点 0 表示回收中心，集合 $J=J_0-\{0\}$ 表示回收节点集合，J 中各节点 j 均有回收需求 P_j 且每个节点的需求服务受到时间窗 $[E_j,\ L_j]$ 约束的限制；有向边集合 E 是 J_0 的二元子集，$e\in E$，$e=(v_i,\ v_j)$。废弃包装回收路径规划需要解决的问题是在满足所有节点回收需求，时间窗约束，车辆载重限制以及车辆行驶时间限制等约束的前提下，如何安排车辆的行驶路径使得回收中心的回收成本最小。

（二）问题假设

综合上述问题描述，带回路的逆向物流车辆路径问题基本假设如下：

①有且仅有一个回收中心；

②所有车辆从回收中心出发，回收任务完成后必须回到回收中心；

③回收中心与各回收点的坐标已知；

④每个回收点的回收数量已知；

⑤所有车辆最大车载限额相同，最大行驶里程数相同；

⑥车辆在回收过程中每一时刻的载重量不能超过最大车载限额；

⑦回收中心必须满足所有回收点的回收需求；

⑧每个回收点有且仅有一辆车服务一次（回收需求不可拆分）；

⑨回收车辆只取货不送货（车辆载重在回收过程中不减少）。

（三）符号说明

J：所有回收点集合，回收点数量；

J_0：区域内所有节点集合，节点包括回收中心 0 和回收点，$J_0=J\cup\{0\}$；

V：所有车辆集合；

D_{ij}：连个节点 i 和 j 之间的欧几里得距离，其中 $i,j\in J_0$；

v_{ijk}：车辆 k 在节点 i 和 j 之间行驶速度；

t_{ijk}：车辆 k 在节点 i 和 j 之间行驶时间，$t_{ijk}=D_{ij}/v_{ijk}$；

C_{ijk}：车辆 k 在节点 i 和 j 之间的行驶成本，假设车辆的单位行驶成本为 1，则有 $C_{ijk}=t_{ijk}$；

C_k：车辆 k 的发车成本；

P_j：回收点 j 的回收量；

$[E_j, L_j]$：节点 j 的时间窗，其中 $[E_0，L_0]$ 为回收中心节点 0 开启服务的时间窗；

q_{ijk}：车辆 k 访问完节点 i 后在访问节点 j 之前的载重量；

Q_k：车辆 k 载重上限；

B_k：车辆 k 行驶总时间上限；

μ：表示回收中心允许选择的最小车辆数；

α：提前到达惩罚系数；

β：延期到达惩罚系数。

定义决策变量如下：

x_{ijk}：0-1 变量，车辆 k 从节点 i 行驶到节点 j 时为 1，否则为 0；

z_{jk}：0-1 变量，节点 j 由车辆 k 服务为 1，否则为 0。

t_{jk}：车辆 k 到达节点 j 的时间。

以上描述中，$i,$，$j\in J_0$，$k\in V$，且 $n=|J_0|$，$m=|V|$。

（四）数学模型

考虑上述问题，建立模型，见式（4-1）～式（4-12）。

$$\min f=\sum_{k=1}^{m}\sum_{j=0}^{n}C_k z_{jk}+\sum_{k=1}^{m}\sum_{i=0}^{n}\sum_{j=0}^{n}C_{ijk}x_{ijk}+\left(\alpha\sum_{k=1}^{m}\sum_{j=1}^{n}\max\left\{E_j-t_{jk},0\right\}+\beta\sum_{k=1}^{m}\sum_{j=1}^{n}\max\left\{t_{jk}-L_j,0\right\}\right) \tag{4-1}$$

s.t.

$$\sum_{k=1}^{m}\sum_{i=0}^{n}x_{ijk}=1 \quad j=1,2,\cdots,n \tag{4-2}$$

$$\sum_{i=0}^{n}x_{isk}=\sum_{j=0}^{n}x_{sjk} \quad s=1,2,\ldots,n’\ k=1,2,\cdots,m \tag{4-3}$$

$$\sum_{j=1}^{n}x_{0jk}+\sum_{j'=1}^{n}x_{j'0k}=2z_{0k} \quad k=1,2,\cdots,m \tag{4-4}$$

$$\sum_{i=0}^{n}\sum_{j=1}^{n}P_j x_{ijk}\leqslant Q_k \quad k=1,2,\cdots,m \tag{4-5}$$

$$\sum_{i=0}^{n}\sum_{j=0}^{n}t_{ijk}x_{ijk}+\max\left\{E_j-t_{jk},0\right\}\leqslant B_k \quad k=1,2,\cdots,m \tag{4-6}$$

$$\sum_{i\in S}\sum_{j\in S}x_{ijk}\leqslant |S|-1 \quad S\subset J’\ k=1,2,\cdots,m \tag{4-7}$$

$$\sum_{i=0}^{n}\sum_{j=0}^{n}x_{ijk}P_j=\sum_{j=1}^{n}q_{j0k} \quad k=1,2,\cdots,m \tag{4-8}$$

$$\sum_{i=0}^{n}q_{ijk}+P_j=\sum_{i'=0}^{n}q_{ji'k} \quad j=1,2,\cdots,n’\ k=1,2,\cdots,m \tag{4-9}$$

$$0\leqslant P_j\leqslant Q_k,\ j=1,2,\cdots,n,\ k=1,2,\cdots,m \tag{4-10}$$

$$x_{ijk}\in\{0,1\} \tag{4-11}$$

$$z_{jk}\in\{0,1\} \tag{4-12}$$

其中，式（4-1）为目标函数，由 3 个部分构成，第 1 部分为回收中心的发车成本，第 2 部分表示车辆的回收成本，第 3 部分表示软时间窗惩罚，对于不能按要求到达回收点（提前或拖期）的情况给予惩罚。式（4-2）表示确保每个回收节点都会被服务 1 次且仅 1 次。式（4-3）表示确保到达每个节点并离开的是同一辆车。式（4-4）表示确保车辆从回收中心出发，最终返回回收中心。式（4-5）为车辆上的回收总数量不超过载重限额的约束。式（4-6）表示确保车辆的总行驶时间（包括提前到达的等待时间）不超过行驶时间上限。式（4-7）为奇异子回路排除约束。式（4-8）表示确保车辆的最终回收载重量等于它访问的所有回收点回收数量之和。式（4-9）表示车辆在访问节点前后的载重量约束。式（4-10）确保每个节点的回收量不大于车载上限。式（4-11）～式（4-12）为决策变量取值范围约束。

二、算法设计

在分散搜索框架下，基于初始解改进的分散搜索算法（Initial Solution Improvement Scatter Search algorithm, ISISS）由 5 个计算步骤组成，分别是多样性产生、参考集更新、子集产生、子集合并和解改进等。

（一）多样化初始解

采用含 0 的整数编码方式，0 表示回收中心，自然数为路径上回收点的编号。比如编码 0102030405060708090，表示解中有 9 条路径，每条路径上只有 1 个回收点。

首先利用改进的节约里程算法生成模型的一个初始解，记作 CW 解。节约里程算法的基本思想：首先，使每个回收点与回收中心单独连接，构造出（$n-1$）条路径；然后，基于三角不等式关系，对初始解进行缩小总距离处理，基于路径间合并可以节约的距离，计算任意 2 个回收点组合对应节约值 Save(i, j)，根据所有节约值从大到小排序，依序构造路线，对满足条件的回收点进行连接，直到满足约束条件为止，得到问题的一个 CW 解。

文中主要研究废弃包装回收问题，将节约值统一在时间尺度上进行考量，同时将车辆行驶过程中的“剩余空间回收能力”引入节约值的计算，即越有利于接下来回收装载的回收点，应该尽早插入当前回收路径中，根据行车运输时间和回收点的回收量计算回收点两两之间的节约值，见式（4-13）。

$$\text{Save}(i,j)=t(0,i)+t(0,j)-t(i,j)-\lambda P_j 2t(0,j) \tag{4-13}$$

式中：Save(i, j) 为路线上插入回收点 j 后的节约值；$t(i, j)$ 为 2 个回收点间的行驶时间；λP_j 表示从回收中心出发，仅访问回收点 j 的车载空间损失（或收益）；λ 为惩罚因子。

（二）参考解更新

参考集 b 由高质量的解子集 b_1 和多样性解子集 b_2 两部分构成。b_1 由整个种群的解目标值从小到大排序决定，b_2 根据种群中所有解与高质量解子集的距离决定，距离越大则多样性越好。参考集更新步骤如下：

①根据目标函数，计算整个种群所有解的目标值，并从小到大排序，取前 $|b_1|$ 个解，加入参考集 b 中。

②计算种群中剩余解 $(N-b_1)$ 与子集 b_1 中解的距离。遍历种群的所有剩余解，对于任一个剩余解 i，计算解中所有有向边的数量，记作 s_i。计算高质量子集 b_1 中任一个解 j 所有有向边的数量，记作 s_j，并计算解 i 与解 j 中相同的边数量，记作 s_{ij}。根据式（4-14）计算剩余解 i 对于高质量解集合 b_l 的距离。取剩余解中距离最大的 $|b_2|$ 个解加入参考集 b 中。

$$\text{distance}(i)=\min_{\forall j\in b_1}\{\max(s_i,s_j)-s_{ij}\} \tag{4-14}$$

（三）子集产生与子集合并

利用参考集 b 中所有不同的两个解两两组合的方式产生 $C_{|b|}^2$ 个子集；随机选择 N 个子集组合，成为子集合并操作的子种群。

子集合并主要是为了将种群中优良的解保留到下一代，同时增加种群的多样性，以便跳出局优。本文设计的子集合并方法类似于遗传算法中的单点交叉算子，具体步骤如下。

①首先去掉每个子集 2 个解中的所有 0，在回收节点长度范围内随机产生一个交换基因位。

②保留其中一个解的前段，并在另一解中去除已保留的回收节点，将剩余的回收节点按原顺序排于保留路径之后。

③根据车载上限，车辆最大行驶时间上限等约束在新解中重新插入 0。

④比较原解 1、原解 2、新解 1、新解 2 的目标值，保留目标值最小的那个解到下一代种群。

（四）解改进方法

由于文中采用含 0 的编码设置，在解的改进时可以考虑“路径内部”的随机交换回收点（局部搜索策略 1），以及“路径之间”的随机交换回收点（局部搜索策略 2）这两种局部搜索改进策略。

1. 局部搜索策略 1

遍历整个种群，针对种群中的任一解进行如下步骤。

①随机选择一条回收路径上的 2 个不同的回收点，如果 2 个回收点之间含 0，或者回收点本身为 0，则继续随机选择。

②将行驶路径上这 2 个回收点之间所有回收点的车辆行驶方向逆转，得到一个新解。

③计算新解的目标值，如果目标值优于原解，则保留新解；否则不保留此新解。

局部搜索策略 1 只在解的一条路径内部进行，因此不需要考虑车辆的最大负载上限和车辆最大行驶时间上限等约束，相当于在原解的邻域进行搜索，在解改进时不考虑会产生非可行解的情况。

2. 局部搜索策略 2

遍历整个种群，针对种群中的任一解进行如下步骤。

①随机选择任意 2 条回收路径上的 2 个非 0 回收点，交换回收点在解中的基因位置。

②去掉解中所有的 0，采用穷尽车载上限及最大车辆行驶时间的方式，即能够纳入前一辆车的回收点尽量纳入前一条行驶路线，重新插入 0，得到一个新解。

③计算新解的目标值，如果目标值优于原解，则保留新解；否则不保留此新解。

局部搜索策略 2 在一个解的多条路径之间随机选择交换点，扩大了搜索空间中这个解的邻域范围。由于交换路径间的回收点可能导致车载上限或车辆最大行驶时间上限等约束不满足的情况出现，所以需要重新判断解的可行性，对非可行情况进行修复。

三、仿真实验

为了验证文中提出的 ISISS 算法在包装废弃物回收路径规划问题中的有效性，以“部分回收点分布较密集”的类似市区分布为地理场景，针对连锁餐饮快消企业对低值固废包装品的回收需求量级，利用 Dethloff 等和 Solomon 等提出的测试数据和时间窗生成方法，随机生成分别包含 50、100、200 个回收点的 3 种规模，且最小车辆数 μ 为 3 或 8 的各 10 组样本数据进行仿真实验。

（一）算法比较

为了验证 ISISS 算法的求解性能，将改进的节约里程（C-W）、分散搜索（SS）和遗传（GA）3 种作为对比算法。其中，SS 和 GA 的初始解均采用随机初始解，GA 的交叉率 p_c 为 0.6，变异率 p_m 为 0.1，种群规模为 100，运行代数为 20 000；SS 和 ISISS 算法的参考集 $|b|=20$，其中较好解集 $|b_1|=10$，多样解集 $|b_2|=10$，种群规模为 100，运行代数为 100。由于 GA 与 SS 算法在迭代方式上存在不同，2 种算法无法基于相同的迭代次数进行比较，因此将 2 种算法在种群规

模相同且运算时间大致相同的前提下对不同规模的算例进行比较。对比了 3 种规模下，最小车辆数 μ 分别为 3 或 8 的各 10 组数据目标值平均计算结果，如图 4-14 所示。

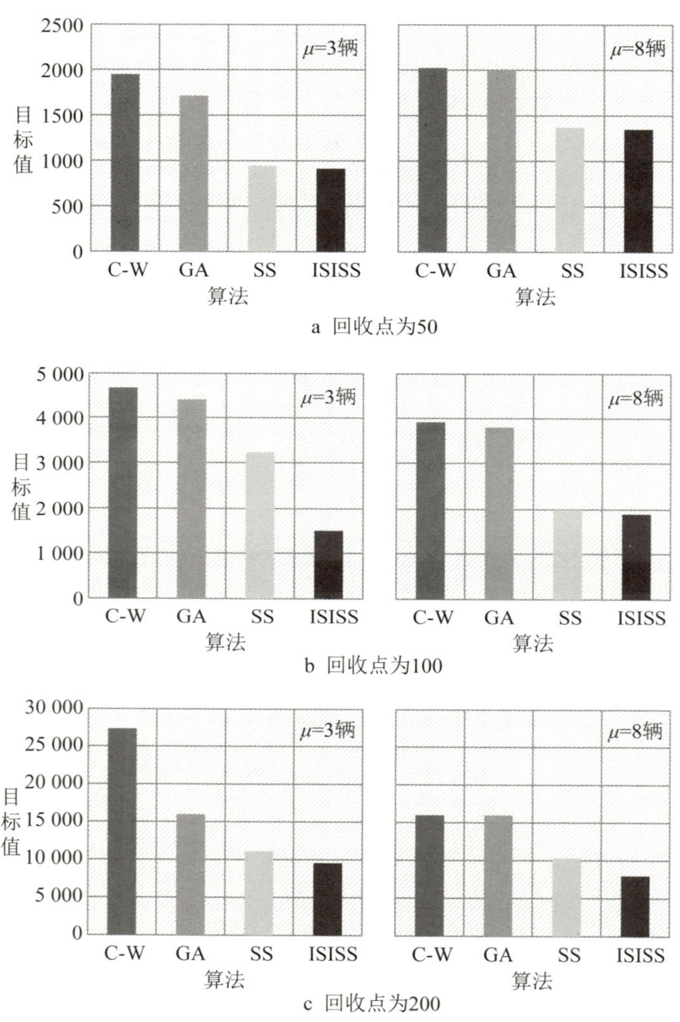

图 4-14　3 种规模下目标值的比较

由图 4-14 可知，相对于改进 C-W 算法生成的较好解，其他 3 种进化算法的求解优势明显。当回收点数量为 50 时，GA 求得的目标值仅略优于 C-W 算法，而SS和ISISS算法求得的目标值明显优于C-W，说明在相同的数据规模和计算复杂度下，ISISS算法能够充分发挥参考集更新和解改进等策略的优势，但ISISS相对于随机初始解SS的改进效果并不显著。当回收点数量扩大为100时，选择较大的车型（μ=3）时，ISISS相对于GA的改进幅度达到了65.8%，相对于SS的改进率也很明显；选择较小车型（μ=8）时，ISISS相对于SS的改进效果仍不够显著。随着数据规模的进一步扩大，当回收点为200时，ISISS算法在2种车型选择下的改进效果才显示出来。由于ISISS在初始解生成时就采用C-W启发式算法生成了较好的初始解，并在此基础上进行了多样化处理，因此ISISS具有更优的多样性解和较好解，从而增强了算法的寻优能力，更加适于求解大规模回收车辆路径问题。

从4种算法得出的发车数量（见表4-4）比较结果可以看出，在不同规模下，C-W算法都可以得到较少的发车数量，但这是以高额的时间窗惩罚和回收成本为代价，ISISS算法可以在同时考虑回收成本和时间窗惩罚的基础上，将回收中心总发车数量控制在一个较小的数量上。当回收点为50、100时，ISISS得到的发车数量（4和9）仅比对应的最小车辆数（3和8）多1辆车，而随机初始解的GA和SS都无法达到这个发车数量，说明对于同一个回收路径规划问题，ISISS可以更好地发挥已派出车辆的装载率，从而降低总用车数量。

表4-4　发车数量比较

回收点数量	最小车辆数	C W		GA		SS		ISISS	
		目标值	车辆数	目标值	车辆数	目标值	车辆数	目标值	车辆数
50	3	1956.78	4.0	1721.50	4.0	943.63	4.0	918.25	4.0
	8	2055.10	10.0	2034.15	9.2	1406.42	9.0	1382.04	9.0
100	3	4727.86	4.0	4430.29	5.0	3285.76	5.0	1513.10	4.0
	8	3902.36	9.4	3813.38	9.0	2016.42	9.0	1866.99	9.0
200	3	27076.12	4.0	15823.90	16.0	11235.01	12.9	9471.33	10.9
	8	16153.20	9.2	15971.10	16.0	10655.58	13.3	8420.66	11.0

（二）路线明细

在回收点为100、最小车辆数 μ 为3时，算例C100-3的一次路径规划明细如表4-5所示。

表4-5　算例C100-3路径排序

编号	客户点数	装载率/%	路线规划
1	36	98.68	0—66—74—61—63—78—92—54—84—69—77—80—86—96—99—1—82—57—52—39—32—47—14—22—41—38—43—17—27—25—45—31—48—34—50—29—53—0
2	30	99.06	0—64—71—83—76—59—75—12—56—55—65—10—60—89—6—11—19—46—40—36—7—37—23—21—9—28—33—72—16—81—98—0
3	33	99.61	0—73—91—67—68—100—70—85—58—93—88—62—20—44—4—26—3—2—5—24—42—49—15—8—13—35—30—95—51—94—97—87—18—79—0
4	1	2.70	0—90—0

随着回收点数量的增多，ISISS算法仍然可以将规划车辆数控制在4辆车，前3辆车的车辆负载都尽可能充分利用，基本接近车载上限。图4-15为同样的回收点分布下，选择较小的车型（μ=8）时（算例C100-8）的路径规划。

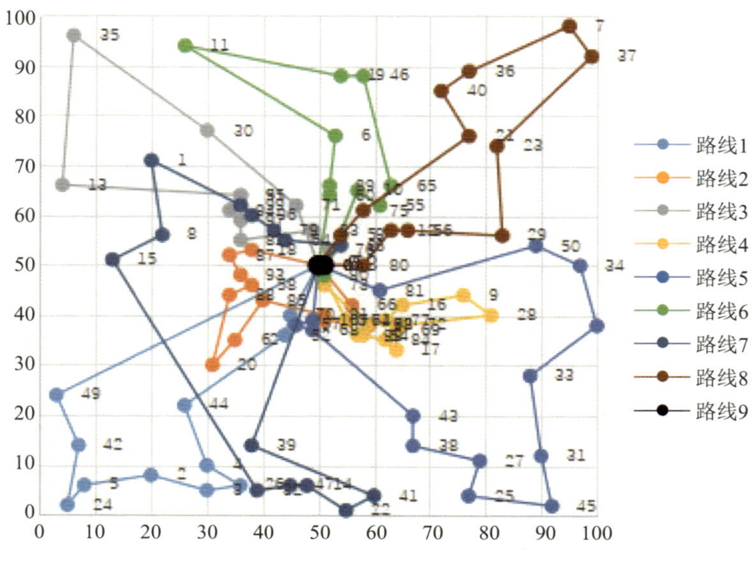

图4-15　ISISS求得算例con100-8的一个较好解

四、结语

本文从废弃包装品回收的实际问题出发，研究了逆向物流车辆路径规划问题，将软时间窗约束转化为逆向物流车辆路径问题的优化目标，以最小化运输成本、发车成本和时间窗惩罚成本为目标，建立了带回路的车辆路径问题联合优化数学模型。采用含 0 的整数编码，同时考虑车辆旅行时间节约值和车辆剩余回收空间收益两方面因素，确定节约值，利用改进的节约里程算法得到一个初始解，并设计初始解多样化策略，生成初始解集合。基于改进的优质多样性初始解，利用分散搜索进化算法求解。针对“部分回收点分布较密集”的类似市区型地理场景生成多组算例，在不同的数据规模下验证算法性能。

第五章
行业典型案例

生物基材料研发　推动包装可持续转型

一、企业简介

近年来，传统热收缩薄膜在给人们生活带来便捷的同时，也带来了严重的白色污染问题。随着国家“禁塑令”的进一步加强和不断完善，寻找环保替代品成为社会各界的共同目标。在这一背景下，常州博疆新材料科技有限公司（以下简称博疆）积极响应国家号召，致力于全生物降解热收缩薄膜的研究与开发，展现了企业在绿色转型发展中的责任与担当。

公司在上海与华东理工大学、上海海洋大学联合成立产学研中心，并在常州建立了生产基地。博疆自成立以来承接了“江苏省双创”“龙城英才”等多项省市级“生物降解材料”创新项目。博疆公司拥有各项专利 60 余项，获得“江苏省民营科技企业”称号，并成为华东理工大学、上海海洋大学联合本科生产学研实践基地和产学研合作单位。公司主要产品为全生物降解改性粒料及相应全生物降解产品，主要开发方向包括气调性全生物降解保鲜膜（袋）、全生物降解热收缩膜、全生物降解胶带、全生物降解地膜、全生物降解吸管、全生物降解物流快递袋、超市马夹袋、连卷袋及垃圾袋等。博疆公司拥有多条管材、薄膜生产线和相应混料造粒设备及全套全生物降解材料、产品开发检测设备。

二、全生物降解热收缩薄膜特点和性能

聚乳酸材料全生命周期循环图如图 5-1 所示。以聚乳酸（PLA）为基材的生物降解热收缩薄膜具有以下 6 种特点：

图 5-1　聚乳酸材料全生命周期碳循环

（1）可以达到 100% 生物质，100% 生物降解；

（2）高透明，透光率可达 90%，雾度 5%；

（3）热收缩性能可控，纵向和横向热收缩率可根据需要在 10% ～ 70% 进行独立的调整；

（4）高强度，拉伸强度：30 ～ 90MPa，弹性模量：＞ 800MPa；

（5）气味阻隔性良好；

（6）氧气和二氧化碳气阻隔性高，水蒸气透过率高。

三、生物降解热收缩薄膜的应用

博疆生物降解热收缩薄膜分为刚性热收缩薄膜和柔性热收缩两大类，分别可以替换实际应用中 PET 热收缩薄膜和聚烯烃热收缩薄膜，主要应用在书籍包装、电子产品包装、食品果蔬保鲜包装、日化品包装及烟草药品包装（见图 5-2）。

书籍包装

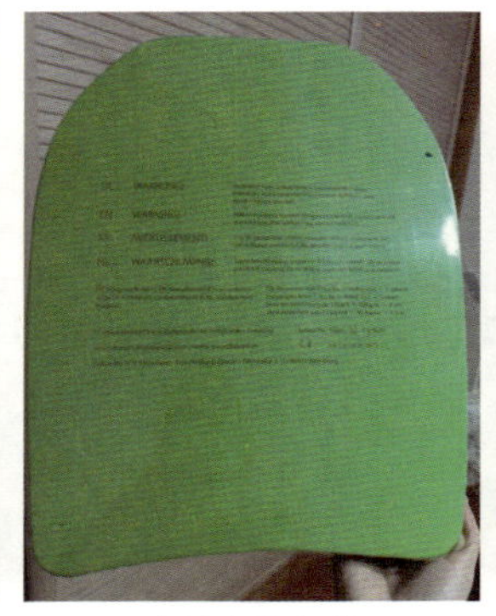

电子产品包装

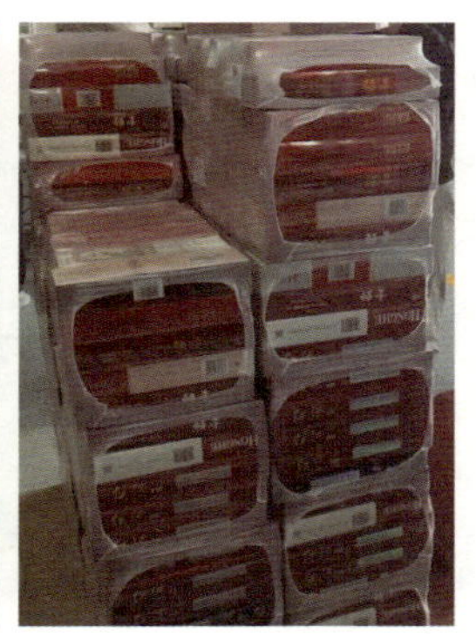

烟草物流包装

图 5-2　博疆生物降解热收缩薄膜的应用

四、结语

博疆全生物降解热收缩薄膜的研究开发，大大拓宽了生物降解产品的应用途径，减缓了热收缩塑料薄膜给环境带来的压力。同时，生物降解材料功能化的开发，使得产品在生物降解的环保功能上进一步提升了自我价值。全生物降解热收缩薄膜的研究开发，不仅是企业自身绿色转型发展的重要举措，更是对社会环保事业的积极响应和贡献。作为绿色包装产业发展的典范，博疆公司的成功经验和技术成果为行业绿色转型发展提供了宝贵的借鉴，推动了整个行业的可持续发展。

包装科技创新助力循环经济

一、企业简介

浙江庞度环保科技有限公司（Pando，以下简称“庞度”）在纸制品包装行业中深耕近 30 载，年产能逾 100 亿只，为全球超过 58 个国家和地区的知名品牌提供服务，拥有 6 家国内先进纸制包装厂和 2 家海外基地，业务遍及全球。庞度一直秉持“诚信、利他、奋斗、创新”的核心价值观，以其深厚的行业经验和紧跟时代脚步的研发创新，致力于成为全球领先的包装全品类解决方案服务商，引领包装绿色可持续发展。此外，庞度还荣获了多项荣誉，包括但不限于蝉联“中国印刷包装百强”企业、浙江省高新技术企业、工业和信息化部绿色制造名单中的国家级“绿色工厂”、省级专精特新中小企业、安徽省滁州市研发中心等。除了行业内部的认可，庞度也赢得了多家全球著名快消品牌客户的赞誉，这些荣誉不仅是对庞度产品质量和服务的肯定，也是对其在可持续发展和创新方面努力的认可。庞度始终遵循全球食品安全和品质的高标准，拥有完善的 ISO 体系认证（ISO 9001、ISO 14001、ISO 45001、ISO 22000），并多次在 BRC 审核 A+ 等级。庞度在行业内拥有技术领先地位，为多项国家行业标准制修订单位之一，参与了《食品包装用淋膜纸和纸板》《食品包装用水性涂布纸和纸板》《纸餐具》《纸吸管（含吸管原纸）》等标准的制定。

二、企业主营产品介绍

庞度凭借其在包装制造业全产业链的覆盖模式，依托自动化、数字化、智能化和创新驱动的可持续发展战略，以及专业的研发团队等优势，取得食品安全、环保、安全生产和社会责任等与行业相关的认证和荣誉。庞度的 4+N 全品类矩阵涵盖了包装行业的多个领域，为全球客户提供一站式、全品类的包装解决方案。

（一）纸容器系列

庞度的纸容器产品线（见图 5-3）丰富多样，涵盖了适用于各种饮品的纸杯、盛装食品的纸碗，以及便于携带的纸桶。这些容器设计巧妙，既满足了实用性，又注重环保理念。纸杯系列以其优良的保温性能和易用性，成为饮品店和快餐连锁的首选。纸碗和纸桶则以其坚固耐用的特性，广泛应用于食品包装和外卖服务。

图 5-3　庞度纸容器产品线样品

1. 纸盒系列

纸盒作为庞度产品矩阵中的重要组成部分，以其精美的外观和实用的功能，满足了消费者对包装美学和实用性的双重需求。无论是用于零售商品的展示，还是作为礼品包装，庞度的纸盒都能提供卓越的保护和展示效果。

2. 纸袋系列

在零售和时尚领域，庞度的纸袋以其独特的设计和环保材质，成为品牌传达绿色理念的重要载体。纸袋不仅承载了商品，更承载了品牌对环保理念的承诺和对美好生活的追求。无论是购物袋还是礼品袋，庞度纸袋的多样性和个性化设计使其成为市场上的热门选择。

（二）塑料容器系列

庞度也提供了 PP 吸塑热成型塑料容器解决方案，这些产品在保证食品安全和卫生标准的同时，也致力于实现材料的可回收和环境友好。塑料容器以其轻便、坚固和可视化的特性，适用于多种食品和饮料的包装。例如超市烤鸡盒、外卖打包盒、连锁餐饮冷饮杯等，满足不同场景的客户需求（见图 5-4）。

图 5-4　庞度塑料容器样品

（三）配套产品系列

为了完善整体包装解决方案，庞度还提供了一系列配套产品，如杯盖、吸管、餐具等（见图 5-5）。这些配套产品与纸制品包装相得益彰，为客户提供了一站式全品类的购买体验。

图 5-5　庞度配套产品系列

三、创新实践案例

庞度积极响应环保趋势，回应不断变化的市场需求，成功研发出可回收、可再浆的环保包装产品绿盏 PanoVert® 水性涂层系列。该系列产品通过庞度自主研发的尖端涂布工艺，将环保水性涂层与 FSC® 森林认证纸张复合，在赋予纸张阻水阻油性能的同时，保持了纸张的可回收性和可再浆性，不仅满足了食品和饮料包装的普遍需求，更为环保和可持续性作出了贡献。

庞度的绿盏 PanoVert® 水性涂层产品系列是一种新型环保包装解决方案，这一系列产品不仅通过了美国食品药品监督管理局（FDA）、欧盟食品安全认证（EU）、中华人民共和国国家标准（GB）、韩国食品药品监督管理局（KFDA）等多国食品安全和法规的相关测试与认证，也获得了德国造纸研究院 PTS 的可回收证书以及欧洲 DIN CERTCO 的工业可堆肥降解认证，采用先进的水性涂层技术，结合 FSC® 森林认证体系纸张，实现了涂层和纸张材料的全面环保升级。产品通过了中国团标、美国密歇根大学和德国 PTS 可回收认证，其可回收性获得了国内外多个国家的专业机构认可。有别于传统 PE 纸容器，绿盏 PanoVert® 无需脱膜工序，可直接打浆回收，大大降低了回收环节的成本和技术壁垒。产品采用 FSC® 食品级纸张，这是一种经过森林管理委员会认证的纸张，确保来源于负责任管理的森林，支持环保和可持续的林业实践。

庞度利用其独创涂布技术，使得水性涂层与纸质基材完美结合，提供了优异的阻隔性能，同时保持了传统纸容器的功能性。绿盏 PanoVert® 产品系列适用于各种食品和饮料包装，如水杯、冰激凌杯、咖啡杯以及汤碗等，无论是冷热饮品还是油质食品，都能提供可靠的防护。庞度的绿盏 PanoVert® 产品已在全球范围内得到广泛应用，帮助各大品牌实现其环保承诺，减少塑料使用，提高包装材料的可回收性。绿盏 PanoVert® 系列产品已经实现大批量生产与销售，自 2021 年上市以来已与多个国际知名快消品和连锁餐饮品牌达成商务合作，销往全球多个国家和地区。

四、未来展望

未来，庞度将继续在循环经济方向加大研发投入，开发更多环保和可降解的包装解决方案，扩大与国际品牌的合作，推广绿色包装产品，提升全球市场的影响力；引入先进的生产技术和管理系统，利用智能制造提高生产效率，降低能耗，加快企业数字化转型。同时，庞度加强与行业协会和教育机构的合作，组织和参与社会公益活动，致力于提升公众对绿色包装重要性的认知。庞度将在公司发展中进一步融入环境（Environment）、社会（Society）和公司治理（Governance）的 ESG 理念，实施更加严格的节能减排措施，以减少生产过程中的碳足迹，在推动绿色低碳发展的同时，也期望在社会和公司治理方面做出表率，为实现包装行业的绿色转型和可持续发展贡献力量。

新质生产力助推企业绿色创新发展

一、企业简介

上海艾录包装股份有限公司（以下简称“公司”）成立于2006年，2021年在深圳证券交易所创业板上市（股票代码：301062），是国内领先的工业用纸包装“一体化解决方案”优质提供商，主要从事工业用纸包装、塑料包装、智能包装系统的研发、设计、生产、销售与服务。公司掌握了粉体、颗粒类工业用纸包装材料和包装机械的研发、生产等核心技术，形成了以阀口袋、方底袋、热封口袋、缝底袋、纸基环保快消包装袋以及智能码垛设备为主的产品结构，为食品、化工、建材、医药、乳制品等各个行业客户提供优质的包装产品，成为国内外众多知名品牌战略合作的包材供应商。公司先后通过ISO 9001、ISO 14001、ISO 22000、ISO 45001、全球食品安全标准（BRCGS）、食品安全管理体系认证（HACCP）、哈拉认证（HALAL）等质量、环境、职业健康安全、食品安全领域的国际管理体系认证。同时获得了Sedex注册、ECOVADIS注册、FSC森林认证等国际准入市场相关资质。公司先后相继获得“上海市认定的科技小巨人”“上海市级企业技术中心”“上海市高新技术企业”等殊荣；另外，“艾录包装”也被评定为上海市著名商标。2021年，公司被工信部入选为“国家级绿色工厂”的绿色制造名单。2023年，公司被上海市经济和信息化委员会评为“上海市智能工厂”特殊称号。

二、企业主营产品介绍

经过多年的高速发展，该公司主营业务已覆盖全国 30 多个省、直辖市、自治区，以及国际海外市场，成为全球 500 强企业和众多国内外知名企业的包装产品优质供应商，并在东南亚、中东、拉美、欧美等区域实现产品销售覆盖。主要产品类型包含：

（一）工业用纸包装

工业用纸包装产品根据形态和工艺，主要可分为阀口袋、方底袋、热封口袋、缝底袋四大门类。

主要用于工业企业粉体、颗粒类产品的包装，在食品、化工、建材、医药中间体、添加剂等行业也具有广泛的应用空间。公司工业用纸包装根据不同产品需求，具备结构合理、阻隔保鲜、灌装高速、防漏防潮、材料环保、外形美观等特点，能满足下游客户大规模、智能化的生产需求。

（二）塑料包装

公司塑料包装能够针对乳制品、日化等消费类客户开发符合其产品特性的定制化产品，主要分为应用于乳制品的复合塑料包装以及应用于日化产品的塑料包装产品、注塑包装及其他。公司的复合塑料包装产品具有可塑性强、阻隔性好、锁味保鲜功能强的特点，主要用于胶状乳制品的内容物包装。公司针对日化类产品开发 “焊接软管”、双组份料保鲜储存“二代安瓶”、泵压式牙膏管等注塑包装领域的创新创意产品，能够配合下游客户实现产品容纳、形象塑造、市场推广等多重目的。

（三）智能包装系统

粉体和颗粒料智能包装系统包括阀口袋机器人自动抓袋、计量灌装、传送和自动检测、自动码垛和自动套膜等模块，可广泛应用于产出物为粉体和颗粒状物料的化工、食品、建材、医药等行业，实现物料的洁净、高精度灌装和全流程高度自动化作业。智能包装系统是公司一体化包装解决方案的重要组成部分，与工业用纸包装、塑料包装等产品互为补充，综合服务于客户的多元化包装需求，产品间形成良好的协同效应。

三、企业绿色转型发展的实践案例

从产品原料到产品设计，公司充分发挥创新材料的环保优势，将可持续发展理念融入产品全生命周期，倡导绿色低碳循环发展。

公司于 2022 年推出环保可回收奶酪包装，2023 年推出 AiTop ™ 无塑阀口纸袋、ESpeed ™无塑膜纸基包装。公司创新开发无塑防潮纸袋，代替原先使用的含塑料 PE 膜工业重包装纸袋，使得包装纸袋用后易回收易再生，经国际机构评估，新产品无塑纸袋从摇篮到坟墓的碳足迹降低 26.83%。

产品案例 1：ESpeed ™无塑膜纸基包装

告别塑料覆膜或淋膜，实现易回收可再生。

特点：

真 0 塑——去除塑料淋膜覆膜；

易再生——符合欧盟 CEPI，PTS，DIN 等回收再生体系要求；

兼容——无缝切换市面大多数塑膜包装设备；

高速——应用低温高强热封层，实现高速生产；

致美——高精度水性柔版印刷，致美品牌呈现。

产品案例 2：AiTop ™无塑阀口纸袋

直接剔除 3 纸 1 膜结构产品中塑料，减少不可再生材料使用产生的碳足迹。

特点：具备“高质、易再生、减塑、减碳”的特性，可整袋直接回收进入纸厂制浆系统。

产品案例 3：AiSheet ™功能性片材（图 5-6）

易回收，更环保；单一材质达 90%-95% 以上。

特点：阻光、阻水、阻氧。

图 5-6　AiSheet ™功能性片材

产品案例 4：双层可剥离 FFS 包装袋

为客户提供洁净包装整体解决方案的需求价值。

特点：双层可剥离、食品级、高洁净、更安全 100% PE 组成，单一成分，完全可回收。

产品案例 5：粉体智能灌装线（图 5-7）

提供物料处理、称重计量、机器人包装、码垛、套膜等整线解决方案。

特点：集成化、智能化。

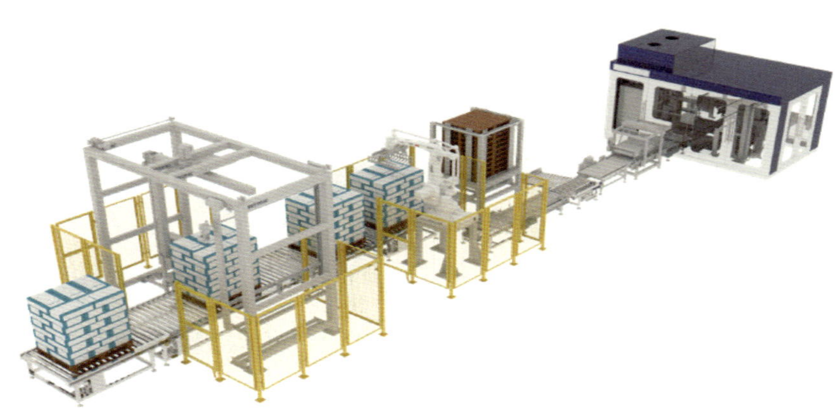

图 5-7　粉体智能灌装线

四、未来展望

公司始终将“品质、创新与用户需求导向”作为核心竞争力，在面对全球经济环境带来的不确定因素影响下，坚持长期投入，大力投建智能化、数字化生产能力，研发绿色、环保、低碳可回收包装材料和光伏新产品新材料，为迈入全球高端包装市场打下软硬实力兼备的基础。同时，认真贯彻“让产品对环境更友好，对人类更安全”的美好愿景，依托稳定供应实力与优质产品，坚持稳扎稳打的发展策略。继续通过技术创新、产品创新，提升国内外业务的占有份额，立足于世界包装产业前沿洞察者的立场，通过自身努力和实际行动，带动上下游供应链生态整体降本增效，赢得未来市场、未来客户。

预计在 2024 年下半年，公司六期智能新工厂即将投产，是公司在结构调整及产业升级后的再次扩容，将实现年产工业用纸包装袋 6 亿条、复合塑料包装新材料 2.4 亿延米、46 套智能包装设备产线，为艾录发展蓝图开启新的篇章。未来，公司继续加速技术创新和自动化技术迭代，优化产品工艺流程矩阵，把握新兴产业政策动向，升级公司治理模式，建设高素质的专业人才队伍，继续加强打造公司新质生产力，全面推动绿色、创新、智能可持续发展的新面貌。

高质量环保产品引领装帧纸市场新趋势

一、企业简介

浙江榕荫新材料科技股份有限公司（以下简称“榕荫新材”）成立于2017年，注册资金达一亿元，前身是拥有20余年行业经验的上海盛磊实业有限公司。公司坐落于风景秀丽的浙江省嘉兴市海盐县六里工业园区，占地35亩，是集研发、生产、办公、住宿、文化活动于一体的综合性现代化企业。作为国内装帧材料生产的领军企业，榕荫新材专注于装帧纸、艺术纸、防伪及环保包装材料的研发与生产，拥有独立的生产车间、研发中心和先进的生产设备，以及千余条不同纹路的纹辊，几乎覆盖了市场上所有的纹辊的纹路需求。

榕荫新材秉承绿色、环保、个性化的发展理念，致力于为教育、培训、企业认证等多个领域提供高质量且环保的个性化装帧纸定制服务。并在2021年被嘉兴市认定为高新技术开发研究中心，并在后续两年连续被评为创新型企业，所发布产品全部符合FSC认证以及OHSAS认证，并且有能力通过所有的SGS 6P环保要求，授权发明专利13项。公司持续深耕包装材料行业，不断创新，追求卓越，为推动我国包装产业的绿色化、智能化发展贡献自己的力量。依托市级研发中心，公司不断加大科技创新投入，致力于研发出更加环保、节能的新材料产品。同时，公司积极响应“浙江制造”的品牌建设，不断提升产品质量，以满足市场对于环保、高品质产品的需求。

二、产品简介

榕荫新材（见图 5-8）致力于为国内外知名企业打造绿色环保的包装解决方案，专注于生产多样化的装帧纸和艺术纸。企业拥有自主研发设计能力，能够生产出触感、花纹、颜色各异的艺术纸张，满足市场的多元化需求。企业产品线丰富，包括单色装帧纸、复色装帧纸、金属装帧纸，还有触感细腻的莫兰迪色系艺术纸等。这些纸张不仅美观大方，更因其出色的实用性而受到广泛好评。无论是产品包装的精美封面，还是办公用品的高雅封皮，抑或是各类证书的庄重封面，榕荫新材的产品都能为其增添一份独特的质感和美感。

图 5-8　榕荫新材研发生产基地

榕荫新材生产的装帧纸和艺术纸在防水、防刮性能方面表现卓越。即使在湿润或多尘的复杂环境中，也能长久保持原有的质感和美感，无须担心因环境因素而导致纸品的损坏。此外，这些纸张还具备耐晒、耐折的特性，确保在各种恶劣环境下都能保持出色的耐用性，从而大大延长了使用寿命。榕荫新材围绕绿色转型开发的“环保型防伪装帧纸”，2021 年通过国家绿色产品认证。此外，公司产品已经通过了国内外多个权威机构的严格检测，体现了企业对环保理念的深刻践行。

三、关于企业绿色转型发展的实践

榕荫秉持互利共赢、绿色环保以及可持续发展的理念，推动整个产业链的绿色发展。企业负责人深知，绿色环保不仅是社会责任的体现，更是企业长远发展的基石。因此，榕荫新材从源头抓起，致力于选择环保原材料，确保产品的每一个生产环节都符合绿色环保标准。

1. 严格的供应商合作机制

榕荫新材建立了严格的供应商合作机制。在选择原材料供应商时，公司始终坚持绿色环保的原则，对供应商进行严格的筛选和审核。这种严格的筛选过程不仅包括对供应商的环保资质、环保设备和技术水平的考察，还包括对原材料的质量、环保性能和可持续性的全面评估。通过这种方式，榕荫新材确保所选的原材料都是符合绿色环保标准的。

2. 原材料检测与认证

在原材料的检测方面，公司引进了先进的检测设备和技术，对每一批原材料都进行严格的检测。通过检测，公司能够确保原材料的质量、环保性能和可持续性达到标准要求。值得一提的是，榕荫新材所选的原材料全部通过了 FSC 认证以及 SGS 认证。其中，PVC 装帧纸更是全国首家全部颜色可以通过 SGS 6P 环保认证的企业。

中国环境标志（Ⅱ型）产品认证证书

浙江榕荫新材料科技股份有限公司

Extensive Standard Technical Services Co., Ltd.

FSC CHAIN OF CUSTODY SINGLE

– CERTIFICATE –

Certificate Code: ESTS-COC-240567

This is to certify that:

Zhejiang Rongyin New Material Science and Technology Co., Ltd.

Has been assessed and found to meet the requirements of:

Scope of Certification

Manufacturing and sales of art paper and binding paper certified FSC Mix

This Certificate Is Issued By

OHSAS CERTIFICATE OF REGISTRATION

Zhejiang RongYin New Materials Technology Co., LTD

GB/T45001-2020/ISO 45001：2018

Occupational health and safety management activities related to the manufacturing of new anti-counterfeiting binding paper

图 5-9　十环认证、FSC 认证与 OHSAS 认证

3. 绿色生产工艺优化

在绿色生产工艺优化方面，榕荫新材同样取得了显著的成效，通过采用先进的生产工艺和设备，公司提高了生产效率，也减少了对环境的影响。公司积极引进先进的智能制造技术，优化生产流程，降低能耗和废弃物排放。通过引进先进的环保设备和技术，公司实现了生产过程中的清洁化、循环化和资源化，有效减少了环境污染和资源浪费。此外，榕荫新材还注重废弃物的处理和再利用，通过回收再利用废旧包装材料，实现了资源的最大化利用。

4. 产学研合作研发新型环保材料

为了更好地推动绿色环保工作，榕荫新材注重产学研合作研发新型环保材料。公司与多所高校和科研机构建立了紧密的产学研合作关系，共同研发新型环保包装材料和技术，为包材行业提供更多更好的绿色创意概念与产品，带动整个行业的绿色转型。这种合作模式不仅提升了企业的研发实力，也为行业带来了更多的创新和发展机会。

四、未来展望

企业绿色转型在榕荫新材的发展中扮演着至关重要的角色。榕荫新材通过源头绿色原材料设计、绿色生产工艺优化、产学研合作研发新型环保材料以及客户教育与循环经济推广等实践案例的实施，成功打造了基于产品全生命周期的绿色生态发展模式。这种模式不仅提高了企业的生产效率和市场竞争力，也为行业的绿色转型和发展提供了有力的支持。在未来的发展中，榕荫新材将继续致力于绿色环保工作，推动行业绿色转型和升级。

品质安全，技术护航：高端在线检测设备的研发和产业化

一、企业简介

芝研总部位于浙江省嘉兴市平湖经济技术开发区（国家级经济技术开发区），是一家集研发、设计、生产、销售于一体的在线检测设备专业制造商，拥有上海芝研检测技术有限公司和芝研智能科技（嘉兴）有限公司，是国家高新技术企业、“专精特新”企业，科技部“火炬杯”优胜企业，市创新创业领军人才企业，通过 ISO 9001 质量认证体系、ISO 14001 环境管理体系、ISO 45001 职业健康安全管理体系等体系认证。

芝研已经建立了端到端的产品研发和制造能力，拥有超过 1 万平方米的高规格生产车间，约 5 万平方米新的总部基地即将建设完成。自公司设立以来，芝研一贯重视产品技术研发，拥有核心技术专利和软件著作权，通过美国 FDA、欧盟 CE、法国 BV 等认证。专业研制气密泄漏检测机、视觉和 X 光缺陷检测机、毛发分选机、X 光异物检测机、双能软骨 X 光检测几、鱼刺 X 光检测机、铝箔包装低周波金属检测机、金属检测机、重量检测机、金检重检一体机等设备。

芝研的机械研发团队以原国际著名机械厂家的首席专家领衔，拥有国际水准的机械设计能力，可深度定制满足客户的各种需求。芝研智能拥有 20 多台国际水准的钣金和机加工设备，如美国 CNC 加工中心、加拿大数控折弯机、全数控卧式加工中心、精密钣金焊接设备、进口激光切割机、全自动去毛刺机、全自动非金属加工中心等生产设备，为产品的高精度和高质量交付提供保障。

芝研已建立全品类的在线检测设备体系，我们一直在食品、制药、塑料、橡胶、纺织、林业和回收等行业的生产线上提供帮助，协助客户产品达到全球生产规范认证（HACCP、GMP 和 CGMP）。目前已成为国内外数十家行业领军企业的战略合作伙伴，我们将持续为客户创造长期价值，成为在线检测设备的国际一流品牌。

二、企业创新案例介绍

我国智能在线过程检测装备产业起步较晚，业内企业大多规模较小，部分重点行业及应用场景“测不了、测不全、测不准”的痛点难点大量存在，成为智能检测设备产业发展的关键短板。随着智能检测需求日益增加，产业呈现快速发展势头，企业抓住发展机遇，以问题为导向，在现有金属检测、重量检测、X 光异物检测等传统产品的基础上，创新研发了在线气密性检测设备，毛发分选设备以及视觉和人光缺陷检测机申请了国家发明专利，填补了行业空白。

（一）在线气密泄漏检测机

芝研基于国内外气密性在线检测设备的市场调研，针对国内的检测设备市场需求，开发出基于真空传感技术和图像识别技术的在线气密泄漏检测机（图 5-10），芝研创新研发了以下技术并申请了 3 种发明专利：

①气密性检测的在线动态旋转式装置，运用多个气密单元旋转阵列，解决了传统气密检测采用静态抽检方式的问题，实现了产品高速生产中的连续实时检测。

②采用自恢复软膜作为真空腔结构，可瞬间达到腔体真空，有效解决真空传感检测精度低的问题，采集真空气密传感器数据进行滤波和数据训练，达到微小孔检测。

③采用超高清时间延迟积分技术的创新型 X 射线探测器，输出低噪声高清晰度图像，采用 AI 小样本学习算法，提升微小物料夹料的成像识别准确度，解

决了药品封装的潜在夹粉、夹液气泡、褶皱等潜在气密泄漏风险。该设备解决了传统气密性智能静态抽检的问题，实现了产品生产中 100% 全面在线检测，微小孔检测最高精度可达 0.06mm，实现了该领域产品的国产化替代，为生产企业解决了产品泄漏风险的痛点难点问题。

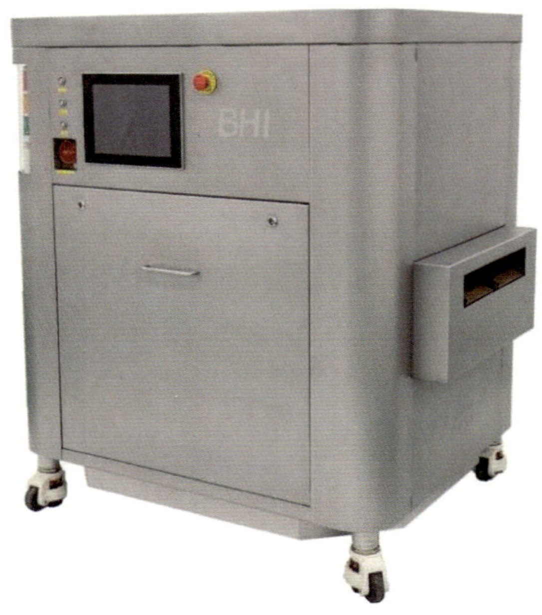

图 5-10　在线气密泄漏检测机

（二）毛发异物分选设备

芝研对国内外毛发分选设备进行市场调研，针对国内检测设备市场需求，开发出基于比重分选和高压原理的高精度毛发分选机（见图 5-11），该机器针对毛发和碎屑杂质的特性，具有优秀的分离性能，可以分离如蔬果、海藻、食用菌、茶叶、中草药、坚果等散状物料中的毛发、纤维、纸屑、细小颗粒等异物。芝研创新研发了如下技术，并申请了如下 2 种发明专利：

①双组 18 个高稳定性电场区设计，解决了异物的电荷极性问题，实现了异

物的精密分选。

②姿态控制传输系统和浮力支撑系统，在物料传输的过程中，解决物料压迫异物产生的遗漏问题。

该设备解决了传统色选设备和 X 射线检测设备难以分选毛屑等微小异物的痛点，填补了检测行业的技术空白。

图 5-11　高精度毛发分选机

三、未来展望

公司以“打破行业高端市场被发达国家的垄断，成为首家在高端市场填补空白的中国品牌，成为国际一流品牌”为目标，计划在 2024—2025 年，投入 1 亿元，打造国际化科技创新型生产基地，建筑面积约 5 万平方米，争创数字化车间和绿色工厂，持续为客户提供高性能、高精度、高质量的产品。

数字化管理系统构建　提升包装供应链效率

一、企业简介

森林包装集团股份有限公司（以下简称“公司”）位于浙江省温岭市，成立于1998年，注册资本4.144亿元，占地面积近千亩，员工1700名，下属8家子公司，股票代码：605500，是一家集废纸回收、热电联产、原纸制造、纸箱印刷于一体的绿色循环企业，主营产品有原纸、瓦楞纸板、纸箱。2022年销售收入27亿元，纳税上亿元，连续多年列为温岭市重点工业企业。公司通过了ISO 9001、ISO 14001、ISO 18001三体系认证、劳氏/GMI认证、FSC认证、两化融合贯标认证、中国绿色产品认证等资格。公司2020—2024年获得部分荣誉：省级工业互联网平台、省级智能工厂、省级制造业与互联网融合发展试点示范企业、省级服务型制造示范企业、省制造业“云上企业”，其中5个产品入选工信部的绿色设计产品。

二、企业产品介绍

1. 原纸

（1）牛皮箱板纸。主要以废纸为原料制成，比一般箱纸板更为坚韧、挺实，有极高的抗压强度、耐破度和耐折度，用于包装纸箱外层，主要是用于轻工、食品、家电等产品运输包装，尤其是外贸包装及国内高档商品包装，是木材、金属等系列包装的优质替代产品。

（2）瓦楞原纸。瓦楞原纸是生产瓦楞纸板的重要组成材料之一。瓦楞原纸要求纤维结合强度好，纸面平整，有较好的环压强度，有一定的弹性，以保证制成的纸箱具有防震和耐压能力。

2. 纸制品

（1）瓦楞纸板。由牛皮箱板纸和瓦楞原纸制作而成，牛皮箱板纸主要用作纸板的面和底，瓦楞原纸主要用作纸板的瓦楞芯层。

（2）水印纸箱。承印基材为瓦楞纸板，采用后印模式，使用水基油墨柔性版印刷工艺。以包装简洁、实用为主要特点，印刷成本较低，印刷速度快，适合家电、家具等各行各业包装使用。

（3）胶印纸箱。承印基材为白板纸，使用油性环保油墨，采用预印模式，在面纸上印刷后再与瓦楞纸板进行裱贴粘合，分辨率高，印刷精美，成本中等，制版费用较低，适合对印刷精美程度要求较高的小家电、日化等行业包装使用。

（4）数码印刷纸箱。承印基材为瓦楞纸板，与水印、胶印相比工艺简单，智能化操作，无须制版，无须换版，无须洗机，一张起印，按需可变，低碳环保。

（5）精品盒。由纸张为原材料，通过表面处理及后工序精心制成，具有塑形佳、硬度好、挺度高、承重性强的特点。集产品包装、运输包装及品牌展示于一体，能够有效降低包装材料成本，用于日常礼品包装领域。

（6）纸管。以纸张为原料通过分条机分成窄的卷装纸张、施胶、烘干等工艺制作而成。它具有抗压强度高，表面缝隙稳定，广泛用于造纸、薄膜等大型卷绕及纸包装物加固等。由于它易降解、可回收再利用等低碳环保的特性，得到普遍的推广和应用。

三、企业绿色转型发展的实践案例

（一）公司引入多台数码喷墨机，并配套后道工序，建成印刷联动线，实现自动化生产。企业构建了以数字喷墨机为核心的生产设备和以地面物流系统、5G+AGV 为核心的自动化生产设施体系，实现从生产到中间周转环节的全流程自动化。同时以生产制造为核心在上下游构建了 ERP、MES、SCM、APS 等信息化系统，有效支撑了从设计到生产再到仓储物流的全流程自动化和信息化。采用数码喷墨印刷方式，从绿色发展角度，实现了污水零排放和大大降低了废气的排放量。

（二）公司实现了废纸回收、纸浆制造、热电联产、原纸生产、瓦楞纸箱绿色循环的产业链。通过废纸回收和绿色循环生产方式，减少了对自然资源的消耗，降低了环境污染和生态破坏，有利于保护环境和生态系统。资源利用效率高，通过废纸回收和再利用，公司可以有效利用废弃物资源，减少对原生态资源的需求，提高资源利用效率。热电联产可以有效利用废热和蒸汽，提高能源利用效率，减少能源消耗和排放，降低能源成本和环境压力。

智能制造技术引领包装数字化升级

一、企业简介

浙江日高智能机械股份有限公司（以下简称“公司”）创建于 1996 年，位于浙江省温州市鹿城区轻工产业园区内，厂房占地约 10 亩，用地面积 16000 平方米，是国内专业从事自动化包装机械产品的集研发、生产、销售、服务于一体的制造公司。专业生产软管灌装封尾装盒生产线及其相关的前后道一体化智能生产线。

公司是以科技为本，以制造先进包装机械设备为导向的国家高新技术企业、新三板上市企业，公司在上海设有长三角智能包装服务平台，为企业提供优质的解决方案，公司系中国包装联合会、中国洗涤用品工业协会、中国香料香精化妆品工业协会、高新技术企业协会、中国中小企业国际合作协会会员单位，是浙江省科技型中小企业、温州市科技创新型企业，公司还建有市级企业技术中心、市级企业研发中心，于 2010 年获得温州市知名商标称号，2012 年获得温州市名牌产品称号。公司产品通过 ISO 9001：2008 质量体系认证，主要系列产品软管灌装封尾机通过欧盟 CE 认证。

二、企业产品介绍

公司（图 5-12）汇集国内机械制造业众多技术精英，专注于开发日化用品、医药领域产品的包装生产设备。其中，特别是“软管灌装封尾机”系列产品经过多年的研发生产及推广运营，已远销海外，深受各大客户好评。该产品自投产以来，呈现出良好的销售态势，客户群体主要为中黏性、高黏性液体包装产品，如洗面奶、牙膏、胶水等以及部分医药产品厂家，国内外销售比例为 70%。国内主要销售区域为华南、华东地区，主要客户包括大宝、隆力奇、完美，系列设备年均销售 30 余台。国外主要销往欧洲、美洲、中东、东南亚等 30 多个国家和地区，在全球有众多的代理商网络。

图 5-12　日高股份温州总部大楼

为了规范行业产品质量，让“软管灌装封尾机”系列产品能够更加健康、有序的发展，公司早在 2007 年制定了“软管灌装封尾机”国家机械行业标准，2012 年作为主要单位参与制定了“GB/T 29018—2012 软管灌装封尾机”标准，2019 年又制定了“软管灌装封尾机”的“浙江制造”标准，标准的主要技术指标达到了国内一流、国际先进水平，引领了该行业的发展。公司生产制造基地现场见图 5-13。

图 5-13　生产制造基地现场

公司凭借自身的行业优势，目前主要围绕以日用化妆品为代表的“整体包装解决方案”开展项目对接、项目研究和新产品开发工作。在化妆品包装领域拥有自主知识产权的包装机械设计、制造、测控等技术，具有较强的研发创新能力及科技成果转化能力。在做大做强包装机械制造主业的同时，公司也将踏足软管包装材料领域，利用公司现有的包装机械制造基础及良好的市场运营、品牌口碑，努力成为国内集产品从物料加工到包材制造再到包装设备包装的整线解决方案最具特色的龙头企业。

三、包装与设备的绿色可持续发展理念

公司注重人才引进，与全国各地高校、研究院开展合作，与陕西科技大学成立绿色智能包装研究院，与温州大学成立博士创新工作站，与温州理工成立温州高校高水平产教融合实训基地，与温州职业技术学院成立温州智能装备协同创新

中心，与温州市工业科学研究院成立智能装备先进技术概念验证中心等产学研赋能平台。

公司与陕西科技大学合作，共同成立绿色智能包装研究院。旨在推动包装技术的创新和发展，服务于包装产业链及相关领域。研究院的成立，是为了充分发挥双方在包装技术领域的科技和人才优势，以及在包装领域的产业、市场等资源优势，为助力包装产业链及相关领域的可持续发展，构建产业技术研发与服务、高级人才引进与培养、包装理论研究与实践的产学研平台。研究院以“绿色可持续、智能可循环、低碳减量化”为指导思想，以服务地方包装产业链健康发展为宗旨，致力于智能包装装备、绿色包装材料、现代包装系统设计、循环包装与服务等领域高新科技研发和应用，以创新的商业思维促进产学研成果落地，为包装及相关产业链健康发展赋能。

为了给包装全产业链用户提供新包装的研发思路，公司与行业资深包装设计师成立联合创意设计工作室，通过整合国外前沿技术并落地国内产生效益，对包装行业进行整合，可以比包装设计更深入一步进行包装研发，同时使用 SOP、GMP、HACCP 思维对包装全流程做 360 度思考。工作室可以在设计包装、生产包装、使用包装、包装材料、包装设备、包装测试、货架成列、市场反馈等多个方面，全方位对包装进行整合。